路面電車の
謎と不思議

史絵.［著］
SHIE

東京堂出版

はじめに

路面電車の世界へようこそ。

これからみなさんには筆者と一緒に、日本各地の路面電車の旅へ出てもらいたいと想います。走っているまちによって、さまざまな個性があり魅力的な路面電車。そんな日本の路面電車すべての謎と不思議に出会いにゆきませんか？

北は札幌、南は鹿児島まで人々の心を乗せて路面電車は走ります。青い空の下。雄大な自然。人情あふれる下町。潮風かおる海岸線。歴史と文化が漂う街並み。お洒落なカフェ。皆さんを運んでゆきます。

そこにしかない出会いがみなさんを待っています。

さあ！　路面電車の謎と不思議の世界へ出発進行！　「チンチン♪」

2013年3月

史絵．

路面電車の謎と不思議●目次●

第8章 世界の路面電車と未来の路面電車——247

	新設軌道(km)	普通鉄道区間(km)	軌間(mm)	電圧(v)	車両数
			1067	600	34
			1372	600	37
	10.6		1372	600	37
	5.0		1372	600	20
		10.0	1067	600	30
			1067	600	17
			1067	600	20（富山市所有の３両を含む）[*3]
		6.5	1067	600	7
	1.8	4.9	1067	600	12
	0.4	18.1	1067	600	33
	20.6		1435	1500	62
	9.4		1435	600	29
	11.3		1435	600	38
			1067	600	23
	0.1	16.1	1435	600	305
	0.5	2.7	1067	600	43
	3.0		1067	600	68
		16.0	1435	600	39
	1.3		1435	600	79
	13.1		1067	600	14
	0.3		1435	600	54
	4.0		1435	600	58

【車両数について】連接車の両数の数え方は、事業者によって異なる。

「東京急行電鉄」「江ノ島電鉄」「福井鉄道」「岡山電気軌道」「広島電鉄」「土佐電気鉄道735形」「筑豊電気鉄道」「熊本市」は、車体数を両数とする。すなわち、１編成が２連体ならば、２両。

「函館市」「豊橋鉄道」「富山地方鉄道」「富山ライトレール」「万葉線」「土佐電気鉄道100形」「長崎電気軌道」「鹿児島市」は、１編成を１両としている。

表０　全国の路面電車一覧（広義的に路面電車と呼べるものを掲載した）

事業者名	線　名	営業キロ (km)	輸送人員（年）(単位：千人)	併用軌道 (km)
札幌市交通局	一条・山鼻線	8.5	7,334	8.5
函館市企業局交通部		10.9	5,861	10.9
東京都交通局	荒川線	12.2	18,610	1.6
東京急行電鉄	世田谷線	5.0	20,320	
江ノ島電鉄		10.0	15,644	
豊橋鉄道	東田本線	5.4	2,830	5.4
富山地方鉄道	富山軌道線	7.3 ＊1	3,742	7.3
富山ライトレール	富山港線	7.6	1,844	1.1
万葉線		12.8	1,150	6.1
福井鉄道	福武線	21.4	1,640	2.9
京阪電気鉄道	大津線	21.6	15,920	1.0
京福電気鉄道		11.0	6,759	1.6
阪堺電気軌道		18.7	7,221	7.4
岡山電気軌道		4.7	3,372	4.7
広島電鉄	市内線	19.0	37,808	18.9
	宮島線	16.1	17,193	
伊予鉄道	市内線	9.6	6,788	6.4
土佐電気鉄道		25.3	5,818	22.3
筑豊電気鉄道		16.0 ＊2	5,367	
長崎電気軌道		11.5	18,590	10.2
熊本電気鉄道		13.1	1,554	
熊本市交通局		12.1	9,241	11.8
鹿児島市交通局		13.1	10,397	9.1

作成にあたっては、輸送人員、キロ程は『平成21年度鉄道統計年報』（2012年３月）を、車両数は、2013年２月現在最新の数を、その他の項目については『平成24年度鉄道要覧』（2012年９月）を参照した。

注）＊１　軌道整備事業者が「富山市」である富山都心線（0.9km）を含む。

＊２　第３種鉄道事業者が「西日本鉄道」である北九州線（0.6km）を含む。

＊３　富山市所有の車両３両を含む。

＊本文写真

結解　学〔K〕

大阪市交通局〔125ページ〕

葛飾区郷土と天文の博物館〔223ページ〕

札幌市交通事業振興公社〔237ページ〕

鉄道総合技術研究所〔261ページ〕

著　者〔S〕

第1章　路面電車のあらまし

東京・神田須田町の都電19系統。上は中央線（1971年〈昭和46〉2月頃）［K］

路面電車

謎001

路面電車とは何か

～法規上の規定と車両の見た目は一致しない

新聞や雑誌、テレビなどで、鉄道について取り上げられない日はない。鉄道は人や物を運ぶために発明された。超高速で都市間を移動する新幹線、通学や通勤の足となる通勤電車、地下を走る地下鉄。人間の生活や活動のために必要な物資を運ぶ貨物列車などその形態はさまざまで、汽車旅を歌った童謡『線路はつづくよどこまでも』（作詞・佐木敏）の歌詞のとおり、全国各地を結んでいる。

　国土交通省によると、全国で営業中の鉄道の距離をすべて合わせると、表1-1のとおり、2009年（平成21）3月31日現在で3万6492・0キロに達する。これらのうち、道路の上を自動車と並んで走る形態をもつ鉄道を路面電車と呼ぶが、実際に見たことがないという方も多いかと思う。それもそのはず。路面電車の営業キロはわずか207・8キロと0・6パーセントを占めるに過ぎない（富山地方鉄道富山都心線0・9キロは開業前のため、含んでいない）。

　しかしながら、「路面電車という名前だけは知っている」という方も多いはず。なぜなら、路面電車が札幌市や東京都、京都市といった都道府県庁所在地を中心とする大都市を往来しているからだ。マスメディアで取り上げられる機会も多く、テレビの旅番組で取り上げられたり、映画の名脇役として登場する姿も幾度となく見受けられる。

　それでは路面電車とはいったいどのようなものを指すのだろうか？　具体的には道路の上に敷かれた線路の上を走る電車、そしてそのような形態をもつ鉄道を指す。もう少し補足すると、線路は道路の上に直接敷

表１－１　鉄道の営業キロ（2009年３月31日現在）

事業者名	営業キロ計	割　合
ＪＲ旅客会社	19,987.0	54.7%
ＪＲ貨物	8,342.8	22.9%
大都市高速鉄道（地下鉄を除く）	3,091.7	8.4%
地下鉄	730.9	2.0%
路面電車	207.8	0.6%
地方旅客鉄道	3,953.9	10.8%
観光鉄道	40.4	0.1%
貨物鉄道	137.5	0.5%
総合計	36,492.0	100.0%

出典：国土交通省鉄道局監修『平成21年度　鉄道統計年報』電気車研究会、2012年３月

かれていて、バスを少し大きくした程度の車体を持つ電車には地上からすぐに乗り降りすることが可能である。

国土交通省が定義した路面電車は全国に２０７・８キロあると記したが、道路上を走っている電車はもう少し多く、実態とややかけ離れている。これは国土交通省が道路上を走るということにこだわらず、軌道運転規則という法規に照らし合わせて分類しているからである。この規則については後ほど解説しよう（謎003）。

また、全国の鉄道の中には、道路を走ってはいないものの路面電車と呼ばれるものも見られる。道路を走る路面電車と同じ形態の電車が走っているからである。

以上から、本書で取り上げる路面電車は次のように定義した。

１　全線または一部の区間で電車が道路上を走り、国土交通省が定めたもの

２　全線または一部の区間で電車が道路上を走るものの、国土交通省が定めていないもの

3　全線で電車が道路上を走らないものの、国土交通省が定めたもの
4　全線で電車が道路上を走らず、国土交通省が定めていないもののうち、路面電車と同様の電車が走るもの

これらをまとめると、表1－2のとおりとなる。営業キロの合計は292・9キロと少し増えた（2009年12月開業の富山都心線0・9キロを含む）。

ところで、道路上というと上空に高架橋を建設し、その上を走るモノレールや新交通システムも路面電車の仲間に含まれるのではという意見もあるだろう。実際に国土交通省はこうした鉄道の多くを路面電車と同じ法規で監督しているため、あながち間違っているとは言えない。しかし、本書ではあくまでも道路の路面上を走る鉄道、またはこうした形態の鉄道と同じ電車が走る鉄道を路面電車と呼びたいと考える。

都市の大通りを行ったかと思うと、ときには民家の裏道を縫うように抜けていったり――。路面電車が街中をゆるりゆるりと走り抜けてゆく姿は、まさに街のシンボルのような存在で、地域の人々に愛されている電車こそが路面電車であると筆者は考える。この項を路面電車を知るための起点の停留場と定め、その謎と不思議を終点まで一緒に探ってゆこう。

表1－2　全国の路面電車。広義的に路面電車と呼べるものを掲載した（2013年1月1日現在）

	事業者名	通　称	敷設されている都市 〔国土交通省が定めた18都市19事業者以外にも敷設されている都市を含む〕	営業キロ (km)	分類	備　考
1	札幌市	札幌市電	北海道札幌市*	8.5	1	他に地下鉄も展開
2	函館市	函館市電	北海道函館市*	10.9	1	
3	富山地方鉄道	市内線	富山県富山市*	6.4	1	他に普通の形態の鉄道も展開
4	富山市	富山副都心線	富山県富山市*	0.9	1	
5	富山ライトレール	富山ライトレール	富山県富山市*	7.6	2	
6	万葉線	万葉線	富山県高岡市* 射水市*	12.8	1	
7	東京急行電鉄	世田谷線	東京都*	5.0	3	他に普通の形態の鉄道も展開
8	江ノ島電鉄	江ノ電	神奈川県藤沢市 鎌倉市	10.0	2	
9	東京都	都電	東京都*	12.2	1	他に地下鉄、モノレール、新交通システムを展開
10	豊橋鉄道	豊鉄	愛知県豊橋市*	5.4	1	他に普通の形態の鉄道も展開
11	福井鉄道	福武線	福井県福井市* 鯖江市 越前市	21.4	2	
12	京阪電気鉄道	大津線	京都府京都市* 滋賀県大津市*	21.6	1	他に普通の形態の鉄道、ケーブルカーも展開
13	阪堺電気軌道	阪堺電車	大阪府大阪市* 堺市	18.7	1	
14	京福電気鉄道	嵐電	京都府京都市*	11.0	1	
15	岡山電気軌道	岡山電軌	岡山県岡山市*	4.7	1	
16	広島電鉄	広電	広島県広島市* 廿日市市	19.0 16.1	1 宮島線	宮島線は普通鉄道
17	土佐電気鉄道	土電（とでん）	高知県高知市* 南国市 いの町	25.3	1	
18	伊予鉄道	伊予鉄	愛媛県松山市*	9.6	1	
19	長崎電気軌道	長崎電軌	長崎県長崎市*	11.5	1	
20	筑豊電気鉄道	ちくてつ	福岡県北九州市 中間市 直方《のおがた》市	16.0	4	
21	熊本電気鉄道	熊電	熊本県熊本市 合志市	13.1	2	
22	熊本市	市電	熊本県熊本市*	12.1	1	
23	鹿児島市	市電	鹿児島県鹿児島市*	13.1	1	
計				292.9		

注）　分類は、1が全線または一部の区間で電車が道路上を走り、国土交通省が定めたもの。2が全線または一部の区間で電車が道路上を走るものの、国土交通省が定めていないもの。3が全線で電車が道路上を走らないものの、国土交通省が定めたもの。4が全線で電車が道路上を走らず、国土交通省が定めていないもののうち、路面電車と同様の電車が走るもの。また、[*]は国土交通省が定める路面電車の走る都市（18都市）である。

出典：国土交通省鉄道局監修『平成24年度　鉄道要覧』電気車研究会・鉄道図書刊行会、2012年参照

謎002

路面電車はいつからあるのか？

～動力源が馬から電気へ

路面電車のルーツを、動力源の発達、そして旅客輸送の実績、この2点を軸としておおまかにたどると、馬車鉄道→蒸気鉄道→電気鉄道（路面電車）という推移を経て現代の路面電車の形となる。つまり結論から言ってしまうと、路面電車は馬車鉄道の開業とともに誕生したのである。実は日本における路面電車についても同じことが言えるのだ。

この項では「馬車鉄道」「蒸気鉄道」「電気鉄道」というもの、そして「日本における路面電車」の歴史をひとつずつひも解いてゆこう。

■馬車鉄道

馬車鉄道とは、市街地などの道路に線路を敷き、馬を動力源に用い線路上の車を牽いて走る鉄道である。

そもそも馬車のイメージとしては、推理小説「シャーロック・ホームズ」（アーサー・コナン・ドイル著）のドラマやアニメにたびたび登場するものや、童話「シンデレラ」に登場するカボチャの馬車が想像しやすいであろう。馬車がいつどこで発明されたかは定かではないが、紀元前２８００～２７００年の古代メソポタミア文明のころから用途により形状を変化させつつ数世紀にわたり活躍してきた。そして１８０７年、イギリスのウェールズ地方でオイスターマス鉄道という馬車鉄道が誕生した。旅客輸送を行った世界初の鉄道であり、この馬車鉄道の開業が後の路面電車の原形となる。馬車鉄道は、路上を馬車のみで移動するものに比べ、乗り心地が格段に良いことから、広く利用され世界各地に浸透していった。

■蒸気鉄道

蒸気鉄道とは、蒸気によって得られた熱エネルギーを動力源に用いた蒸気機関車が、客車を牽いて走る鉄道である。ちなみに機関車とは、客車・貨車などを牽引するための動力機関を持った鉄道車両で、乗客や荷物を載せる設備がないものを指す。さて、この蒸気鉄道が、1825年9月27日にイギリスの北東イングランドのダーリントン駅とストックトン・オン・ティーズ駅間約19キロを走り、営業運行を開始した。名をストックトン・ダーリントン鉄道という。これが蒸気機関車で営業運転を行う世界初の鉄道となった。

余談ではあるが、このころの日本はというと、化政文化（1804~1830）と呼ばれる町人文化が発展し、政治・社会の出来事や日常の生活を風刺する川柳や庶民の生活を面白おかしく描いた十返舎一九の『東海道中膝栗毛』が流行していた。交通手段の中心は牛や馬、人力による籠《かご》であった。

■電気鉄道

電気鉄道とは、架線から取り込んだ電気を動力源に用いた電車あるいは電気機関車が、客車を牽いて走る鉄道である。ちなみに電車とは、動力となる電動機を単独または複数の車両に装備し、乗客や荷物を乗せて自ら走ることができる鉄道の電気車を指す。また電気機関車も電動機を用いることによって走行する電気車である。

時は1879年（明治12）、ドイツで開催されたベルリン勧業博覧会にて、発電機や電気機関車の発明をしたドイツの電機会社「ジーメンス・ハルスケ社」が、ベルリンとリヒテルフェルデ間の道路上に2キロの線路を敷き、世界初の実用的な電気機関車を走らせることに成功した。この時、電気機関車の牽引による運転は、時速12キロで乗客約20人を乗せて走ることができた。つまりこれが、世界初の電気を動力源に用いた路面電車の誕生となった。

後ほど触れるが、日本ではこの3年後にようやく馬車鉄道が開業するのである。

[日本における路面電車]

■日本の馬車鉄道

日本という国が急速に近代化を進めていった明治という躍動の時代の中、馬車鉄道は誕生した。

現在の東京都の前身に当たる東京府東京市が、1882年（明治15）6月25日、日本で最初の馬車鉄道「東京馬車鉄道」を開業し、新橋－日本橋間（約2・5キロ）の運行を開始した。停留所は基本的に汐留本社、新橋、終着地だけで、途中に停留所はないのだが、驚くことに乗客が降りたい所を車掌に言えば、そこで下車することができたようである。

その後、同年10月1日には新橋、上野、浅草を結ぶ東京の大通りでも営業を開始した。東京馬車鉄道の開業当時、車両は31両あり、すべてが英国製で、馬は47頭備えていたという。さらに最盛期には、英国製と日本製の車両を合わせると300両を数え、馬は2000頭を超すほどであったというから、馬車鉄道の活躍ぶりがうかがえる。この評判が広まり、1891年（明治24）に大阪、1898年（明治31）には函館でも開通し、次第に全国的に普及していった。

しかし、栄枯盛衰は世の常である。1895年（明治28）2月1日、京都電気鉄道が現在の京都駅前－伏見区京橋間の約6キロの道路上に線路を敷き営業運転を開始した。この京都電気鉄道の電車は電気を動力源として走るため、馬車鉄道の重大な欠点である馬の糞尿問題や餌の供給の必要がないこともあり、急速に支持されていった。特筆すべきは、京都では、東京のように馬車鉄道を経ることなく、初めから電気鉄道である路面電車を導入したことである。

ここでひとつの疑問がわいてくる。蒸気鉄道も馬車鉄道のような欠点は挙げられない。ではなぜ蒸気鉄道ではなく、電気鉄道を導入したのだろうか？　それは、鉄道路線の計画段階から、琵琶湖疏水を利用した水力発電によって供給される安価で大量の電力を動力源に用いて営業することが念頭におかれていたからだ。つまり近くで電気を作れるのだから利用しない手はないということだろう。その結果、京都には電気鉄道が導入されたのである。補足すると、琵琶湖疏水とは、琵琶湖の湖水を京都市へ送るために作られた水路のことである。

こうして電気を動力源とした路面電車の普及にともない、馬車鉄道は衰退の一途をたどるのだ。

■電気鉄道（路面電車）の始まり

さて、先ほども述べたとおり路面電車の営業運転を始めたのは京都電気鉄道である。では、電気を動力源とした路面電車が初めて走ったのはいつのことであろうか。

それは、1890年（明治23）5月、政府が産業の復興を目的に東京の上野恩賜公園で開催した「第3回内国勧業博覧会」内でのことである。「東京電燈会社」（現在の東京電力株式会社の前身）の技師長であり日本電気界の先覚者である藤岡市助氏が、アメリカの市街地などで実績のある車両、スプレーグ式電車2両を輸入し出品した。車体の長さは7・3メートル、26人乗りで、15馬力モーター1個付きの装備であった。この電車が会場内に敷設された約309メートルの線路を往復したと語り継がれている。ちなみにスプレーグ式とは、電気車（電気機関車と電車）が通る空間の上に架線を張り、そこからパンタグラフなど車両上部にある集電装置を通じて、電気車を動かすための電気を集める鉄道の電化方式の一種である。

この時、公衆を乗せた電車は見事に動き、観衆から盛大な拍手を浴びた。明治天皇も試乗し、そのお供が「恐ろしき神を捕らへて車ひく　馬にも代ふる世となりにけり」という和歌を詠んでいる。ここには馬ではなく、雷神が車両を走らせることに大変驚いたという様子が詠われているのだ。この時がまさに、日本最初の電気を動力源とした路面電車が走った瞬間であり、これを機に、日本における鉄道の歴史も電化への道を歩んでゆくこととなる。

路面電車

謎003

路面電車の法規

~なぜ路面電車は鉄道事業法が適用されないのか

日本の鉄道は、謎001で記したとおり、日本全国津々浦々を結び、多種多様な車両が走っている。国土交通省によると、営業事業者の総数は204社。皆さんはこのすべての事業者が法律に基づき開業していることをご存じだろうか?

各事業者の鉄道の形態に合わせ、線路の敷設や建設、設備、車両など鉄道を走らせるために必要なありとあらゆる部分に規定があり、多岐にわたる定義が国土交通省によって設けられている。これらの規定をすべて満たさなければ、鉄道事業者として開業することはできないのだ。

法律と聞くだけで拒絶反応を起こしそうな方もいるだろうが、路面電車を知るうえでこの法律は欠かせないため、もう少し詳しく見ていこう。

まず鉄道事業を開業する際適用される法律は鉄道事業法と軌道法の2種類に分類される。

鉄道事業法の「鉄道事業」とは、2本のレールの上を走る構造を持つ普通の鉄道、走行路面上を中央または側壁にある案内軌条(ガイドレール)に案内輪をあててゴムタイヤで走行する案内軌条式鉄道、索道事業(ロープウェイ、ゴンドラリフト)、トロリーバス、ケーブルカー、リニアモーターカーなどを経営する事業のことを指す。

しかしながら、一見『2本のレールの上を走る構造を持つ普通の鉄道』に見える路面電車の事業は含まれない。なぜなら路面電車はおおむね軌道法に基づき開業しているからだ。ではこの違いはどこから生まれるのであろうか? その答えは各法律上に記載された、鉄道線路の道路に線路を敷設してはならない（鉄道事業法第六十一条第一項）、特別な事がある場合を除き道路に線路を敷設しなければならない（軌道法第二条）という異なる内容の二つの条文に基づくことでおのずと導かれるのだ。

では、本書の中心となる路面電車に適用される軌道法とはいったいどういうものであろうか？

1924年（大正13）1月1日に施行された軌道法は、日常生活を送る中で誰もが利用することのできる道路上に線路を敷設する鉄道を対象として適用される法律である。この軌道法の中に路面電車の建設を行うために定められた軌道建設規程や、路面電車の運行について定められた軌道運転規則が記されている。

軌道建設規程とは、路面電車の建設に必要な線路や電車柱などの建造物、排水施設、保安装置、曲線および勾配、橋梁、待避所、踏切、車庫やその他の設備、車両に関するブレーキなどの装置や車輪の寸法、電気施設など技術上の基準を定める規程であり、軌道運転規則とは、路面電車の運行に関わる検査や速度、信号、合図、標識、扉の開閉など安全運行を行うための基準を定めた規則である。

さらに鉄道事業を開業するまでに必要な手続きとして、鉄道事業法は国土交通大臣の許可（鉄道事業法第三条）、軌道法は国土交通大臣の特許（軌道法第三条）、道路管理者の許可または承認（同第四条）、都道府県知事の認可（同第十条）と手続きが必要となる。

この項では、鉄道事業の開業には法律が適用されること、そして、一般的な鉄道と路面電車向けの法律とは分かれていること、軌道法の特徴、さらには実際に建設したり、運行するために定められた軌道建設規程や軌道運転規則をごく簡単に紹介した。細々とした部分は、また他の章で明らかにしてゆこう。

路面電車

謎004

路面電車をルーツに持つ鉄道

～京浜急行電鉄、京阪電気鉄道、阪神電気鉄道など

一般的にあまり知られていないが、現在、鉄道事業法に基づき営業されている大手私鉄の中には、開業当初は軌道法に基づき開業した企業が多数ある。正確に言うと、当時軌道法はまだ施行されておらず、軌道法の前身、軌道条例に基づき開業されたものだ。では、なぜ軌道法に基づいた路面電車での開業を選んだのだろうか？　京浜急行電鉄、阪神電気鉄道、京阪電気鉄道を例に挙げて、開業当時を振り返ってみよう。

まずは首都圏の大手私鉄、京浜急行電鉄（以下、京急電鉄）の場合。現在の東京都港区から品川区、大田区、神奈川県川崎市、横浜市、さらに三浦半島へ至る路線を運営する京急電鉄のルーツは、大師電気鉄道（現在の京急大師線）にさかのぼる。

大師電気鉄道（以下、大師電鉄）は、1899年（明治32）1月21日開業、六郷橋（現在の京急川崎）－大師（現在の川崎大師）間の2・0キロで運行された。

当時、川崎駅から厄除け大師として有名な川崎大師までの移動手段が、馬車か人力車、あるいは徒歩で行くしかなかった。そこで、この大師電鉄が参詣路線として建設されたのだ。ちなみに大師電鉄は関東地域で初めて走った路面電車であった。新しい市民の足として路面電車を選択した大師電鉄は、開業から44年後の1943年（昭和18）6月1日に軌道線から鉄道線へと転換された。

次に、大阪と神戸を結ぶ鉄道を運営している大手私鉄の阪神電気鉄道（以下、阪神電鉄）は、1905年（明治38）4月12日に、神戸（三宮）－大阪（出入橋）間の30・6キロで営業を開始したのが始まりである。

阪神電鉄は開業当時から高速電車を意識していた。それなのになぜ路面電車として開業したのであろうか？

それは、当時、大阪－神戸間にはすでに官鉄線が走っていて、競合になるという国の勝手な理由から許可が下りなかったからだ。そのため、一部に軌道を道路上に敷設する併用軌道を採り入れた路面電車として出願することでようやく許可を得たのだ。１９７７年（昭和52）12月27日、全線を軌道条例に基づく路面電車から鉄道線に転換された。

大阪府、京都府、滋賀県に路線網を持つ大手私鉄、京阪電気鉄道（以下、京阪電鉄）は、１８７７年（明治10）、京都と大阪を結ぶ新鉄道の建設を目指し誕生した。しかし、こちらも上記の阪神電鉄同様、国の運営する国有鉄道との競合を避ける目的で、敷設許可がなかなか下りなかった。そのため、路面電車という形で、軌道線の敷設許可を取得。１９１０年（明治43）3月、街道沿いに大阪天満橋と京都五条（現在の清水五条）の間に線路が敷設され、同年4月15日、46・6キロの路線がはれて開業した。

路面電車と扱いが同じ軌道線として長く運行されたが、輸送需要に合わせ車両の編成も長くなり、１９７８年（昭和53）、軌道線から鉄道線に転換された。

阪神電鉄、京阪電鉄ともに国との競合を避けるために路面電車というかたちを選択した。というのも現在の担当省庁である国土交通省が統合される以前、鉄道線は運輸省、軌道線は建設省と担当省庁が異なっていた。つまり鉄道と軌道では、役所の管轄が違っていたのだ。当時、この管籍の違い、そして役人の縄張り意識をうまく利用しスムーズに許認可を取るための方法として、あえて軌道法に基づいて路面電車で開業することを選んだ鉄道会社が多かったのだ。ついでながら、両社との競合を懸念した官鉄線、国有鉄道は時代背景とともに名称が変わっており、現在はＪＲである。

関東と関西の大手私鉄で、特にスピードが早いイメージを持つ高速鉄道路線を例に挙げたが、ほかにも、軌道として敷設され開業し、後に普通鉄道線へ改められたケースが多数存在する。日本の電車の歴史は路面電車から始まった、と言っても過言ではないだろう。

路面電車

謎005 路面電車の黄金時代

～かつては多くの都市で路面電車が走っていたのだが……

かつて、路面電車は日本を縦横無尽に走っていた。表題のとおり、路面電車にも華々しい黄金時代があったのだ。この路面電車の黄金時代は大きく分けて、大正期、昭和初期、昭和中期と3度訪れる。

では、さっそく大正期を見ていこう。

１９１４年（大正3）、第一次世界大戦の勃発により戦争に関係する物資の需要が高まり（戦争特需）、日本は今までにない好景気に恵まれ、都市の工業が発展し、街が大都市へと変化した。それに伴い、都市勤労者層が現れ、人口が都市部へ流れたことにより、市内を移動する路面電車の輸送人員は膨大に増え黄金時代を迎えたのである。この結果、東京や大阪では大規模な車両修理工場を建設し、盛んに路線を延長した。さらに全国各地でも新線の開業が次々と行われ、この時期に、路面電車の路線網は、ほぼ完成したといえる。大正期に開業した路面電車は、現在の、札幌市交通局、函館市企業局交通部、富山地方鉄道富山軌道線、万葉線、福井鉄道福武線、東京急行電鉄世田谷線、豊橋鉄道東田本線、京阪電気鉄道大津線、広島電鉄、長崎電気軌道、熊本市交通局、鹿児島市交通局などがある。

次に、昭和初期はというと……。

１９３１年（昭和6）9月、日本は、後に満洲事変と呼ばれる軍事行動を起こし、満洲国を建国。さらに満洲国内の権利と利益を手中に収めることにより作為的な好景気が作り出された。いつの時代も好景気になると多額のお金が動くようになる。この１９３５年（昭和10）から１９４０年（昭和15）ころまでの間も、各都市を代表する神戸市交通局７００形や京都市交通局６００形、大阪市交通局９０１形のような華やかな路面電車が次々と製造された。それぞれの都市の特色や雰囲気を表した近代的な設計の車両であった。入念な工作過程や華やかな塗装などが施され、お金や手間ひまをかけて製造された車両が多いのが特徴である。この5年間は、日本の路面電車の車両にとって、技術面の向上や画期的なデザインの採用など、あらゆる面で実に充実した時代であったと言える。

最後に、昭和中期を振り返ってみよう。

第二次世界大戦後の１９５６年（昭和31）、高度経済成長が始まった日本における路面電車は、67都市、83事業者、線路総延長１４７９キロ。毎年、全国で約26億人、一日の利用客約７３０万人を輸送するほど、市民の足として公共交通の主役を担っていた。現在と比較してみると、２００９年度（平成21）の時点で国土交通省が定義した路面電車は、18都市、19事業者、線路総延長２０７・８キロ。一日当たりの利用客は約50万７０００人。全国で年間約1億８５００万人（平成21年版鉄道統計年報）を輸送。輸送人員だけをとってみても約13・6倍と歴然とした差があることがわかる（国土交通省が路面電車と定めていない江ノ島電鉄、筑豊電気鉄道、熊本電気鉄道、広島電鉄宮島線を除く）。

ほかにも顕著に表れているのが、現在の政令指定都市（人口50万以上の市のなかで政令で指定された市）20都市のうち、さいたま、千葉、相模原、浜松の4市を除く16市で路面電車の営業が行われていたことであろう。16市とは、札幌、仙台、川崎、横浜、新潟、静岡、名古屋、神戸、京都、大阪、堺、岡山、広島、北九州、福岡、熊本のことである。

この時期は、利用者数、事業者数、線路の総延長、どれをとっても路面電車が最も輝いていた時代と言える。

しかし時が流れるとともに路面電車は衰退してゆき、現在政令指定都市で残っているのは、わずかに7社（札幌、京都、大阪、堺、岡山、広島、熊本）だけ。他9市からは姿を消してしまったのだ。ではなぜ路面電車は衰退していったのだろうか。その原因を次の項で記してゆこう。

謎006

路面電車はなぜ衰退したのか

~自動車の普及によって社会生活が変化

　1950年代半ばから、日本は、経済規模が継続して飛躍的に拡大してゆく高度経済成長期と呼ばれる時期に入った。さらに1960年代に入ると、東京オリンピック、ベトナム戦争、日本万国博覧会（大阪万博）における需要拡大の影響を受け、経済成長はより加速してゆく。

　しかしながら、本書の主役である路面電車はこのころから衰退してゆくのだ。「都市交通年報」のグラフを見ると（表6-1）、明らかに1960年（昭和35）ころから徐々に輸送人員が減少し、1965年（昭和40）以降は下降の一途をたどっている。

　では、なぜ路面電車は衰退を始めたのであろうか？

　それは同時期からモータリゼーションと呼ばれる現象が日本全国で進んでいったからである。国が高速道路、舗装道路の整備や拡張を行うと、自動車メーカーは誰でも購入可能な自動車を市場に送り込んできた。さらに自動車の燃料である石油の価格が下がるなど自動車を利用する環境が整い、自動車は大衆に広く普及していったのだ。「自動車輸送統計年報」のグラフを見ても、1960年以降著しく右肩上がりに自動車の輸送人員数が増加しているのがわかる。モータリゼーションとは、自動車が大衆に普及し、日常生活を送るための道具として必需品化する現象のことである。

　自動車が大衆に普及すると、当然のごとく自動車の数は一気に増加する。そうなると免れることができないのが道路の渋滞である。自動車と同じ道路上を走る路面電車は、この渋滞に巻き込まれ定時運行が難しくなった。さらには渋滞の元凶だとされ、1970年代

表6－1　首都圏交通圏の交通機関別旅客輸送人員推移（1日平均）

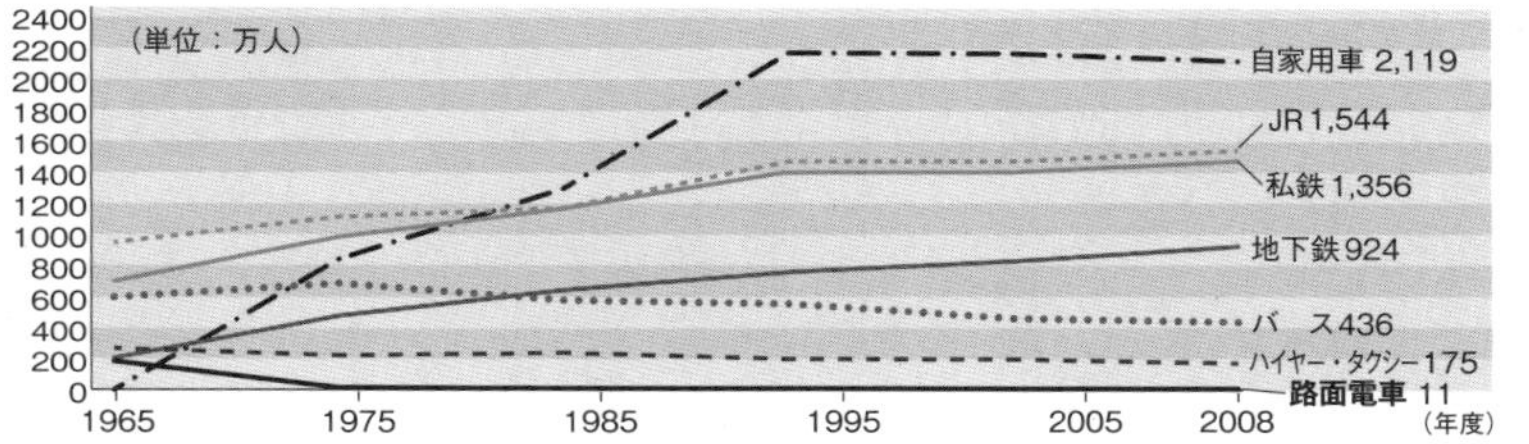

出典：『都市交通年報』2010年版、運輸政策研究機構

表6－2　国内自動車旅客輸送の推移（年間）

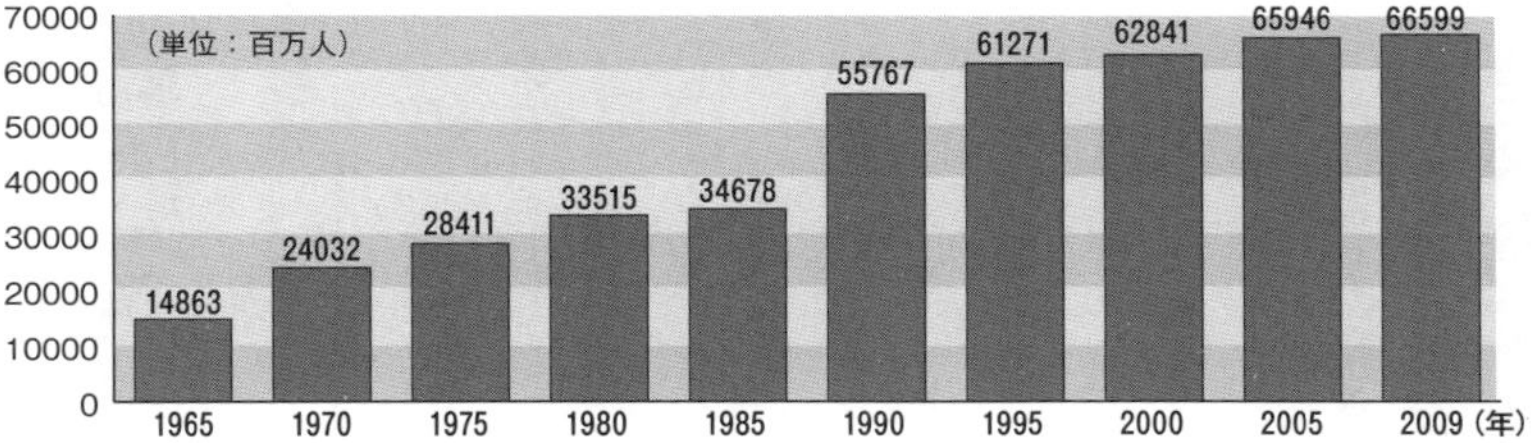

出典：国土交通省 鉄道関係統計データ『旅客の輸送機関別輸送量の推移』国土交通省鉄道局安全・業務政策室

末にかけて各地で次々と廃止されていった。

1962年（昭和37）3月の参院予算委員会では、「順次なくすように指導していく、将来は全廃する」と、当時の運輸相、斎藤昇氏の答弁も残っているほどである。

また表6－1「都市交通年報」のグラフからも読み取れるように、1965年ころから輸送人員を伸ばしているバスと地下鉄の整備が進んだことも路面電車の衰退を加速させた原因のひとつと言える。

しかしながら、現在もこれらの原因から路面電車が衰退し続けているわけではない。というのも、近年、世に路面電車を見直そうという動きが出てきている。一度はなくしたいとまで言われてしまった路面電車が見直される理由とは一体何なのか？　それは次の項目で見ていくことにしよう。

謎007

いまなぜ路面電車が見直されているのか

～環境に優しく、建設コストも安い

近年、フランス、ポルトガル、ドイツ、イギリスをはじめ、世界各地で路面電車が見直され注目されている。もちろん日本も例外ではない。

では、なぜ路面電車が見直されるようになったのか？　路面電車のメリットをいくつかの項目に分けてその原因を見ていくことにしよう。

1　環境への優位性の高さ

路面電車以外にも交通機関は多数ある。その中で、路面電車はどういった点で環境へ優位なのであろうか？

まず、路面電車のメリットを見る前に世界の動きを理解しておこう。１９９０年代に入ると地球温暖化防止に関する世界的な条約、気候変動枠組条約が１５５か国の署名により成立した。

１９９７年（平成9）には、日本が議長国となり採択された京都議定書は記憶に新しい。そもそもこの気候変動枠組条約とは何であろうか？

これは、二酸化炭素（CO_2）やメタン（CH_4）、亜酸化窒素（N_2O）などの影響による地球温暖化、気候変化の原因となる温室効果ガス濃度の削減、安定化を目標とするものである。この文章だけを見ていると、いまいちピンと来ない方も多いだろう。しかし、この温室効果ガスと呼ばれているものこそ、人々の生活に密着しているのである。

なぜなら、温室効果ガスの中でも排出量が一番多い二酸化炭素（CO_2）は、電気を作る際に排出されるものから、自動車や船舶、航空機の燃料を燃やした際

表7-1　公共交通の輸送単位の一例

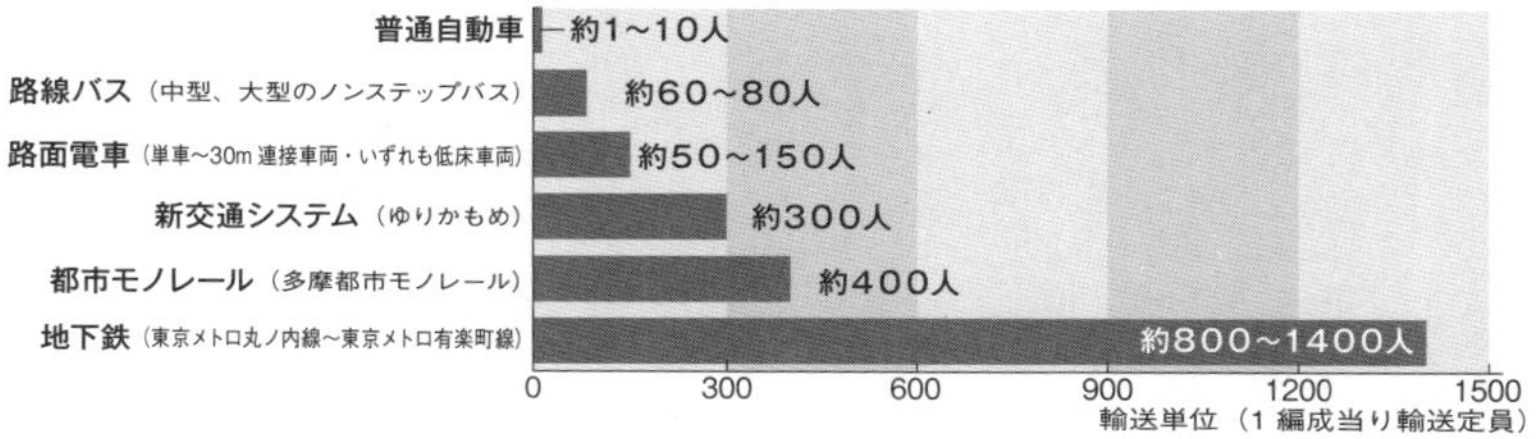

出典：国土交通省「まちづくりと一体となったLRT導入計画ガイダンス」、2005年10月

表7-2　旅客輸送機関の二酸化炭素排出原単位

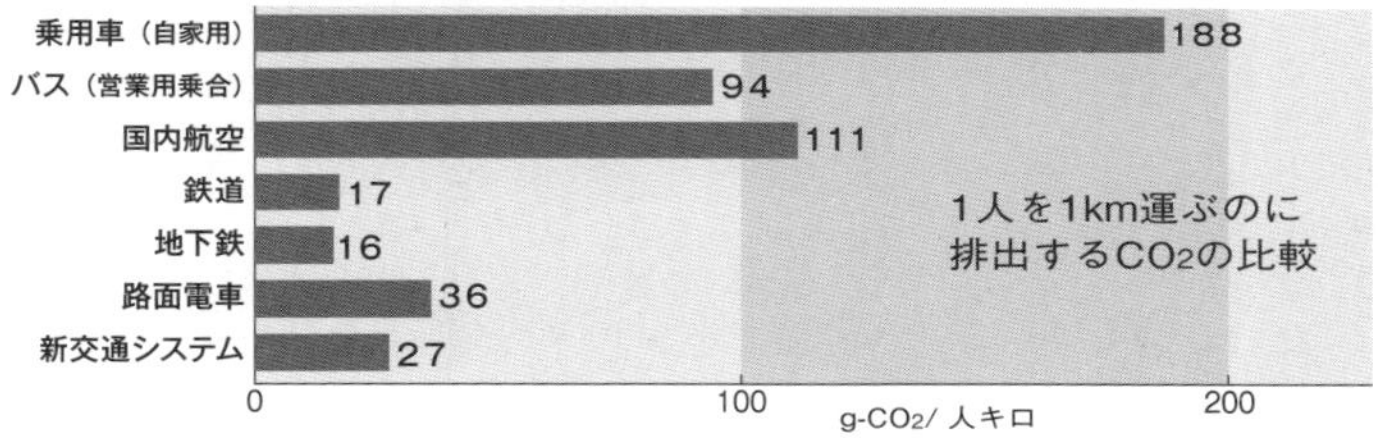

出典：国土交通省「まちづくりと一体となったLRT導入計画ガイダンス」、2005年10月

に排出されるもの、家やビルを建てる際に排出されるものなど、幅広く日常生活に関わっているからだ。これらの温室効果ガスを減らさなければ、地球上の気温が上昇し、生態系の変化や海水面の上昇による海岸線の侵食が起こり、人々の生活、もっと言えば地球自体が大変危険な状態に置かれることになる。

以上のことを踏まえたうえで、路面電車のメリットを見ると路面電車は、自動車やバスよりも一度に多くの人を輸送できることだ。表7－1「公共交通の輸送単位の一例」のグラフの最大値を見ても、自動車の約15倍、バスの約2倍の輸送力を持つ。

このことは、上記に記したCO_2削減にも大きく関係してくる。表7－2「旅客輸送機関の二酸化炭素排出原単位」のグラフを見ても一目瞭然であるが、バスや自動車に比べ格段に路面電車のCO_2排出量が少ない。温室効果ガス削減のためだけではなく、地球環境を長い目で見たうえでも、環境に付加のかからない路面電車は優れた輸送機関と言える。

2　鉄道や地下鉄などに比べて建設費が安い

路面電車（ＬＲＴ）の建設費は、各システムの建設費（表７－３）のグラフからもわかるように、地下鉄の20分の１～10分の１の建設費ですむことが知られている。現に、２００８年（平成20）に開業した東京地下鉄副都心線（東京都）と、２００６年（平成18）に開業した富山ライトレール（富山県）の１キロあたりの建設費を比較してみると、副都心線は２７０億円に対し、富山ライトレールは20億円と約14分の１の建設費となっている。では、なぜそのようなことが可能なのであろうか？

それを理解するために、人が鉄道（ここでは地下鉄も含む）または、路面電車を利用し移動するまでの流れを見ていこう。

まず、人は駅へと向かう。この場合、路面電車では停留場にあたる。ここが一つ目のポイントだ。鉄道の駅には、自動券売機、自動改札機（または有人、無人の改札）、駅員、トイレ、階段（エレベーターまたはエスカレーター）、駅舎、そして駅舎を建てるための土地が最低限必要となる。

しかし、路面電車の場合、必要な要素は鉄道で言う駅舎にあたる停留場のみである。参考までに、１９９０年（平成２）にグッドデザイン賞を受賞した東芝製の自動改札機ＥＧ－８００は一台５００万円。仮にこの自動改札機が３台設置されていれば１５００万円となる。自動改札機だけをとってみても、自動改札機を必要としない路面電車の設備ではこれだけ削減できるのだ。

ホームに向うと、眼下には線路が続いている。ここで、二つ目のポイントがやってきた。線路の敷設を高架や地下に建設しない路面電車はやはり安くあがる。東京都の東京駅から高尾駅を結ぶ中央線において、三鷹駅から立川駅まで約13・1キロを高架化した際には、１キロあたり約１３０億円かかっている。高架を１キロ作るだけで、上記の路面電車は６・５キロ敷設できてしまう。

そして、移動手段である鉄道または路面電車が目の前で停車する。三つ目のポイント、それは、我々が乗

表7-3　各システムの建設費

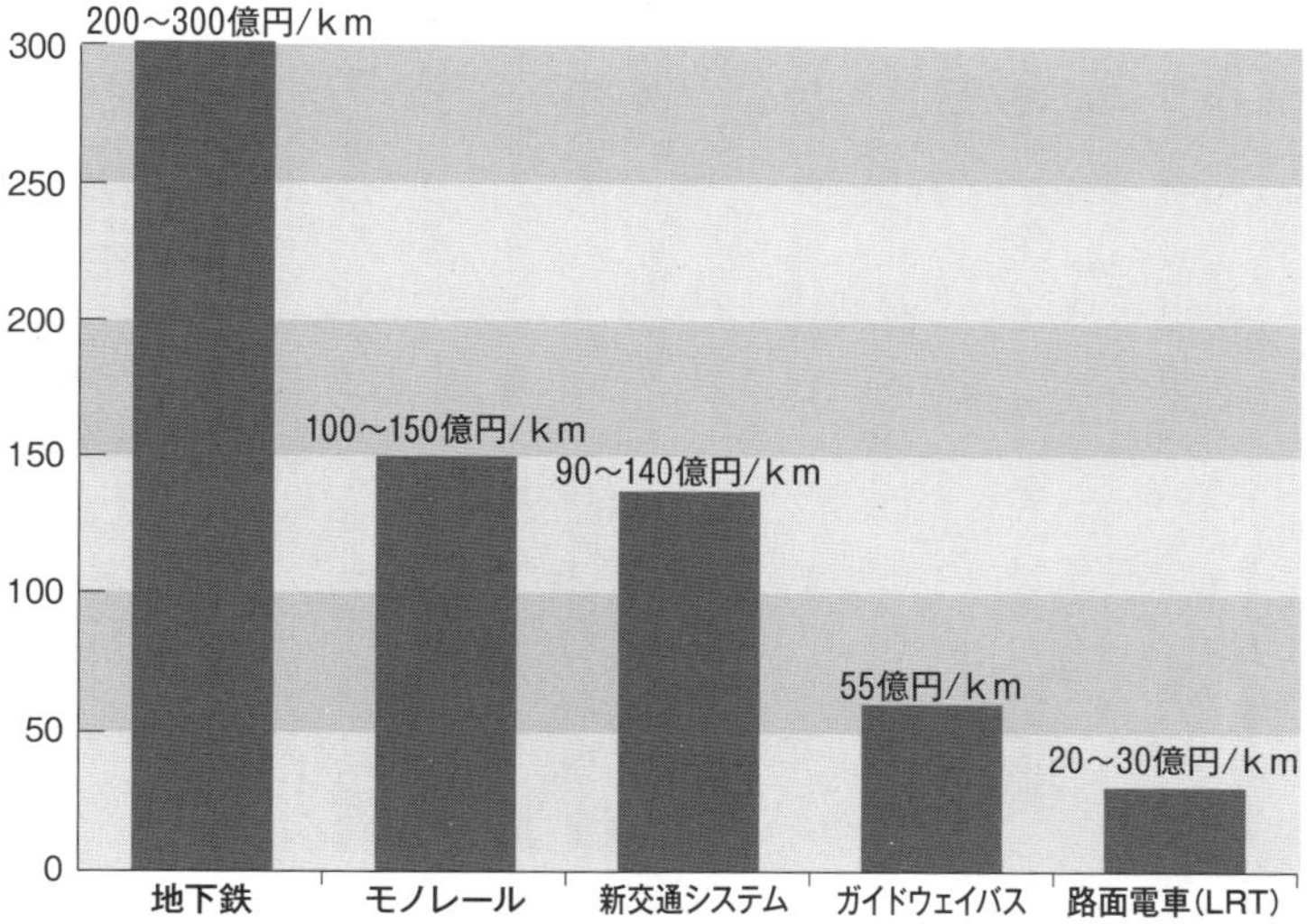

出典：国土交通省「まちづくりと一体となったLRT導入計画ガイダンス」2005年10月

って移動するための車両の価格である。1編成あたりの車両価格の比較をしてみよう。今回も、冒頭で出させていただいた副都心線と富山ライトレールの車両を例に挙げて比較する。副都心線の車両10000系1編成10両の価格は12億円に対し、富山ライトレールの車両PORTRAM（ポートラム）1編成2車体連接車の価格は2億2400万円。地下鉄と路面電車では、1編成あたりの車両数が圧倒的に異なるため、やはりここでも大きな差が出た。

ちなみに1編成とは、駅に入ってくる電車、路面電車のひとつのまとまりのことである。また、富山ライトレールとその車両PORTRAM（ポートラム）2車体連接車については、後ほど説明しよう（謎096　257ページ）。

停留場の施設が極めて簡易であり、線路を敷設する費用、さらには編成が短いため車両の費用もあまりかからない路面電車であるからこそ、鉄道や地下鉄と比べ安価に建設ができるのである。

Column①

路面電車は楽♪

この項のタイトルを読んで、何が楽なのだろうか？と、思った方も多いだろう。ずばり路面電車は、目的地まで行く際の「乗り降り」が楽なのだ。

謎007で、路面電車の施設は、鉄道や地下鉄に比べシンプルであるということに触れた。実はこの施設がシンプルであるということが、乗り降りが楽であるということに繋がるのだ。

どう繋がるのかというと、図①をご覧いただければ一目瞭然、路面電車に乗車するには、ただ停留場で路面電車が来るのを待ち、来たらそのまま乗車すればいいのである。

つまり、鉄道や地下鉄のように、階段、またはエスカレーターでの昇り降りや、ホームまでの移動といったわずらわしさがない。簡単に文字で表すと、地上

図①　地上から乗り降りできる路面電車は楽♪［K］

（出発地）→車両→地上（目的地）という具合である。
これは現代社会、そして、これからの日本にとって大きなメリットであると言える。

なぜそう言えるかというと、まず、総務省統計局の推計人口をベースに作成したグラフ（表①）をご覧いただきたい。２００４年（平成16）10月1日時点よ

表①　日本の年齢別の人口（総務省人口推計調査より）

2004（平成16）年

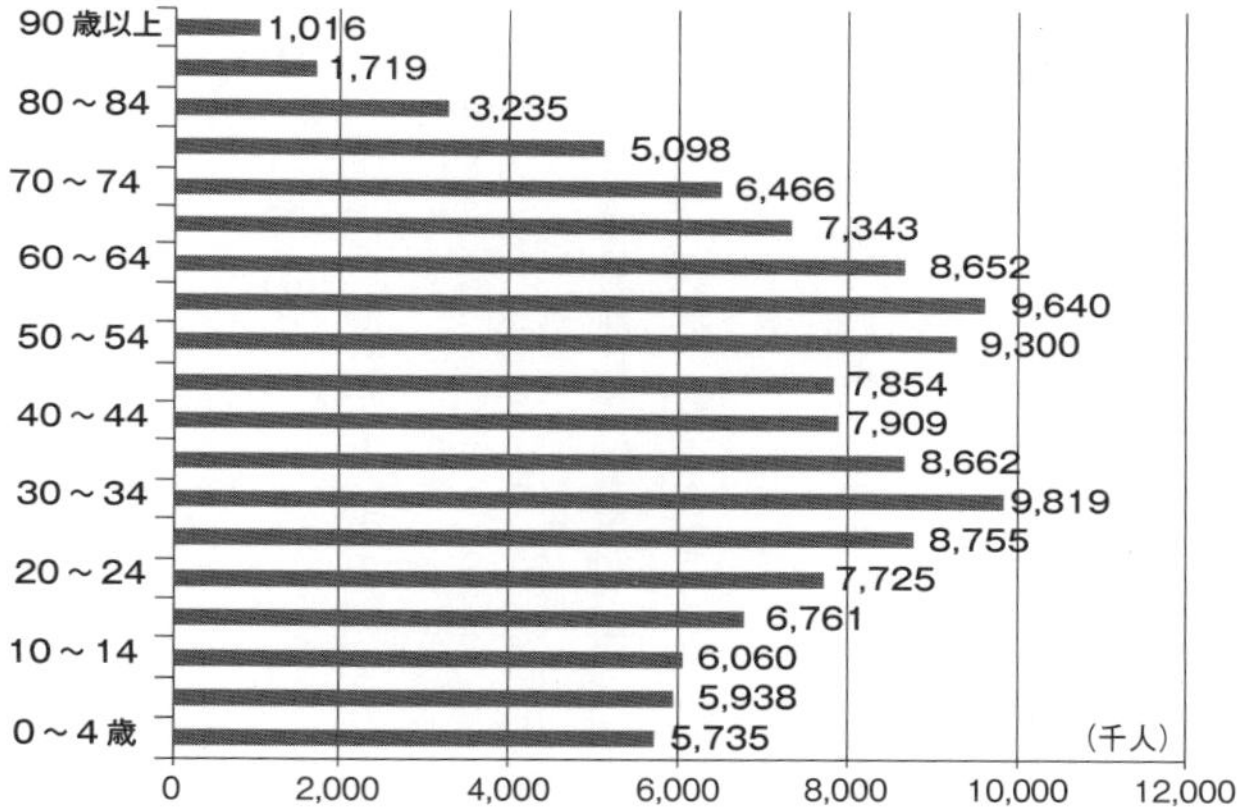

総人口：127,687千人　うち65歳以上：24,877千人

高齢者の割合　19.48%

5年間で3.3%高齢化している

2009（平成21）年

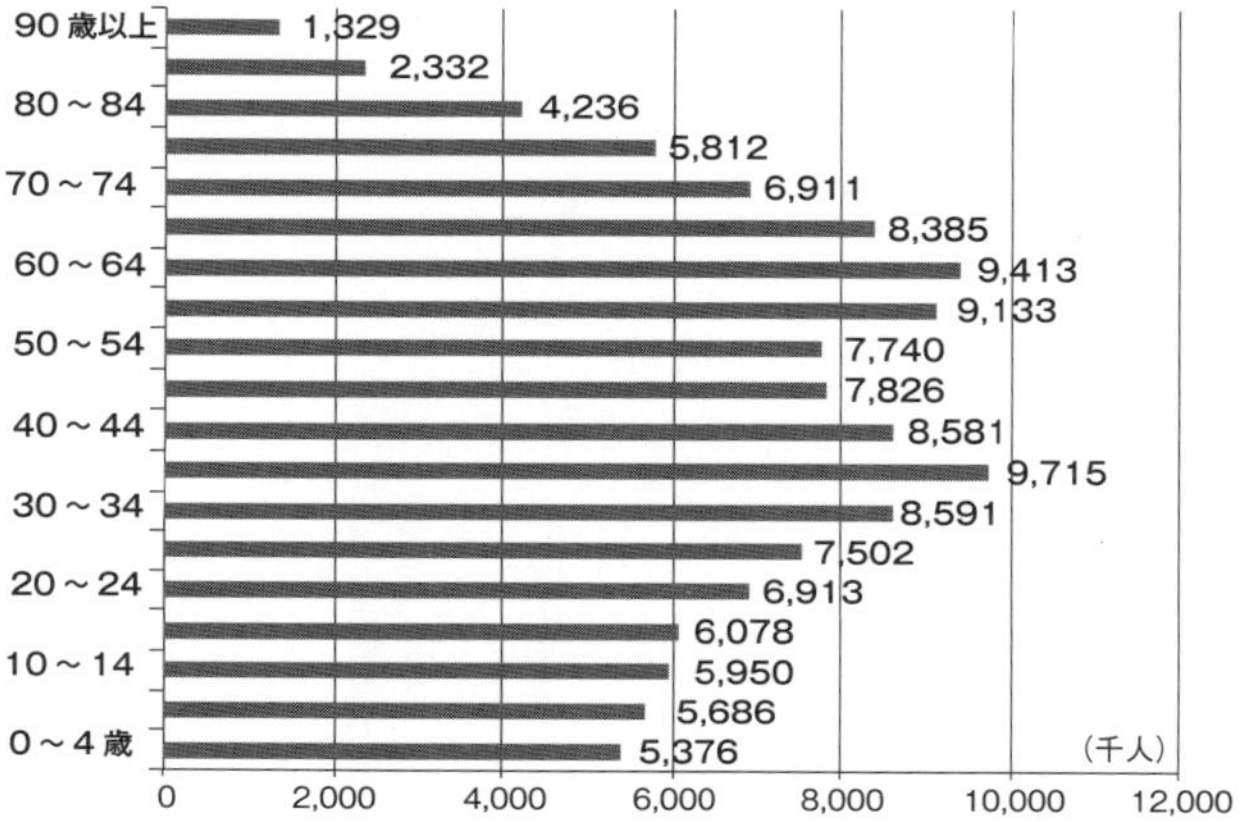

総人口：127,509千人　うち65歳以上：29,005千人

高齢者の割合　22.75%

りも、5年後の2009年（平成21）10月1日時点の方が、明らかに一般的に高齢者と言われる65歳以上の人口が増加していることがわかる。そう、近年よく耳にする高齢化社会である。

お元気で、まだまだ現役だという方も大勢見受けられるが、やはり高齢者にとって、階段の昇り降りや移動は容易なことではない。さらには妊婦さんやベビーカーのお母さん、怪我をしている人や身体の不自由な方にとっても同様である。路面電車はその苦労を軽減できるのだ。

さらに、近年導入されている車両にはバリアフリーが施され、停留場から車両に乗り込む際の段差がほぼなくなったことが、より路面電車の快適性を向上させていると言える。

つまり、路面電車は楽なのだ。

第2章　全国各地の路面電車

富山城をバックに走る富山地方鉄道富山都心線［K］

路面電車

謎008

札幌市交通局

～延伸で路線が一周する

札幌の街中を走る路面電車、札幌市交通局の札幌市電。すすきのの歓楽街や大通りを一両の電車がゆっくりと走る。札幌を訪問した経験のある方なら、一度は目にしたことがあるだろう。札幌市電は、謎001の表1－2に記載した全国の路面電車の規模で見ても、普通、もしくは若干小さい規模ということがわかる。

歴史の始まりは、1909年（明治42）に設立された馬車軽便鉄道だ。軌間762ミリという小規模な路線「札幌石材馬車鉄道」が始まりである。名前にも表されている通り、札幌市電の歴史は、石が主役であった。札幌の石切山で発見された柔らかい石（通称・札幌軟石という）を主に運ぶ鉄道であった。この札幌軟石は、今も日本キリスト教団札幌教会や小樽運河の倉庫群といった歴史的建造物で見ることができる。

札幌石材馬車鉄道が、現在のように人々を運ぶようになったのは1918年（大正7）8月からである。札幌市街の整備が進むにつれ、札幌市の人口も急増していき、同年、北海道博覧会を開催するほどに成長した。この博覧会には、大勢のお客が訪れるであろうと予想され、来場者を運ぶために軌間を762ミリから1067ミリに広げ、さらに電化を実施、「札幌電気軌道」が開業した。現在の一条線、山鼻線の一部（すすきの－中島公園通）で乗客輸送を開始したのだ。

時が経ち、1927年（昭和2）「札幌電気軌道」が市によって買収され、現在の「札幌市交通局」となった。当時の営業距離は16・3キロメートル、車両数は63両、と現在の2倍の規模である。買収後も、鉄北線、豊平線、桑園線が次々と開通。1931年（昭和

図８　札幌市交通局8520形［K］

６）には、現在の山鼻西線など、現存する区間も路線を開通していった。このころがまさに、札幌市電の黄金時代であった。当時の様子を数字で見ると、営業距離は23・4キロメートル、車両数は１２４両と大規模だったことがわかる。

２０１１年（平成23）8月17日、札幌市は、市電の路線の起終点西４丁目とすすきのを接続し、ループ化にすると発表した。札幌市上田文雄市長の、市長選挙公約の中にもある「路面電車延伸計画」、ループ化に向けた設計や、計画検討に対し、予算として１億９０００万円の費用が計上された。今後ルート選定をする方針だ。実際ループ化となると予算や課題は山積みだと思うが、札幌市全体の公共交通発達のために、一日も早く延伸実現、新型車両が走行することを願う。

（＊路線図は、40ページに掲載）

路面電車 謎009

函館市企業局交通部

～復元された明治の車両と最新の超低床電車が走る

函館は、江戸時代の末期の1858年7月29日（安政5年6月19日）に、日本とアメリカ合衆国の間で結ばれた「日米修好通商条約」によって1859年（安政6）に開港した数少ない国際貿易港のひとつである。ちなみに、神奈川（横浜）、長崎、新潟、兵庫（神戸）がこの前後数年の間に同じく開港している。そして、明治から昭和半ばにかけて、物資の交易や太平洋北部、およびベーリング海、オホーツク海で行われる漁業（北洋漁業）で繁栄を築いてきた。

そんな函館港を走る路面電車、函館市企業局交通部[注]が運営する函館市電は、今から100年前の1913年（大正2）6月29日、北海道最初の電車として誕生した。それまで函館市内を走る交通手段は函館馬車鉄道だったが、その軌道施設を改良して、函館水力電気の手により東雲町－湯の川間を電化開業した。線路の軌間は、東京と同じ1372ミリの軌間となっている。

なぜ軌間は東京と同じであったのだろうか？　なぜなら、函館馬車鉄道時から東京とは縁があり、函館馬車鉄道時に使用されていた車両が東京馬車鉄道の中古車であったこと、さらには、電車として開業してからも、幾度となく車両が譲渡されていて、函館は東京と共通の軌間を有する必要があったからである。東京都の都電荒川線7000形が、つい最近まで函館市電1000形（2010年3月31日限りで定期運用を離脱）として活躍していたのは記憶に新しい。

函館市電の悲劇の歴史も忘れてはならない。

1926年（大正15）1月20日に起きてしまった新川車庫火災で電車31両が焼失。その後も1934年

（昭和9）3月21日の函館大火《はこだてたいか》によって、電車48両、その他各施設が消失してしまったのだ。この函館大火とは、北海道函館市で発生した死者2166名、焼損棟数11105棟を数える大惨事となった歴史に残る火災である。この復興の際にも、東京から木造単車を譲り受けて運行を再開している。また、時期は異なるが、同じ軌間である京王電車からも、木造電車が譲渡され使用されていた。

函館には各国の領事館や教会、洋風の建築、特に赤レンガの建物が今も残り、郷愁を誘う。そんな欧米の文物が持ち込まれた異国情緒漂う街中を走る函館市電には、やはりレトロな市電がよく似合うのだ。明治生まれの路面電車を復元した30形、通称「函館ハイカラ號」が春から秋にかけて運転されている（詳細は公式ホームページなどを参照）。オープンデッキのクラシカルな装いが函館のノスタルジックな街に調和している。

さらに函館市電には、2007年（平成19）から運行を開始した床が低く乗り降りしやすい超低床電車の「らっくる号」もある。

北海道の玄関函館の街には、レトロな車両から近未来的な車両まで、幅広い電車が走りゆく。

［注］2011年（平成23）4月1日、函館市水道局と統合し、函館市交通局から函館市企業局交通部となった。

図9　超低床電車の9600形「らっくる号」は、乗り降りがしやすい車両だ［S］

（＊路線図は、40ページに掲載）

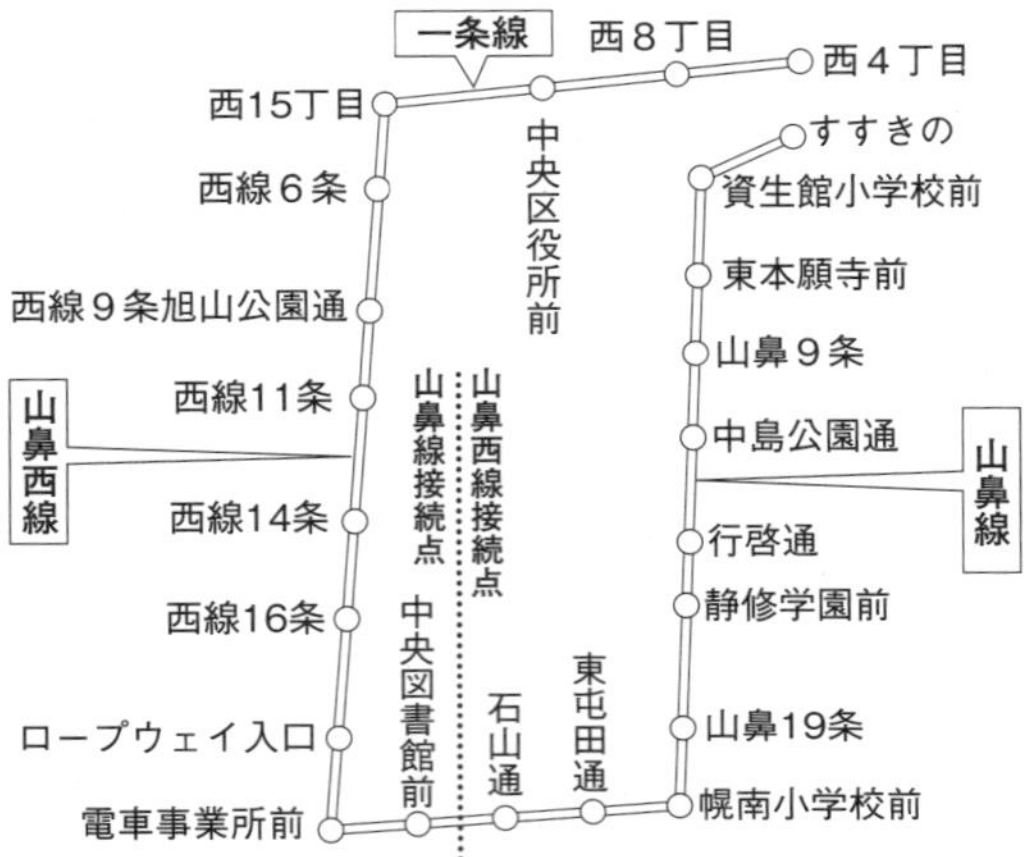

●路線名・区間・キロ程

一 条 線	西4丁目－西15丁目	1.349km
山鼻西線	西15丁目－山鼻線接続点*	3.268km
山 鼻 線	山鼻西線接続点*－すすきの	3.848km
*中央図書館前～石山通間	合 計	8.465km

[札幌市交通局 路線図]（＊本文は36、37ページ）

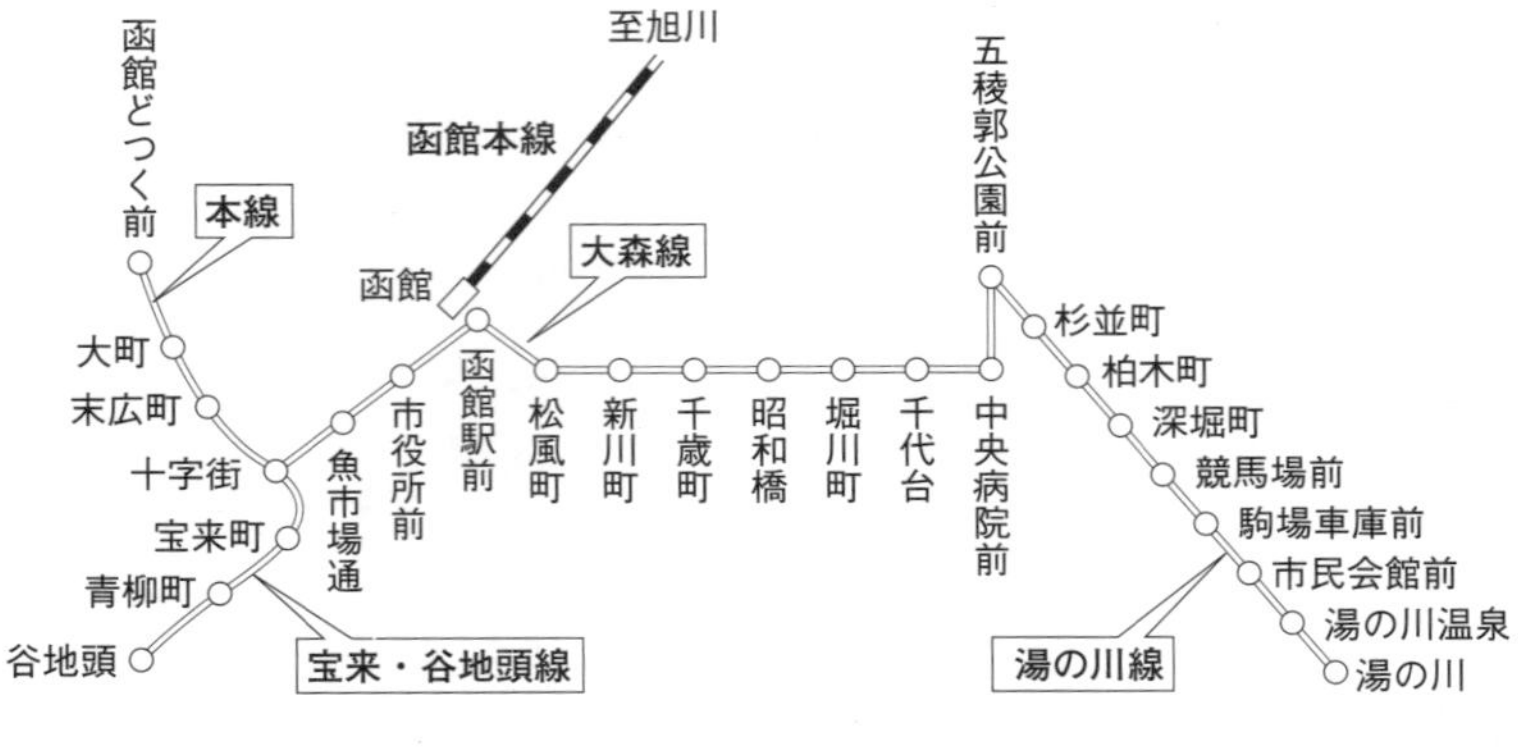

●路線名・区間・キロ程

本 線	函館どつく前－函館駅前	2.9km
宝来・谷地頭線	十字街－宝来町－谷地頭	1.4km
大 森 線	松風町－函館駅前	0.5km
湯 の 川 線	松風町－五稜郭公園前－湯の川	6.1km
	合 計	10.9km

[函館市企業局交通部 路線図]（＊本文は38、39ページ）

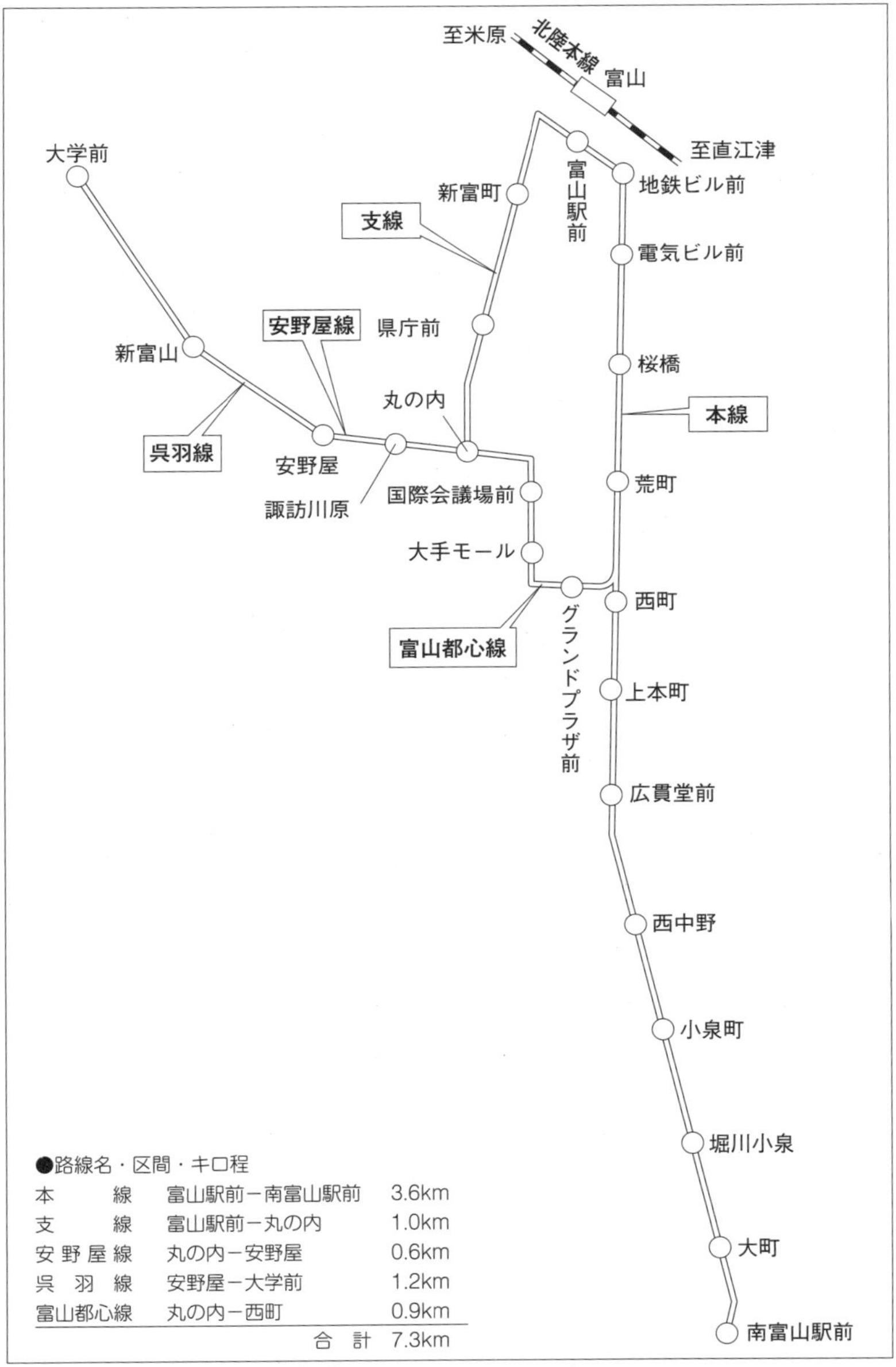

●路線名・区間・キロ程

本　　線	富山駅前ー南富山駅前	3.6km
支　　線	富山駅前ー丸の内	1.0km
安野屋線	丸の内ー安野屋	0.6km
呉羽線	安野屋ー大学前	1.2km
富山都心線	丸の内ー西町	0.9km
	合　計	7.3km

[富山地方鉄道富山軌道線 路線図]（＊本文は42、43ページ）

路面電車

謎010

富山地方鉄道　富山軌道線

～延伸して一周路線に。さらに富山ライトレールとの直通も検討中

富山地方鉄道は、日本海側で初めて誕生した路面電車である。1912年（大正1）11月4日に軌道の特許を取得、都市整備の実施を始め、1913年（大正2）9月1日に、富山電気軌道として開業したのち、富山駅前と小泉町間の本線、富山駅前から西町間の支線を結ぶ路線を誕生させた。

この都市整備の実施計画は、同年、富山にて開催される「一府八県連合共進会（産業博覧会）」にあわせての政策であった。博覧会などのイベント行事には、今も昔も変わらず多くの人が押し寄せる。そのための移動手段が必要であったため開業させたのだ。華々しく誕生した路線であったが、イベント終了後とともに、採算がとれなくなってしまう。そんな中、1915年（大正4）3月13日には、小泉町から堀川新駅前（現在の南富山駅）が誕生し、富山電気軌道と富山鉄道が接続を開始。富山電気軌道は路線を延長、乗客誘致に努めるが、経営状態は悪化の一途をたどる。八方塞がりとなった富山電気軌道は、1920年（大正9）7月1日に、経営を富山市に委ねることを決定し譲渡した。富山市電として、再出発したのだ。

しかしながら、この富山市電も長くは持たなかった。第二次世界大戦中の戦時統制の強化によって1938年（昭和13）8月に施行された、鉄道、バス会社の整理統合の政策的促進を図るための法律である「陸上交通事業調整法」に基づき、1943年（昭和18）1月1日に、富山県下の全交通機関は統合されることになった。市電は富山地方鉄道に移管され、再び民営に戻ることとなったのである。

戦後は、市街の復興とともに経営も順調に伸びていった。富山地方鉄道は存続し、そのまま富山地方鉄道市内軌道線となる。このように、富山地方鉄道　富山軌道線は、民営、公営、民営という変わった経歴を持つ路線だ。

１９５０年（昭和25）には、地方鉄道線である笹津《ささづ》線《せん》（現在は廃止）、射水線《いみずせん》（現在は廃止。六渡寺《ろくどうじ》－越ノ潟《こしのかた》間は加越能鉄道に譲渡し現在は万葉線）への乗り入れを開始した。このとき、笹津や高岡までが、一本の路線で繋がった。その後、他の路面電車と同じように、時代の流れとともに交通渋滞の原因などといわれ廃止された区間もあるが、現在も地元の大切な足として運営されている。

近年、富山地方鉄道は新たに路線を延長した。わが国の路面電車の総延長が少なくなる一方の中、路線の延長はとても珍しいことだろう。まず、富山市は、都心部の活性化および市内の公共交通再編を目的として、２００７年（平成19）11月15日に、同年10月に施行された地域公共交通活性化法（ＬＲＴなどで上下分離方式を認めたもの）を初めて適用し、環状線化の新線建設を国土交通省に申請した。路線の縮小により、環状運転系統が消滅していた富山地方鉄道富山軌道線だが、富山市主導で新線建設による環状線の復活が計画され、わずか2年後の２００９年（平成21）12月23日には、はれて富山都心線（丸の内－西町間）０・９キロメートルの環状運転、一方通行の単線が開業したのだ。

この開業にあわせ、環状線用車両として3編成2車体連接構造の低床電車デ９０００形、愛称・ＣＥＮＴＲＡＭ（セントラム）を導入。そのわずか4か月後、２０１０年（平成22）4月には、さらに3車体連接2台車1編成の超低床電車Ｔ１００形、愛称・ＳＡＮＴＲＡＭ（サントラム）を導入した。これら超低床車両は、同じく富山駅前を走る路面電車「富山ライトレール」との乗り入れが考慮され、製造された。今後の富山市の未来を担っていくであろう新形車両の導入に、大きな注目が注がれている。

（＊路線図は、41ページに掲載）

謎011 富山ライトレール

～LRT導入を初めて成功させたとも言える路線

2006年（平成18）2月までは、富山駅から岩瀬浜駅までをJRの富山港線というローカル線が走っていた。単線で交換駅も1か所しかなく、3両編成の電車が2本で行き来し、一時間で2本程度の運転本数という公共交通としてはいささか不便な路線で、利用者数も当然多くはなかった。

そんな富山港線を第三セクター会社の「富山ライトレール株式会社」が引き継ぎ、運営を引き継いだのが2006年（平成18）4月。富山駅は従来のJR線ホームを使わずに、駅の北側地平面に2面2線の駅（電停）を造り、ここから道路上を走る路面電車として2つ先の奥田中学校前駅（1・1キロ間）までは、軌道線として運転、奥田中学校前駅から終点の岩瀬浜駅（6・5キロ間）までは、元の富山港線の普通鉄道線を使い走る。

途中の交換駅も4か所に増やし、運転頻度も大幅にアップ。さらに車両も超低床のLRV、TLR0600形、愛称「ポートラム」を使い、高齢者やお身体の不自由な方などにも対応して、見事旅客の取り込みに成功している。

また、岩瀬浜駅からはフィーダーバスやコミュニティバスの連絡もあり、ローカルの公共交通機関として立派に役目を果たしており、当初の見込み乗客数を30パーセント近く上回る好成績を収めている。

そして将来は、JR富山駅の北陸新幹線開業による高架化に伴い、富山地方鉄道市内軌道線に乗り入れる計画があり、これが実施されると、富山港方面から富山市内、官庁街にまでダイレクトアクセスが確立され、沿線住民には非常に有用な交通アクセスのひとつとなり得る。

　また、全車がＬＲＶ車両で構成されており、今後は沿線行政ともに街づくりにも協働してゆけば、日本で初めての実質的なＬＲＴ路線となり得るだろう。もちろんそのためには、富山地方鉄道市内軌道線との協調が必要となる。

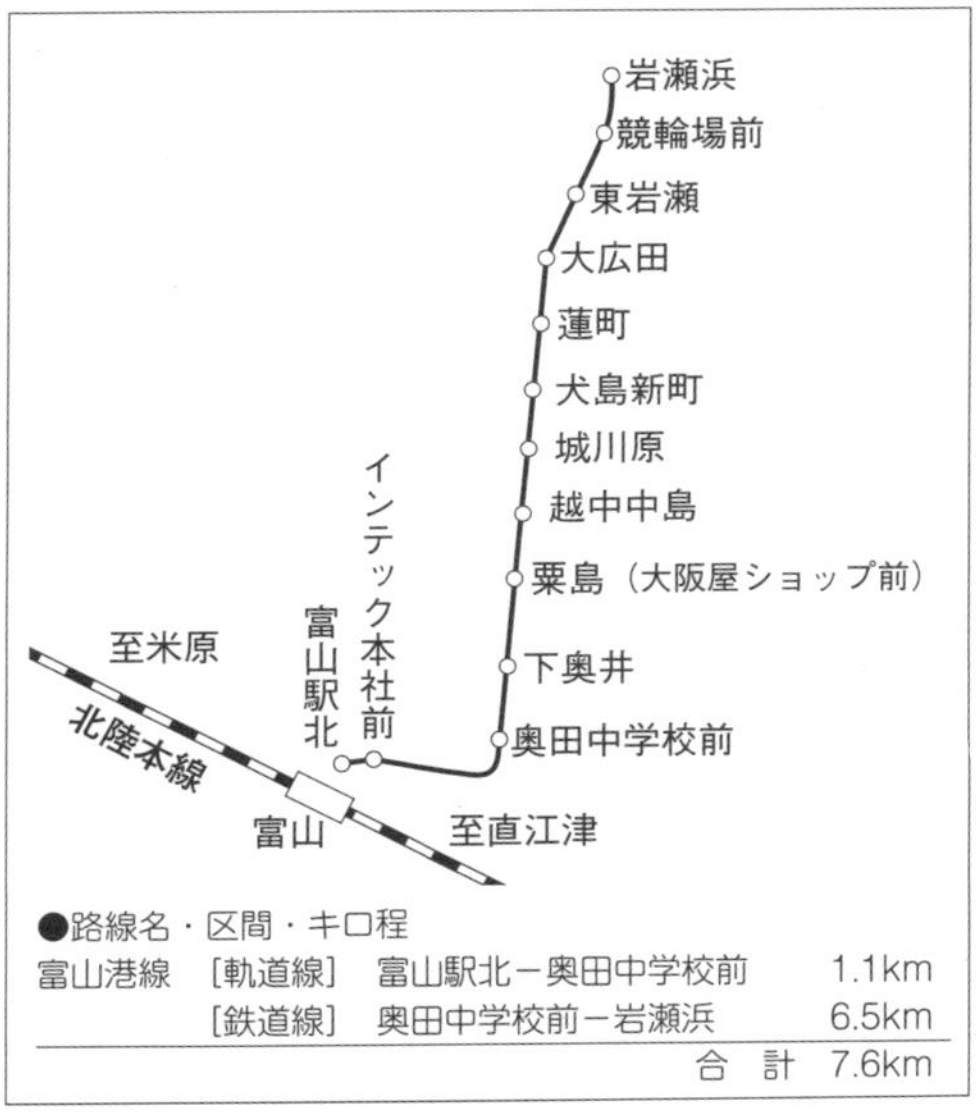

●路線名・区間・キロ程

富山港線	[軌道線]	富山駅北－奥田中学校前	1.1km
	[鉄道線]	奥田中学校前－岩瀬浜	6.5km
		合　計	7.6km

［富山ライトレール 路線図］

図11　富山ライトレールの超低床電車TLR0600形「ポートラム」［S］

万葉線

～路線名のように見えますが、正式の社名です

万葉線は、富山県内を走る第三セクターの鉄軌道会社である。元は、加越能鉄道という民間の鉄道会社であったが、ご多聞にもれず旅客の輸送量の減少から同社が撤退を決めたところ、沿線の行政が主体となり運営を継続させたものである。路面電車を経営する第三セクター会社は、同社が日本初であった。

万葉線という名称は、かつて、沿線の高岡に赴任した歌人が「万葉集」の編集などにあたったことにちなみ、加越能鉄道時代に路線愛称として付けられたことに由来する。この路線も高岡駅前駅から越ノ潟《こしのかた》駅まで直通運転をされてはいるが、高岡駅前駅から六渡寺《ろくどうじ》駅までが軌道線（高岡軌道線）であり、六渡寺駅から越ノ潟駅までは鉄道線（新湊港線）である。面白いところでは、越ノ潟駅で富山県営渡船（24時間運航。深夜便はタクシー対応・無料）に連絡していることである。

車両は、いわゆる路面電車形の小振りな単行の電車と、短い2両編成のＬＲＶ形電車が在籍しているが、最近ではＬＲＶ形電車の稼働率が高い。高岡軌道線の多くの区間は併用軌道であり、逆に新湊港線は鉄道線なので新設軌道を走る。

ＬＲＶ形の電車は、岡山電気軌道の新型電車「ＭＯＭＯ」とほぼ同型である。万葉線ＭＬＲＶ１０００形という。「ＭＬＲＶ」とは、「Manyosen Light Rail Vehicle」の頭文字をとったもので、愛称は、公募で名づけられた「アイトラム（ＡＩ-ＴＲＡＭ）」という。この名前の由来は、富山湾から吹く「あいの風」（豊かな海の幸をもたらす東風のことをこう呼ぶ）に、路面電車の「トラム」を組み合わせたものである。また、

「アイ」には「愛される」の意味も込められている。経営は決してよろしくはないが、沿線に観光客を取り込もうと、誘客活動が盛んである。

図12　床面の高さ30センチの低床式車両「アイトラム」［S］

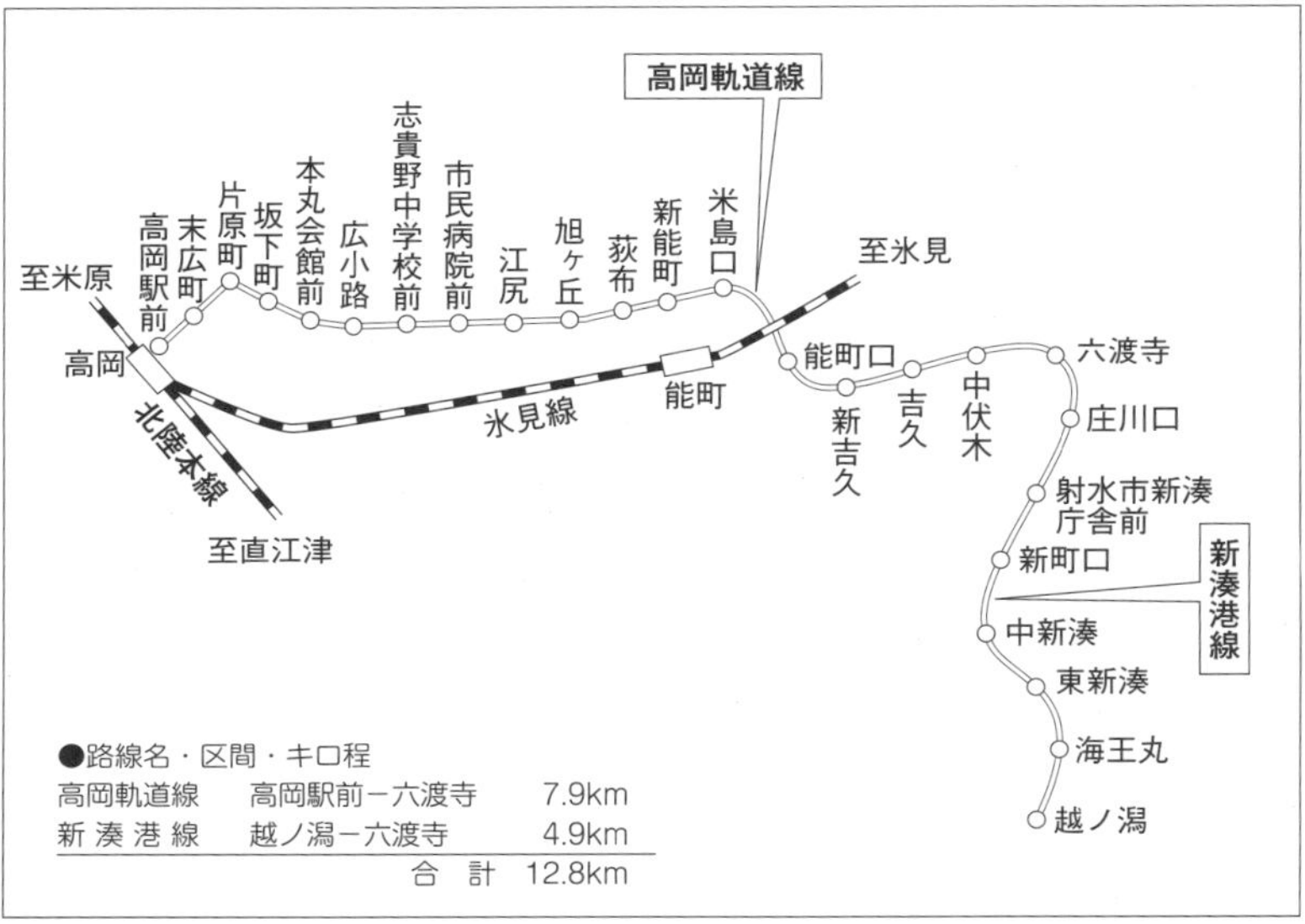

［万葉線 路線図］

路面電車

謎013

東京都交通局　荒川線

～大都市を走る路線なのに生き残ることができた理由

条例上の名称「東京都電車」、ここから「都電」の名称が始まっている。古く東京市のころは「市電」であったが、現在の「都電」という名称の方が私たちにはしっくりくる。何しろ「都電」という名称は、東京にしか存在しない唯一無二な名称だからだ。

かつて、都電は41系統の路線を持ち、路面電車では日本一の規模を誇っていたが、高度成長時代のモータリゼーションの発達により、廃線や縮小が続き、1972年（昭和47）以降は、早稲田から三ノ輪橋までの荒川線のみが唯一の「都電」として存続し、その営業距離は、わずか12・2キロメートルだ。都電が道路の真ん中を闊歩？していたころの全盛期の6パーセントにも満たない。

都電のルーツは東京馬車鉄道である。文字通り、馬車で小さな客車を牽いていた鉄道だ。そのころの馬車鉄道の軌間は1372ミリメートルで、現在の都電もその歴史を継承している。面白いところでは、路面電車が出自となる京王電鉄本線系統も1372ミリ軌間であり、そこに後から建設され乗り入れた都営新宿線も1372ミリ軌間である。

さて、そんな路面電車たる「荒川線」ではあるが、これが案外、併用軌道（路面）区間が短い。もっとも、これが荒川線の存続できた要因のひとつである。高度成長時代には、道路上を走る路面電車がクルマ側から煙たがられ、だんだんと淘汰されていった。ところが現在では道路がクルマであふれ、交通渋滞を引き起こし、バスなどの公共交通機関に遅延を発生させているが、クルマ等との併用軌道が短い荒川線では、その影響は少なく、ほぼ定時制を確保している。人口や交通が集中している世界的な大都市の中にありながら、輸送機関の一番の売りである「定時制」を確保していることは、大変素晴らしい。

また、年間輸送人員も、1800万人（東京都交通局2011年経営レポートより）にものぼり、いかに大都市の中の重要な交通手段であるかが、うかがい知れる。この数は、広島電鉄、東京急行電鉄（世田谷線）に次いで、路面電車第3位の輸送量であり、地方の都市の路面電車の3倍近くの輸送量である。当然、設備投資にも積極的で、沿線に咲き誇るバラのカラーをまとった新型車の8800形やレトロ調の9000形電車の導入もなされている。

併用軌道区間では、66・7パーミルという、旧・信越本線の横川－軽井沢間の碓氷峠並みの急坂を、補機もなく、小さな車両がグイグイと登ってゆくその姿は、なんとも凛々しい。沿線は、下町情緒を感じられる場所が多く、観光にも適しており、休日は、沿線のおいしいものを食べに来る観光客も多い。

また山手線や京浜東北線、京成線、東京メトロや同じ都営交通の駅にも接続しており、各方面への乗り換えの便も良い。運転本数も多く、本来の意味で、都市内のローカルコミューターと言えよう。運賃も安く、均一であり、お得な一日券までも用意されているのは、公営交通としての良識にほかならない。

また、沿線の住民も都電のためにバラを栽培したり、都電を中心にした街づくりが民間レベルで発生している。このことは、現代のLRTの概念に通ずるものである。車両は高床式ではあるが、停留場をかさ上げしてバリアフリー化しているので、ある意味、首都圏の鉄道線よりもバリアフリーが進んでいる。まさに高床式のLRTということが言えよう。超低床車を導入するところがLRTだ、という既成概念をあらためさせるような大都市東京の都電である。

（＊路線図は、50ページに掲載）

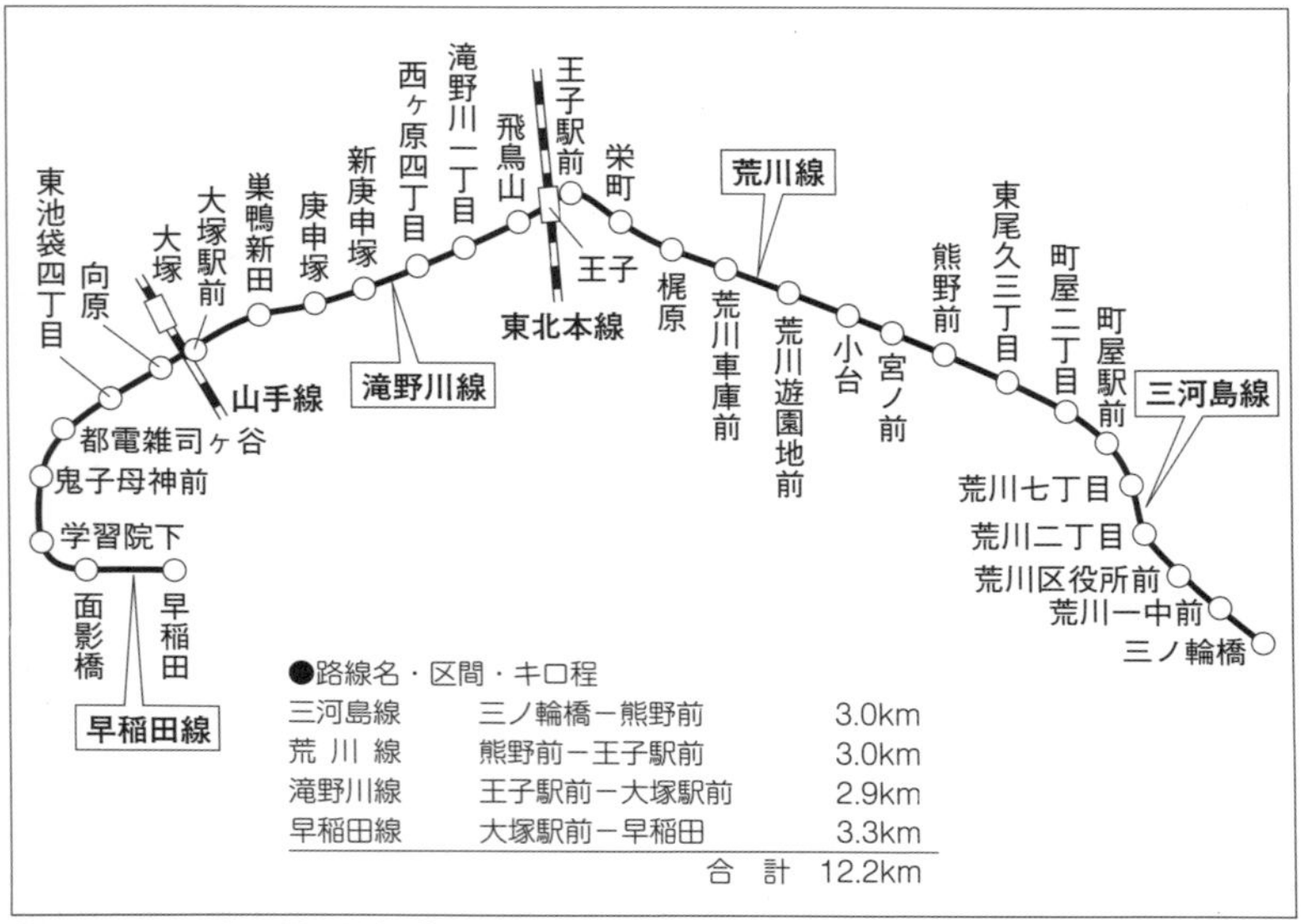

●路線名・区間・キロ程

三河島線	三ノ輪橋ー熊野前	3.0km
荒 川 線	熊野前ー王子駅前	3.0km
滝野川線	王子駅前ー大塚駅前	2.9km
早稲田線	大塚駅前ー早稲田	3.3km
	合 計	12.2km

[東京都交通局荒川線 路線図]（＊本文は48、49ページ）

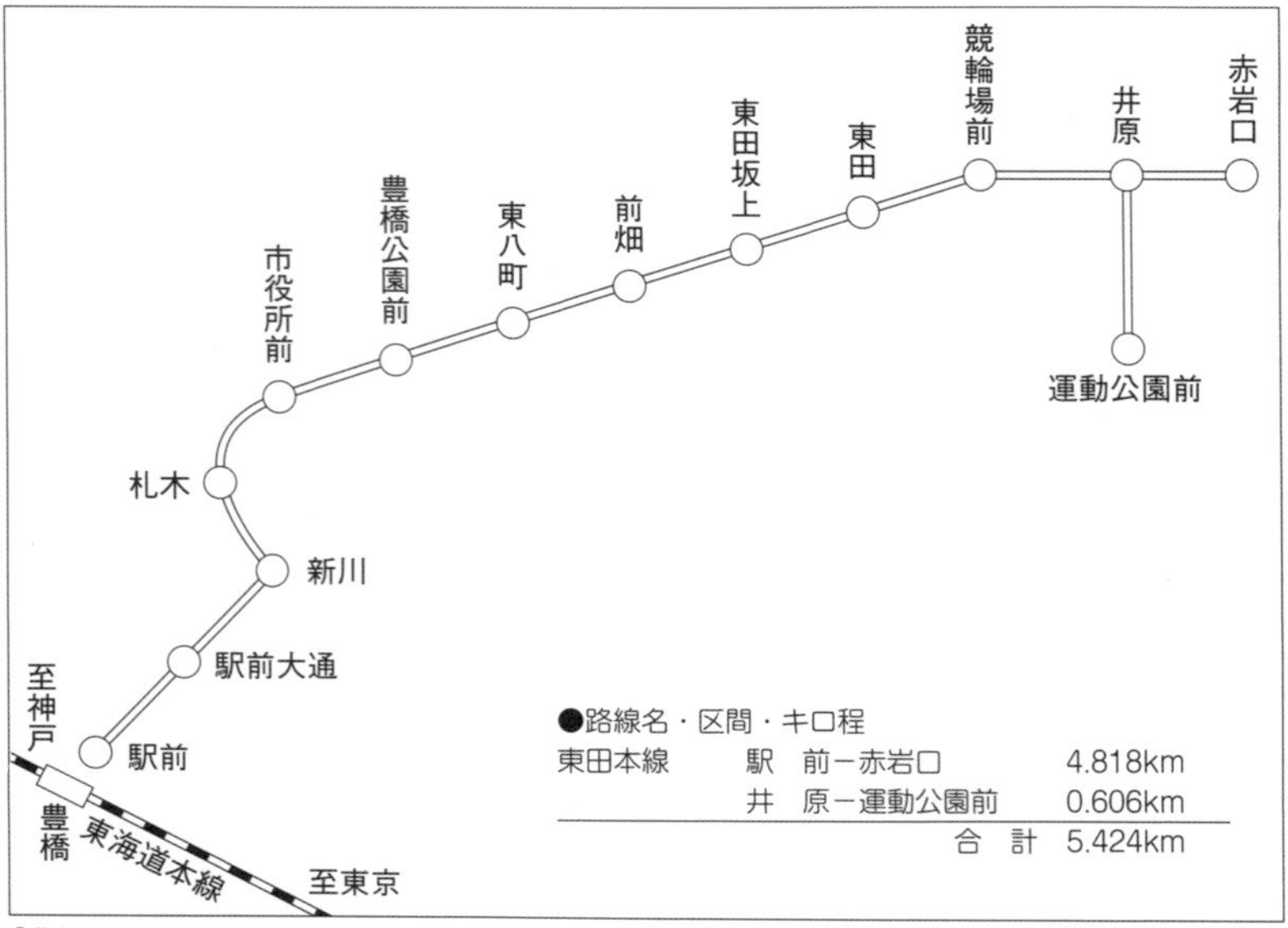

●路線名・区間・キロ程

東田本線	駅 前ー赤岩口	4.818km
	井 原ー運動公園前	0.606km
	合 計	5.424km

[豊橋鉄道東田本線 路線図]（＊本文は54、55ページ）

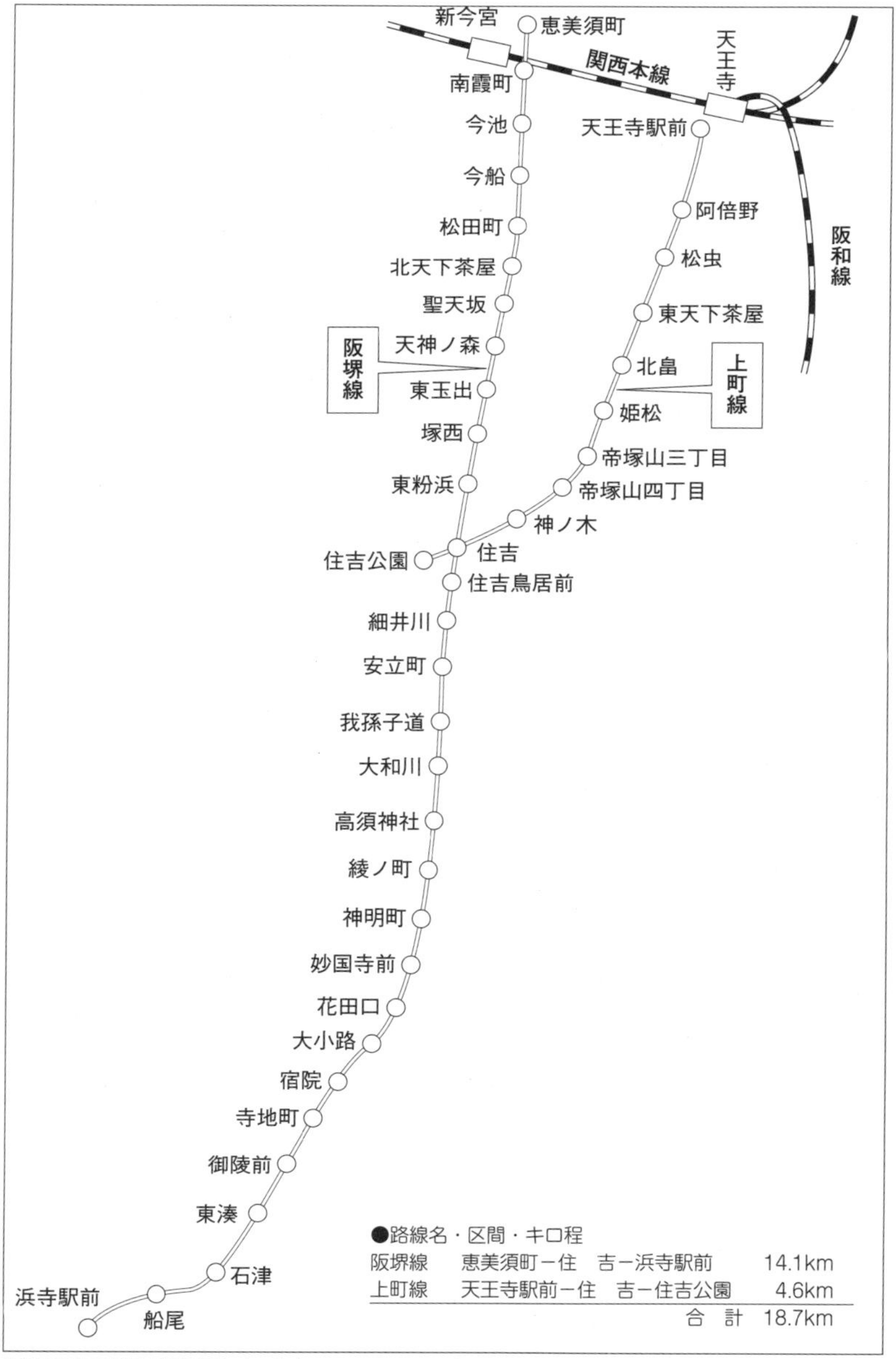
新今宮
恵美須町
関西本線
天王寺
南霞町
今池
天王寺駅前
今船
阿倍野
阪和線
松田町
松虫
北天下茶屋
聖天坂
東天下茶屋
阪堺線
天神ノ森
北畠
上町線
東玉出
姫松
塚西
帝塚山三丁目
東粉浜
帝塚山四丁目
神ノ木
住吉
住吉公園
住吉鳥居前
細井川
安立町
我孫子道
大和川
高須神社
綾ノ町
神明町
妙国寺前
花田口
大小路
宿院
寺地町
御陵前
東湊
石津
浜寺駅前
船尾
●路線名・区間・キロ程
阪堺線　恵美須町－住　吉－浜寺駅前　14.1km
上町線　天王寺駅前－住　吉－住吉公園　4.6km
合　計　18.7km

[阪堺電気軌道 路線図]（＊本文は60、61ページ）

路面電車

謎014

東京急行電鉄　世田谷線

～田園都市線と小田急線、京王線を結ぶコミューター路線

東京都を走る路面電車というと、「都電」だけのようなイメージがあるが、実はもう一路線ある。それが東京急行電鉄の世田谷線だ。沿線の方には、「たまでん」の愛称で親しまれている2両連接のカラフルな低床電車である。10編成すべてのカラーが異なり、目に鮮やかだ。この「たまでん」だが、元は明治年間に開通した玉川電気鉄道の支線であった。

同鉄道が東京横浜電鉄（現・東京急行電鉄）に合併され、他の路面電車と同じくモータリゼーションの影響や、地下鉄方式の新玉川線（現・田園都市線）の開業により、世田谷線以外の路線が廃止された。世田谷線は、当初より新設軌道を主とし、併用軌道をほとんど持たなかったことと、新玉川線と小田急線、および京王線を短絡する輸送手段として、廃止路線の対象から外れていた。

現在の車両である３００系になるまでは、いわゆる車内のステップを使い、路面から乗り込むタイプの車両であったが、現在はホームを若干かさ上げし、段差をなくしてバリアフリー化を施している。

途中駅の宮の坂駅には、路面から乗り込むタイプの旧型車両（元デハ80形で、江ノ島電鉄に譲渡され、ステップレスに改造されていたものを、里帰りさせた）が静態保存され、昔の世田谷線を知る貴重な展示物のひとつとなっている。

わずか5キロメートルの路線ではあるが、現在の形になり、女性の車内アテンダントを乗務させたり、独自のＩＣカード（せたまる。２０１2年廃止）システムのサービスを始めたり、編成ごとにカラーリングを変

えてみたりと、大都会の中のコミューター路線を大会社の軌道部門として、堅実な運営をしている。沿線の観光地や名勝地に派手さはないが、訪れるたびにどこか懐かしい雰囲気があり癒される。そんな世田谷線は今日も、大都市東京の鉄道網の一員として重要な役目を果たしているのである。

図14　環七と交差する世田谷線の車両。西太子堂５号踏切道では、電車が信号待ちをする［S］

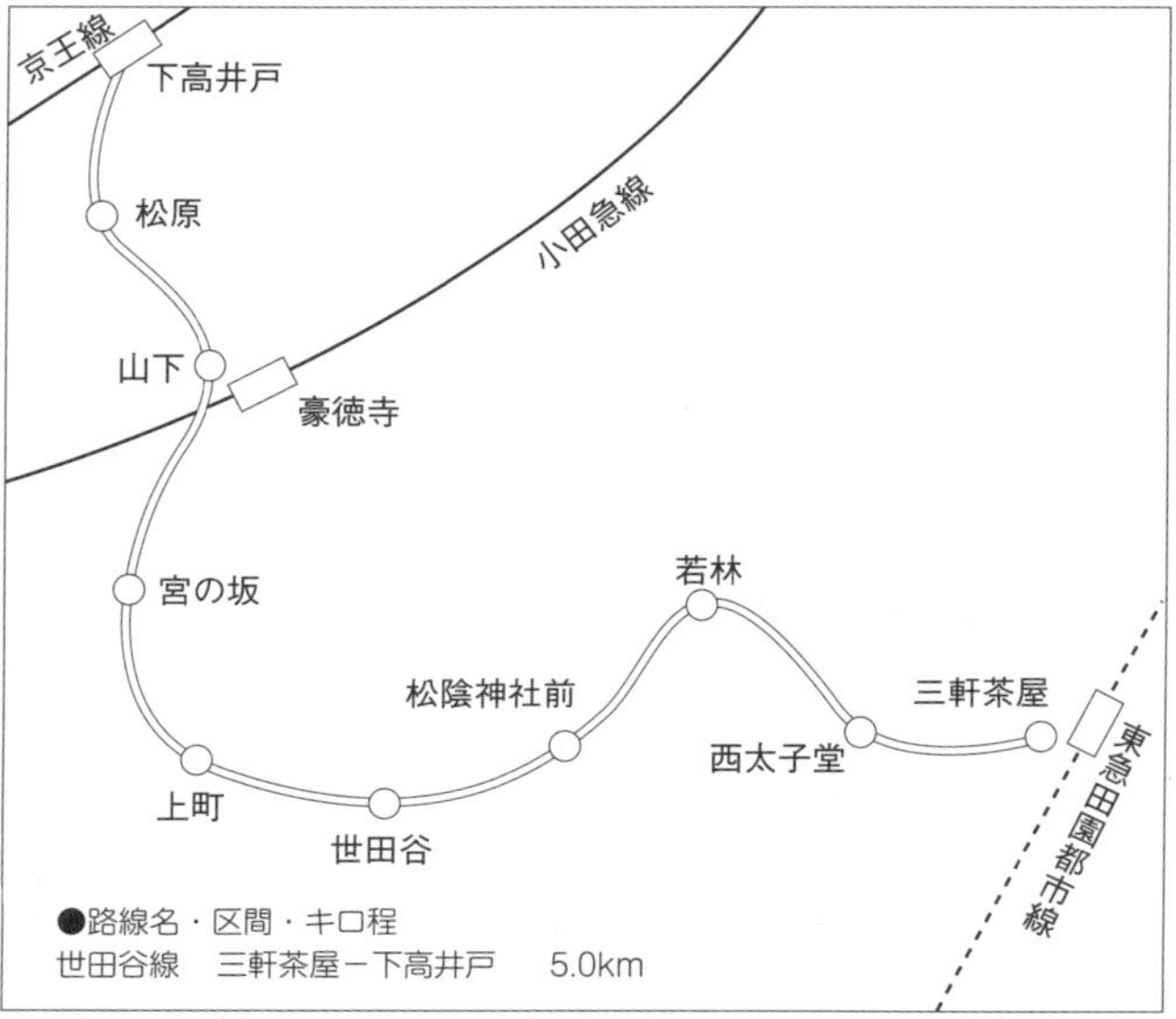

[東京急行電鉄世田谷線 路線図]

謎015 豊橋鉄道　東田本線

～豊橋駅周辺は、センターポール化された

東海地方唯一の路面電車である東田本線《あずまだほんせん》は、愛知県の豊橋駅を起点に赤岩口まで、さらに、井原から運動公園前、そして、渥美半島の中ほどにある三河田原駅を結ぶ鉄道線の渥美線を経営する豊橋鉄道の、軌道線だ。

渥美線は名古屋鉄道からの譲渡路線であり、東田本線が豊橋鉄道のオリジナル路線である。開業時は、豊橋電気軌道と名乗っていた。それだけに、路面電車が本業である鉄軌道会社といえる。全線で5・4キロメートルと決して長くはない営業線だが、そこは路面電車なので、話のタネは尽きない。

車両は、元都電荒川線の7000形が走っていたり、元名古屋鉄道の軌道線車両や、イベント用ではあるが元名古屋市電の電車も在籍している。また、最新の車両は、自社発注のLRV車両を導入しており、一部名古屋鉄道から譲渡されてきたLRV車両とともに、バリアフリー化にも貢献している。

このうち、自社発注車両のT1000形（愛称・ほっトラム）は、その名の通り、車内の空間がとても快適で、温かいイメージがある間接照明を配し、ほっとする優しいイメージの車両だ。鉄道友の会による2009年度（平成21）のローレル賞に輝いており、同車の優秀性から富山地方鉄道がT100形と称し、同型車を導入している。

ただし、これらLRV車両は、支線となる運動公園前駅方面のいわゆる支線部分のアプローチ部にある半径11メートルという途方もない急カーブを曲がることができないので、豊橋駅前駅－赤岩口駅間の限定運用

図15　モ3500形。元都電7000形である［S］

である。

さて、その急カーブ、通称「井原のカーブ（交差点）」は、日本で旅客営業している鉄軌道のうちで最も急なカーブとなっている。しかもこの東田本線の軌間は、路面電車としては珍しい1067ミリメートルという、いわゆる「狭軌」を採用している。

豊橋駅前駅から市街中心部にかけては、センターポール式の吊架線で街の景観にも一役買っている。また、1998年（平成10）には豊橋駅の総合開発事業により、駅前電停がペデストリアンデッキ真下まで延伸され、わずかながら路線が延長されるなど、非常に精力的に取り組まれていることがよくわかる。

（＊路線図は、50ページに掲載）

路面電車

謎016

福井鉄道　福武線

～街なかの路面を大型の鉄道車両が走るシーンは、あと少し

福井鉄道福武《ふくぶ》線は、福井県内のＪＲ北陸本線・武生《たけふ》駅近くの越前武生駅から福井市内の田原町駅、および福井駅前駅を結ぶ鉄軌道線である。ここでわざわざ鉄軌道線と記したのには、訳がある。

越前武生駅から出発する電車は、路面電車型の低床車（元名鉄車）がほとんどではあるが、まれに福井鉄道生粋の２００形連接電車など大型の電車も発着している。この駅から電車に乗ること三十数分、赤十字前駅を出てわずか３００メートルほど進むと、「鉄軌道分界点」があり、ここから併用軌道になり鉄道線から軌道線へと変わる。

つまり、越前武生駅から鉄道線の電車に乗って、鉄軌道分界点を越えることにより、軌道線の路面電車になるのである。さらにこの福武線の興味深い点は、大型の鉄道車両が停留所に止まると、ドアの下部から折りたたみ式のステップが出てきて、旅客は出てきた2段と床面の計3段のステップを使い車内に乗り込む。毎日利用している方やお年寄りには申し訳ないが、首都圏や他の都市では絶対に見ることのできないシーンであり、北陸地方にお出かけの際は、一見の価値はあるので、ぜひお寄りいただきたい路線である。

なお、情報によれば、この２００形電車の代替が決定されたそうで、この1、2年中に見納めになってしまう可能性がある。鉄道型車両がなくなってしまうと、低床の路面電車タイプの車両のみとなり、イメージ的には路面電車の福井鉄道となる。鉄道線としてのイメージはなくなるかもしれない。

図16　市役所前の併用軌道を行く880形［K］

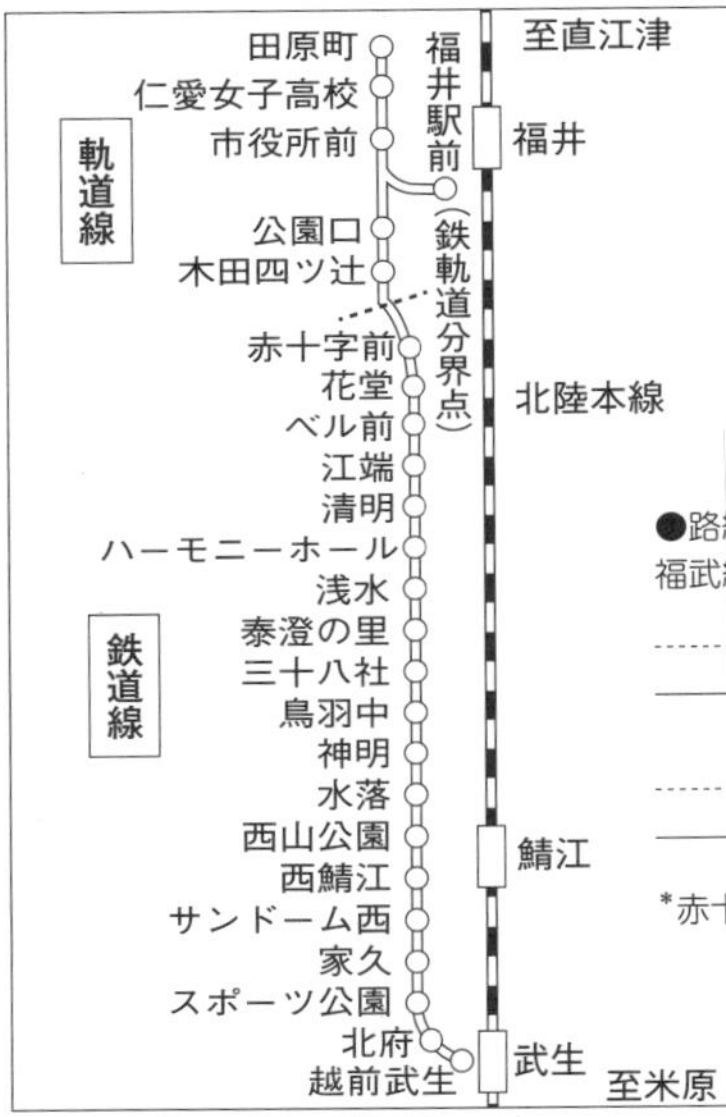

●路線名・区間・キロ程

福武線	［軌道線］	鉄軌道分界点*－田原町	2.8km
		市役所前－福井駅前	0.5km
		軌道計	3.3km
	［鉄道線］	越前武生－赤十字前	17.8km
		赤十字前－鉄軌道分界点*	0.3km
		普通鉄道計	18.1km
		合　計	35.9km

*赤十字前－木田四ツ辻間

［福井鉄道福武線 路線図］

路面電車

謎017

京阪電気鉄道　大津線

～地下鉄に直通する路面電車

京阪電気鉄道といえば、大阪（淀屋橋）と京都（出町柳）を結ぶ本線および鴨東線《おうとうせん》と、数本の支線を持つ、関西の大手鉄道会社として名をはせており、料金不要のダブルデッカーの連結や、古くは日本で初めての連接車！　を運行するなど、常に先進的な印象のある鉄道会社である。

ところで、この京阪電気鉄道には、現在でも軌道線があることをご存じであろうか？　石山坂本線《いしやまさかもと》と京津《けいしん》線からなる、京阪大津線である。

京津線は、御陵《みささぎ》駅から京都市交通局東西線（地下鉄）の太秦天神川《うずまさてんじんがわ》駅まで片乗り入れをしている。軌道線と記したが、実態は中型車両による普通鉄道路線である。使用されている普通鉄道タイプの電車８００系は４両固定編成、水色と黄色のカラーがさわやかで、爽快なイメージの車両だ。

この京津線は、地下鉄区間を走行し、京都と滋賀の境にある最大勾配61パーミルという急坂を駆け抜け、さらに軌道線らしく路面区間も走る、という線路条件の変化が激しい路線である。鉄な人には、乗るだけで十二分に楽しめるはずである。

かつては、京阪本線の三条京阪を起点に道路上を走り、最大勾配66・7パーミルという、かつての信越本線碓氷峠と同じような急斜面を走っていたが、１９９７年（平成9）に東西線乗り入れに際して、地下化されたためこの勾配は廃止された。それでもまだまだエキサイティングな路線ではある。しかし、路面電車という感覚はなく、併用軌道を持つ鉄道線といった感じである。

また石山坂本線は、２両固定編成の電車が、石山寺駅と坂本駅を走っている。全線が複線であり、こちらも京津線と同じく一部に路面区間があり、京津線も含め中型の鉄道車両が走る複線の路面区間は、クルマから見ると圧倒される迫力がある。運転間隔も比較的頻繁に運転され、各列車にもそこそこのお客さまが乗っているような気もするが、実際には厳しいらしく、現在、京阪電気鉄道は京阪大津線の分社化も検討しているという。だが、お客さまの動向や沿線の雰囲気からは、普通鉄道のＬＲＴ版のように見え、何とか行政・京阪・沿線住民の協力のもと、力強く今の形で存続してもらいたい路線である。

（＊路線図は、64ページに掲載）

図17　浜大津駅を発車する石山坂本線の700形［S］

路面電車

謎018 阪堺電気軌道

~堺市内でLRV登場

大阪は、日本で最初に市営の路面電車（市電）が走った街である。ちなみに、公営地下鉄も大阪市が日本初であった。そんな、市電発祥の地？でもある大阪に今でも路面電車が走っているのをご存じであろうか？

それが、南海電気鉄道系の民間軌道会社である「阪《はん》堺《かい》電気軌道」だ。路線は2路線があり、X字状に交差した路線を保有している。路線別に案内すると、阪堺線（恵美須町－浜寺駅前）と上町線（天王寺駅前－住吉公園）の計18・7キロメートルになるが、運行系統で表すと、天王寺駅前－浜寺駅前と天王寺駅前－住吉公園、恵美須町－我孫子道の3系統を中心に、朝晩には区間運転も実施されている。

会社名が表すように、大阪市内から、大阪南部の堺市内を結ぶ、いわば小さなインターアーバンを形成している。車両は、路面電車としては比較的大きめな長さ14メートル弱、幅2・5メートル前後の車両38両（2012年4月1日現在）で構成される。このうち、モ161形は通常に営業運転している車両としては国内最古であり、生まれは1928年（昭和3）である。

モ161形は10両が在籍しており、比較的容易に乗車する機会があるが、非冷房のため、夏季には我孫子《あびこ》道《みち》の車庫で休んでいる場合が多くなる。

路線は比較的新設軌道（専用軌道）が多いが、特に堺市内の綾ノ町から御陵前《ごりょうまえ》付近までは、全国でもあまり例のないグリーンベルトで仕切られた、センターリザーベーション方式の軌道敷を有している。

阪堺電気軌道では、堺市が導入を進めていたLRV

図18　1928年（昭和3）に製造されたモ161形は、現在も営業運転されている［S］

の1編成が２０１３年（平成25）春に導入が予定されており、愛称も「堺トラム」に決定した。このＬＲＶは、さらに2編成の追加投入が予定されており、阪堺電気軌道初の低床ＬＲＶに注目が集まっている。

なお、２０１３年2月現在、ＬＲＶの運行予定等の詳細は決まっていないが、堺市を中心に運行されるなら、我孫子道－浜寺駅前間が運行区間と推定される。

（＊路線図は、51ページに掲載）

路面電車

謎019 京福電気鉄道

～古都・京都を、今日もコトコトと走る

京都は日本が世界に誇る歴史の街だ。関東の武家社会に対して、関西・京都は公家社会の清楚なイメージである。まさに京都を代表するような風光明媚な観光地である嵐山と、京都の繁華街に近い四条大宮を結ぶ嵐山本線、そして金閣寺などがある洛北の北野《きたの》白梅《はくばい》町《ちょう》と嵐山本線の途中駅「帷子《かたびら》ノ《の》辻《つじ》駅」に通ずる北野線の計11キロメートルからなる軌道線である。

車両もいわゆる路面電車タイプではあるが、実際に併用軌道を走るのは、ごくわずかしかなく、ほとんどは新設軌道（専用軌道）になっており、観光路線でありながらも、京都の人々の生活路線にもなっている。

ちょうど、関東の江ノ電のような雰囲気である。江ノ電と嵐電（京福電気鉄道線の公式愛称）は、２００９年（平成21）に業界初の姉妹提携を締結した。主に営業面での提携を実施しており、その証に、これも大変珍しい、両社間で車体塗色の交換を行った（これにあやかり、後に都電と阪堺も同じように塗色の交換をした）。嵐電のモボ６３１号は江ノ電カラーで古都・京都を走り、逆に江ノ電の１５０２Ｆは嵐電の旧カラーをまとい鎌倉の街を走っている。

そんな嵐電ではあるが、嵐山にはＪＲの山陰線が走っており、また大阪方面からは阪急も乗り入れているうえ、観光鉄道の嵯峨野観光鉄道のトロッコ列車など、ライバルが非常に多く、台所状況は決してよろしくはない。

過去には、福井県内に鉄道路線を所有していたり、現在の叡山電鉄も京福電気鉄道の路線の一部であったりしたが、ことあるごとに整理縮小して、今日の路線に落ち着いた。

列車は単行が基本で、ラッシュ時や繁忙期には2両連結になるが、後ろ側の車両にも運転士が乗り込み、運賃の収受等をしている。古都には路面電車が似合っている。京都にお出での際は、必ず乗っていただきたい路線である。

図19　太秦広隆寺付近を走る、江ノ電カラーをまとった嵐電の車両［S］

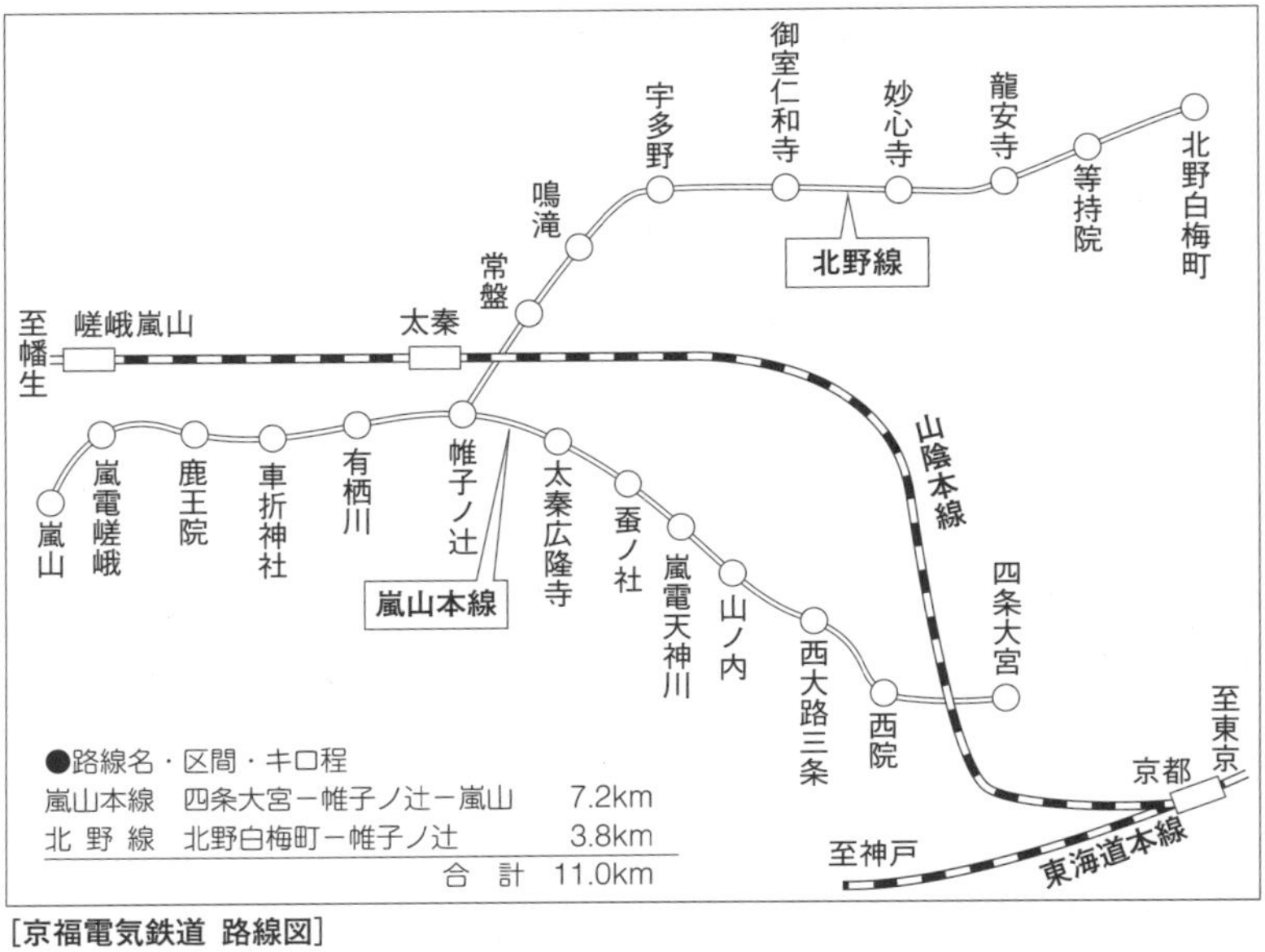

［京福電気鉄道 路線図］

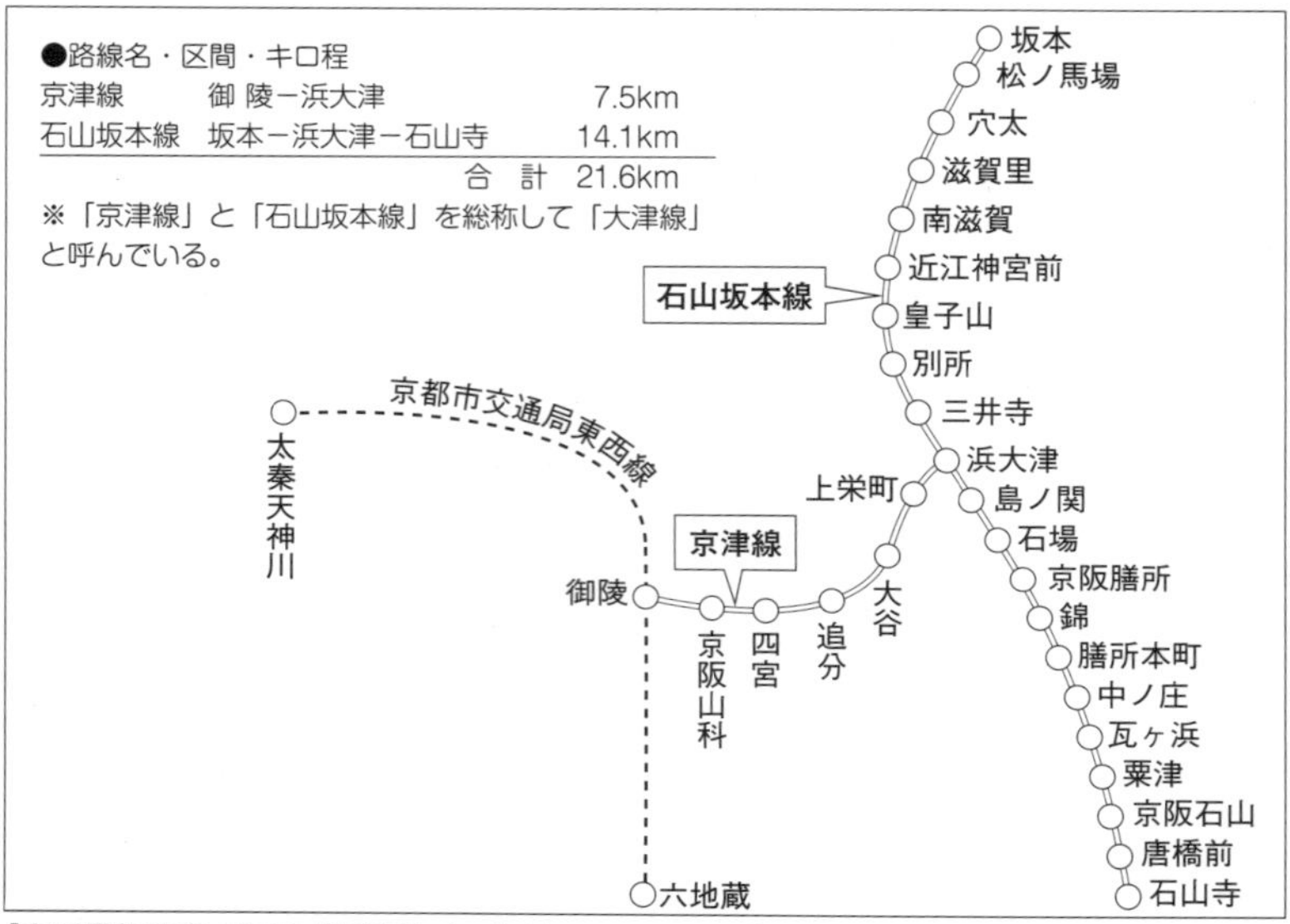

［京阪電気鉄道大津線 路線図］（＊本文は58、59ページ）

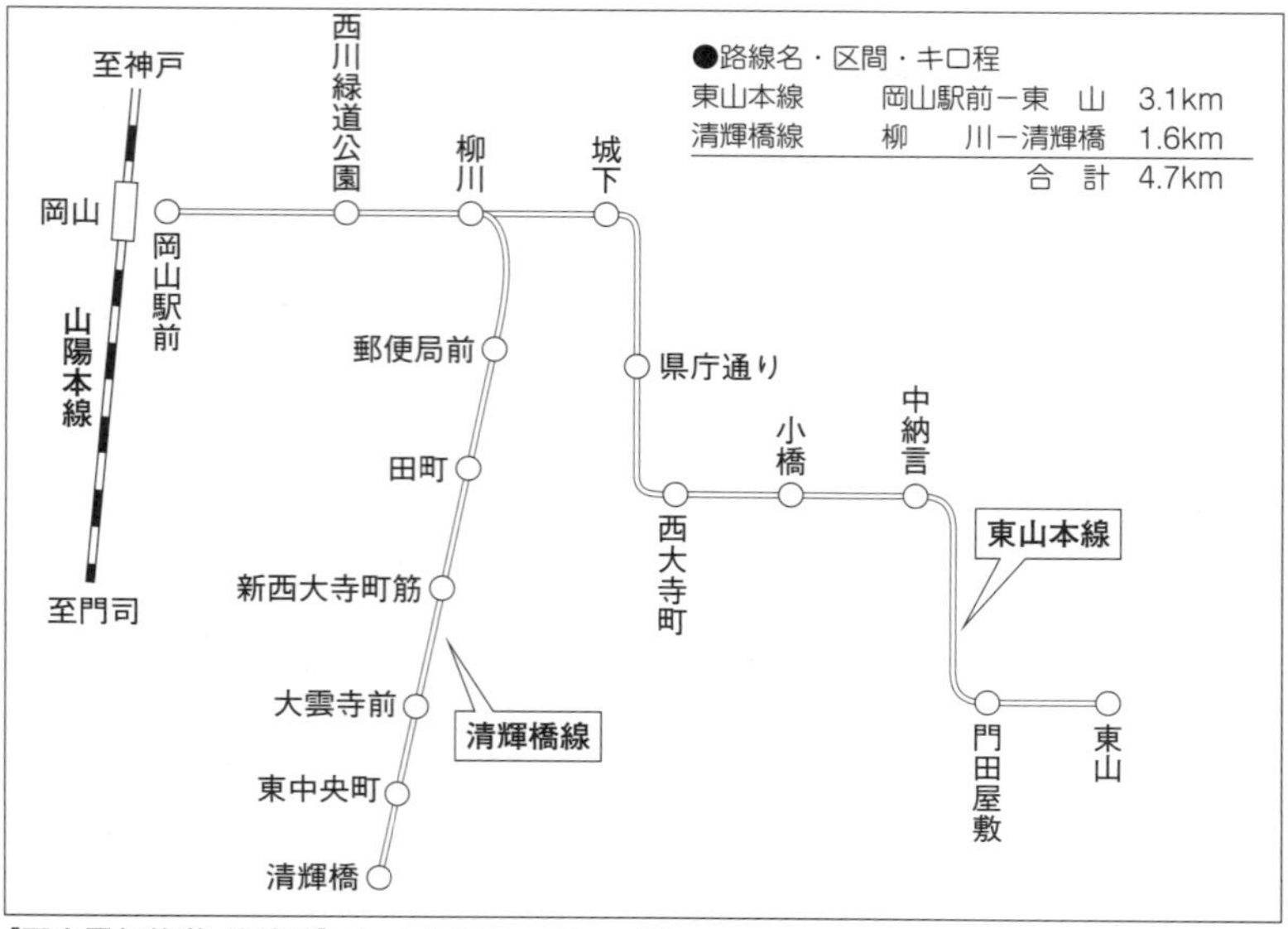

［岡山電気軌道 路線図］（＊本文は66、67ページ）

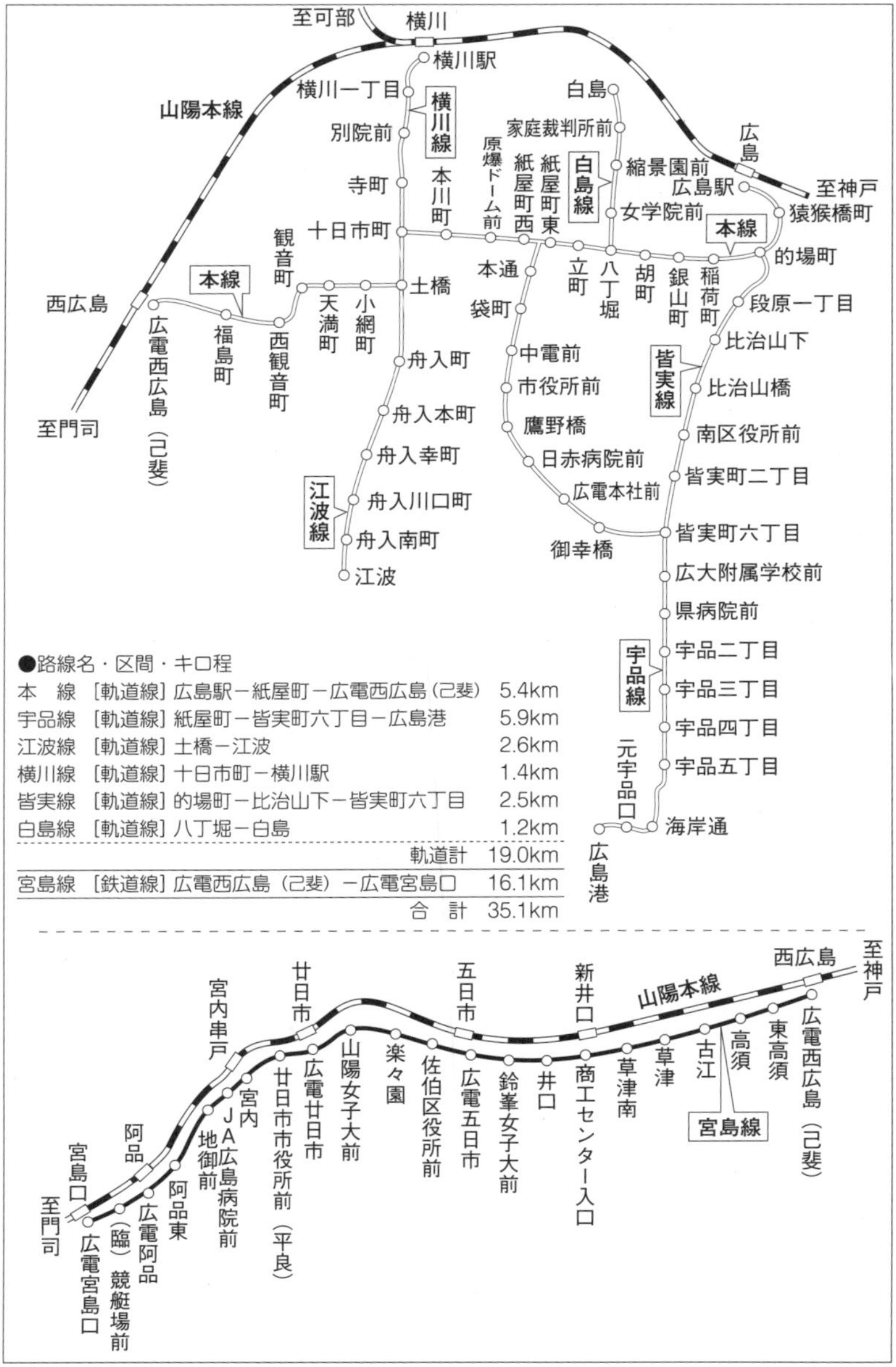

●路線名・区間・キロ程

本　線	［軌道線］	広島駅－紙屋町－広電西広島（己斐）	5.4km
宇品線	［軌道線］	紙屋町－皆実町六丁目－広島港	5.9km
江波線	［軌道線］	土橋－江波	2.6km
横川線	［軌道線］	十日市町－横川駅	1.4km
皆実線	［軌道線］	的場町－比治山下－皆実町六丁目	2.5km
白島線	［軌道線］	八丁堀－白島	1.2km
		軌道計	19.0km
宮島線	［鉄道線］	広電西広島（己斐）－広電宮島口	16.1km
		合　計	35.1km

［広島電鉄 路線図］（＊本文は68、69ページ）

路面電車

謎020

岡山電気軌道

～独自の特徴的なパンタグラフ

黒くうっすらと艶やかな烏城《うじょう》で知られる、中国地方の都市「岡山」。本州から四国への鉄道の要所とも捕らえることができる場所である。近くには、コンビナートや工場などの重工業地帯もあれば、先の「烏城」こと岡山城や後楽園、近郊には倉敷の街を擁する観光の街でもある。

また、市内は中国地方を代表する繁華街もあり、商業都市としても成り立っている街である。ここにもちゃんと路面電車が走っている。工業・商業・観光がそろう街には、必ず路面電車が生きているのだ。この街に走るのは「岡山電気軌道」という、日本一路線距離の短い路面電車である。その距離わずか4・7キロメートル。しかし、東山《ひがしやま》本線と支線の清輝橋《せいきばし》線の2路線を有する路面電車なのだ。

この短い路線を、最新鋭のLRVである9200形「MOMO」をはじめとする22両（2012年4月1日現在）の電車が、毎日多くのお客さまを運んでいる。このうち、3000形と称する電車は、元東武鉄道日光軌道線で活躍した電車で、一両は先の「烏城」をイメージした艶やかな黒色に塗装され、内装も木の感触を大切にした特装車「KURO」という名称で運転されている。また、別の一両は東武鉄道日光軌道線時代のオリジナルの外装色に戻され、岡山の街を快走している。

ところで、この岡山電気軌道のLRV形電車「MOMO」以外の車両たちをみると、少々違和感？がある。それは、金属枠の台座に鎮座した小振りなパンタグラフだ。まるで、パンタグラフが小さく架線まで届かないため、金属枠でかさ上げしたような感があるのだが、実はこれ、1953年（昭和28）、7月に岡山電気軌道第6代目社長、石津龍輔氏が考案した独自のパンタグラフで「石津式パンタグラフ」という。「岡軌式」とか「岡電式」ということもある。

　仕組みは次の通りだ。通常のパンタグラフはバネを使ってパンタグラフを上昇させ、架線に一定圧力で接触させているのだが、石津式は梃子《てこ》の原理を使い、錘《おもり》が重力で下がるのを利用してパンタグラフを上昇させている。

　上昇のための余計な装置が不要で、車端部に垂らされたひもにより、パンタグラフの上げ下げが可能。構造が簡素化できるため、保守も簡略化できる。

　ところで「KURO」だの「MOMO」だのと、なかなかおしゃれなネーミングを電車の新旧問わずに付けているが、その名前に負けることなく、内装に木の温もりを取り入れたり、外装色も、ただの黒色とか銀色ではなく、計算しつくされた色になっていて、どことなくヨーロッパの風さえ感じられるデザインだ。これらは、岡山県出身で、JR九州の車両たちのデザインで知られる「ドーンデザイン研究所」を主宰する水戸岡鋭治氏のデザインである。

　岡山で生まれ、一度も社名を変えることなく岡山の人々とともに生きてきた日本一小さな路面電車。しかしそこには、日本一大きな志があるように感じさせてくれるストーリーがあるのだ。

（＊路線図は、64ページに掲載）

図20　3000形は、かつて東武鉄道日光軌道線を走っていた。黒く塗装されて「KURO」という愛称がついている［S］

路面電車

謎021

広島電鉄

～路面電車年間輸送人員は日本一

中国地方最大の都市「広島」。ここはまた人類で初めて原子爆弾が行使された場所でもある。今から68年前の1945年（昭和20）8月6日午前8時15分に、すべてが焼け野原になった。一説では、死者1万8000余人、負傷者8万余人とそれはそれは甚大な被害をもたらし、そしてそれは終戦に繋がった。今では「路面電車王国」と呼ばれる広島電鉄（広電）にも当然大きな被害がもたらされた。

しかし、広電は負けていなかった。いや、むしろ逆行に勝っていたのだと思う。原爆投下で、人々が傷つき、意気消沈している最中、原爆投下からわずか3日後の8月9日には、一部の線区で早くも運転を再開し、原爆の被害で傷ついた広島の人々に希望という灯りをともしてくれたという逸話も残っている。なにもかもがなくなってしまった広島の街が、現在のように何でもそろう中国地方最大の街にまでなった原動力のひとつとして、広電の力があったことは間違いないと言えよう。

そんな広電は、1912年（大正1）に開業した。当初から多くの電車を用意して開業したほどの、大きな器の鉄道会社であった。先の戦争なども、その器の大きさから、苦労しながらも難なく乗り越えている。広島という大都市の重要な交通機関として、年間輸送人員3685万2000人（2010年度、広島市調べ）という、路面電車としては日本一の成績を誇ることとは、特筆に価すると思う。

また、単に交通機関というだけの存在ではなく、広島の街を構成するひとつのマテリアルとなっている。

常に時代をリードするその精神は、近年ではＬＲＶ車両を積極的に導入したり、総合的な交通政策の一役を担っている。ＬＲＶ車両の国産化に際しても、積極的に車両会社とのコンタクトを取り、広電５１００形（愛称・グリーンムーバーマックス）という超低床電車を開発し、その技術が、その後の国産ＬＲＶ車両に影響した。２０１３年（平成25）2月15日には、新型低床車両１０００形が2両導入され、運行が開始された。

電停の改良等でバリアフリー化にも積極的で、先にも述べたように、まさに「路面電車王国」である。

そんな先進的な広電ではあるが、決して過去の歴史や教訓を忘れたりはしていない。毎年、原爆が投下された8月6日の午前8時15分には、原爆ドーム付近を走る電車はいったん停車し、乗務員乗客ともに黙祷を捧げる。そして、何より広電自体に歴史の生き証人、被爆電車こと「６５０形電車」が現役として残されていること。このことは、広島電鉄が後世に平和を問う、その姿勢の表れだと評価したい。広電は、２０１２年（平成24）に開業１００周年を迎えた。きっと１００年後も「路面電車王国」の牙城は崩れていないだろうし、恐らくは「ＬＲＶ王国」といわれているかもしれない。そして8月6日の広電は変わらなく、真摯な姿をしていることであろう。

（＊路線図は、65ページに掲載）

図21　650形は「被爆電車」とも呼ばれる。現在も運行され、人々の足となっている［S］

路面電車 謎022

伊予鉄道　市内線

～ディーゼルで走るＳＬ列車とダイヤモンドクロス

ＬＲＶ（ＬＲＴの車両）というと、２～５車両を連ねた編成の超低床電車を思い浮かべてしまうが、従来の路面電車といえば単行で走る１両の電車を想像することと思う。ところが愛媛県の県庁所在地である松山市内を走る伊予鉄道市内線には、国内唯一の単行型ＬＲＶが走っている。伊予鉄道では、これを「モハ２１００形」といい、他社でも展開しているＬＲＶのリトルダンサー・シリーズの亜種で「Ｓタイプ」と呼ばれる。国内で営業用に運転されているのは、伊予鉄道だけである。

　これは既存の施設の関係で、列車長が単行分しか余裕がなく、いわゆる従来の路面電車の大きさで、ＬＲＶ化したものである。そのために台車間だけが超低床になっており、運転台とその直後のシート部分は若干高い位置になっている。

　ところで、この伊予鉄道であるが、古い電車を大事にしながらも、旅客のニーズに合わせ、先のモハ２１００形を導入したり、大都市では当たり前の交通系ＩＣカード「ＩＣい～カード」を、関東圏でＰＡＳＭＯが運用される以前に導入したり、さらに何と独自におサイフケータイにも対応させたり、とその先進性には驚くものがある。

　市内線は、営業キロが９・６キロメートルに及ぶが、そのうち、城北線の古町《こまち》－平和通一丁目間は、新設軌道（専用軌道）で鉄道事業法による「普通鉄道線」である。これは出自が別の会社線であったためである。市内での循環線が完成しており、利便性も良い。また日本三古湯のひとつ「道後温泉」があり、松山駅から

図22　モハ50形。新しいＬＲＶが導入される以前は、この車両が主力だった。今も伊予鉄道市内線の主流の車両である［S］

乗り換えなしで直行で行けるため、観光客の利用も多い。その観光客の誘客に一役かっているのが「坊っちゃん列車」という客車列車である。

この列車、路面電車では唯一の客車列車であり、さらに唯一のディーゼル駆動で走る路面列車である。そして、伊予鉄道といって忘れてならないのが、鉄道線と軌道線の平面交差（ダイヤモンドクロス）である。これも日本でココだけの逸品。京王電鉄を退役した3両編成の鉄道線車両を通過待ちする路面電車。これだけを観に来る鉄道愛好家も多いという。

伊予鉄道は見て乗って撮って聴いて浸かって「ヨシ！」な路面電車だ。

（＊路線図は、76ページに掲載）

路面電車

謎023

土佐電気鉄道

～軌道線のみの路線距離では日本最長

日本最後の清流といわれる四万十《しまんと》川を擁する高知県。そしてその高知県の県庁所在地高知市を中心に隣接の街を結ぶのが土佐電気鉄道である。地元の方たちは「とでん」と呼ぶ。その「土電」、1903年（明治36）の設立なので、現存する路面電車（軌道）としては、日本一古い歴史を持っている。

土佐の高知の名所「はりまやばし」を中心に四方に路線を伸ばし、北はJRの高知駅、南は桟橋通五丁目、西は伊野、東は後免町《ごめんまち》に至る。その営業距離たるや、25・3キロメートルで、純粋な路面電車（軌道）だけの路線としては、日本最長路線距離を誇る。その一方で、後免線の一条橋－清和学園前間は、日本一距離の短い電停（駅）間といわれ、営業距離だと0・1キロメートルであるが、私の目測では、わずか80メートル

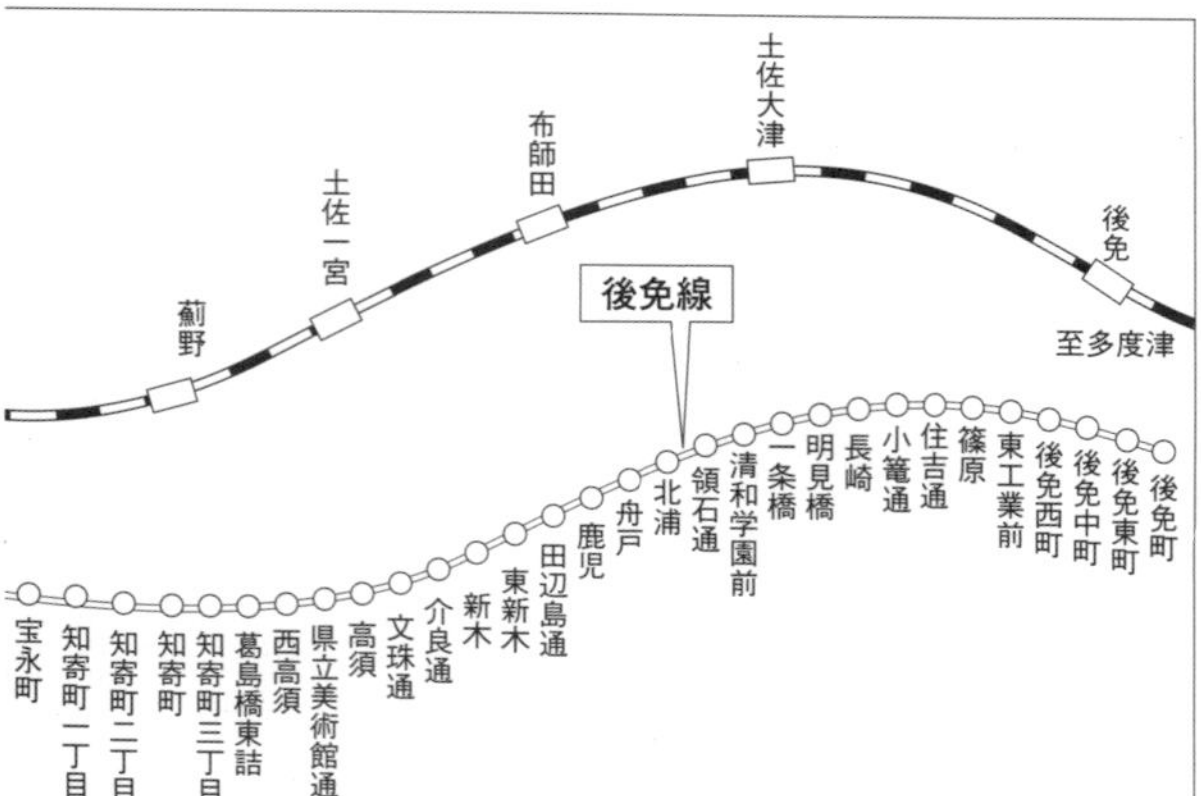

●路線名・区間・キロ程

伊野線	はりまや橋－伊野	11.2km
後免線	はりまや橋－後免町	10.9km
駅前線	はりまや橋－高知駅前	0.8km
桟橋線	はりまや橋－桟橋通五丁目	2.4km
	合　計	25.3km

程度と思えた。走り出したと思ったらすぐに制動が入り、あっ！という間に到着した。

土佐電気鉄道では、ノルウェーのオスロ市電、オーストリアのグラーツ市電、ドイツのシュツットガルト市電、ポルトガルのリスボン市電など海外の路面電車を保有し、週末を中心に運転している。

一方で、近代的な3車体連接式の超低床電車100形（愛称・ハートラム）が土佐電気鉄道の新たな時代のイメージリーダーカーとして快走している。また変わったところでは、維新号と愛称の付いた「復元車7形」がある。これは、過去に実在した明治生まれの7形電車のレプリカを1984年（昭和59）に製造したものである。

残念ながら定期運用はないが、イベント時や貸切として時として高知の街を走っている。その姿は、乗る者、見る者に南国土佐の風を感じさせてくれ、それと同じ風を坂本龍馬も感じていたことであろう。

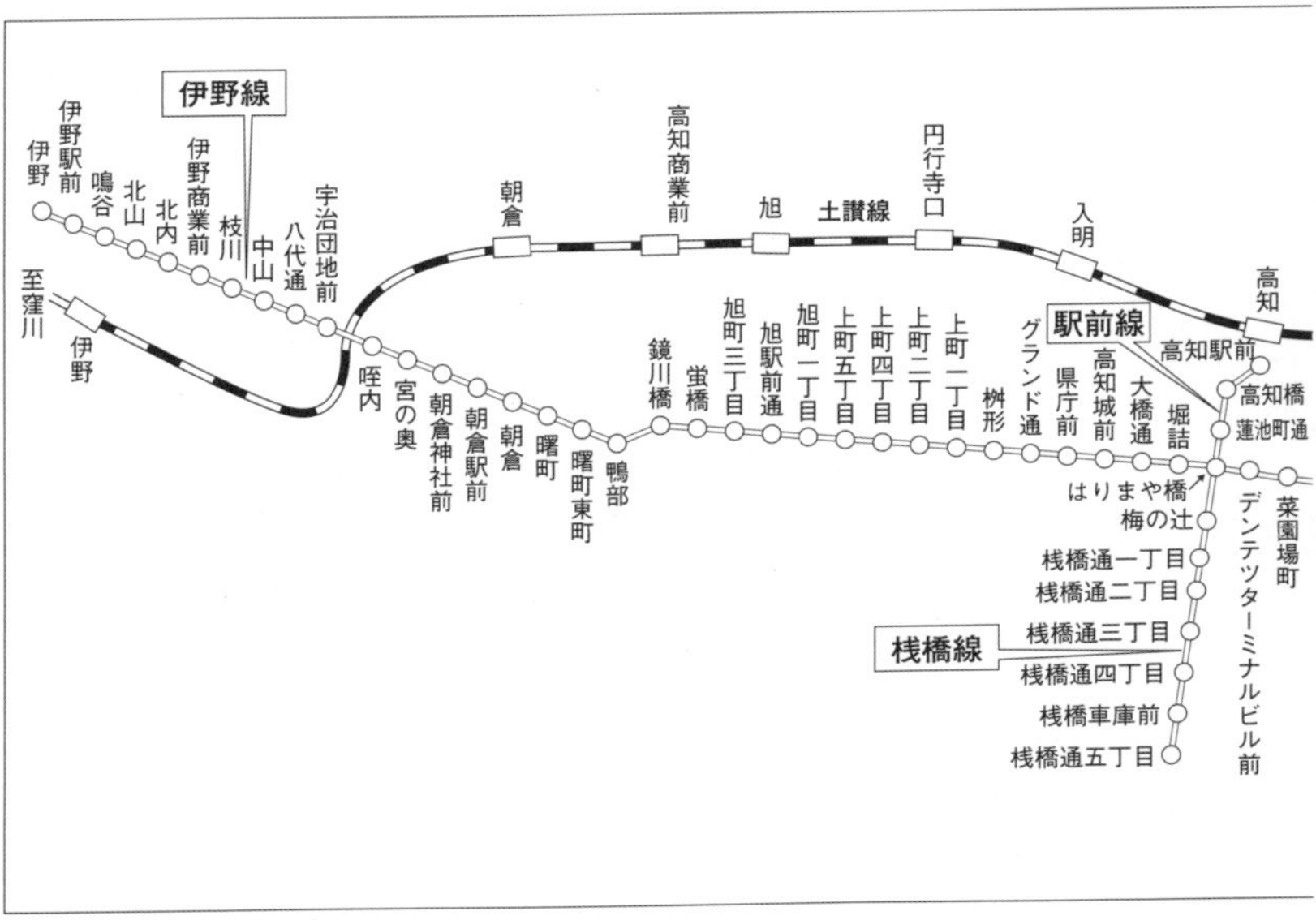

[土佐電気鉄道 路線図]

路面電車

謎024

長崎電気軌道

～古参の車両と最先端の車両が同じレールを走る

長崎電気軌道といえば、山坂の多い観光地長崎の、安価で乗れる路面電車として大変人気があり、また観光地の路面電車として、電車自体も観光資源となっている。

長い間、一乗車100円の運賃を固持してきたが、バリアフリー対応などの社会情勢による設備投資のために2009年（平成21）、実に25年ぶりの運賃改定を行い、120円となった。そこに至るまでの長崎電気軌道の並々ならぬ経営努力と、お客さま本意の営業方針には利用者側の一人として頭が下がる思いだ。

そんな長崎電気軌道の車両たちも、特色の多い車両たちで占められている。1911年（明治44）製造の160形電車は、100年を越えての電車界の長老だ。168号車は、旧西鉄福岡153（木造車）だったものを、1958年（昭和33）に譲授して現役車両として使っている。古参はほかにも150形電車がある。長崎に来る前は、箱根登山鉄道旧番152（旧箱根登山鉄道キキ202）の小田原市内線の電車として、天下の剣・箱根のお膝元を走っていたが、さらにさかのぼれば東京都電車こと都電の前身「王子電気軌道」の400形電車だったというから、こちらも90年近いベテランだ。そのほかにも、元都電（杉並線2000形）の700形や、元仙台市営（モハ100形）の1050形なども在籍しており、イベントや貸切でのみの運用ではあるが、機会さえあれば乗車できるのがうれしい。

また、そんな古参車両もいれば、逆に当世流行のLRV車両も在籍しており、俗にいうリトルダンサーU

（3000形）や、それを改良したリトルダンサーUaタイプ（5000形）が、長崎の街をスマートに快走している。

また、先の160形電車と5000形電車の年齢差はちょうど100年。一世紀の違いが1つの路線で体験できるのは、長崎電気軌道だけ。歴史的にも、非常に貴重な路線である。

図24　大浦海岸通り電停ですれ違う5000形と201形［K］

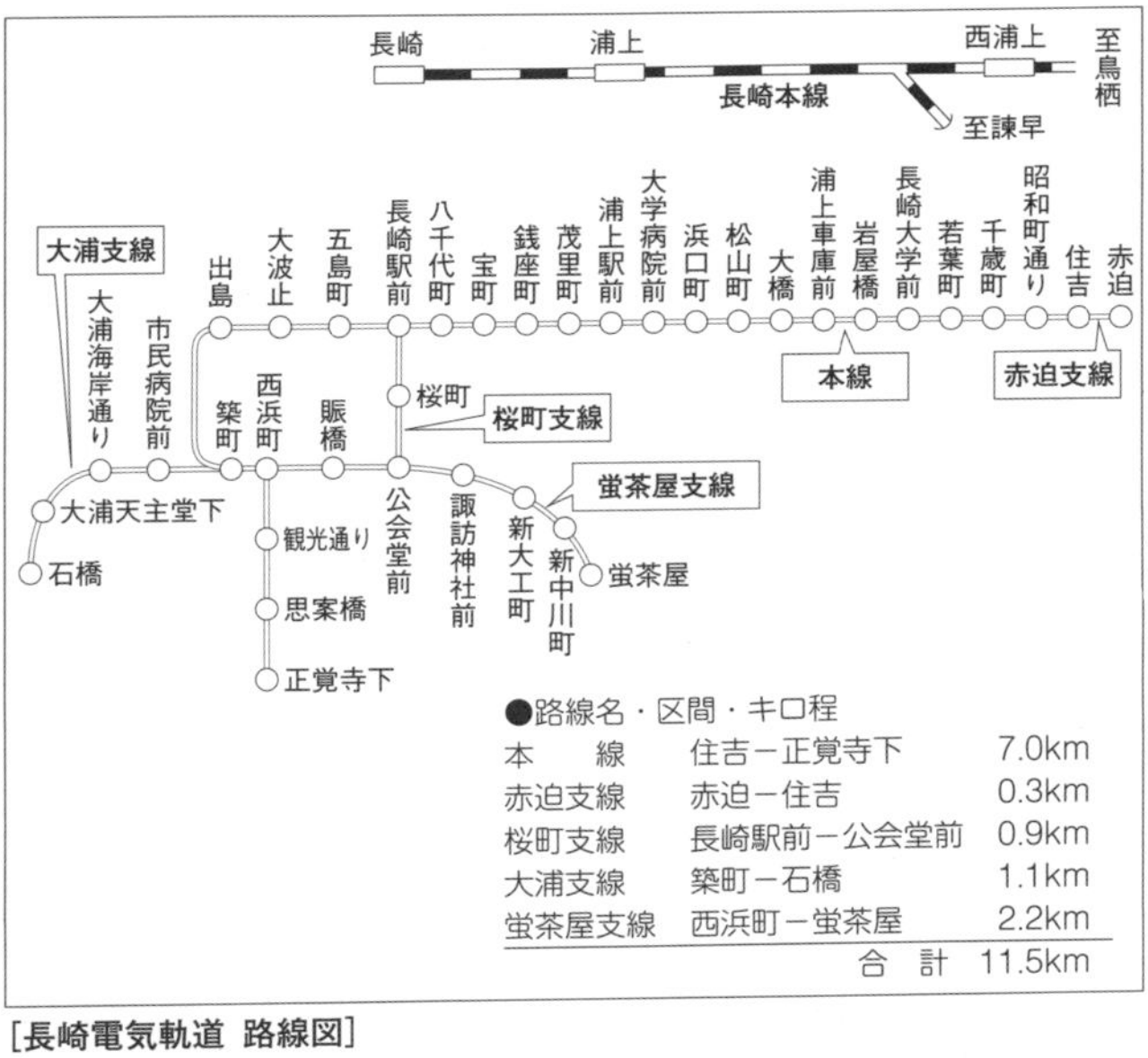

路線名	区間	キロ程
本線	住吉－正覚寺下	7.0km
赤迫支線	赤迫－住吉	0.3km
桜町支線	長崎駅前－公会堂前	0.9km
大浦支線	築町－石橋	1.1km
蛍茶屋支線	西浜町－蛍茶屋	2.2km
合計		11.5km

［長崎電気軌道 路線図］

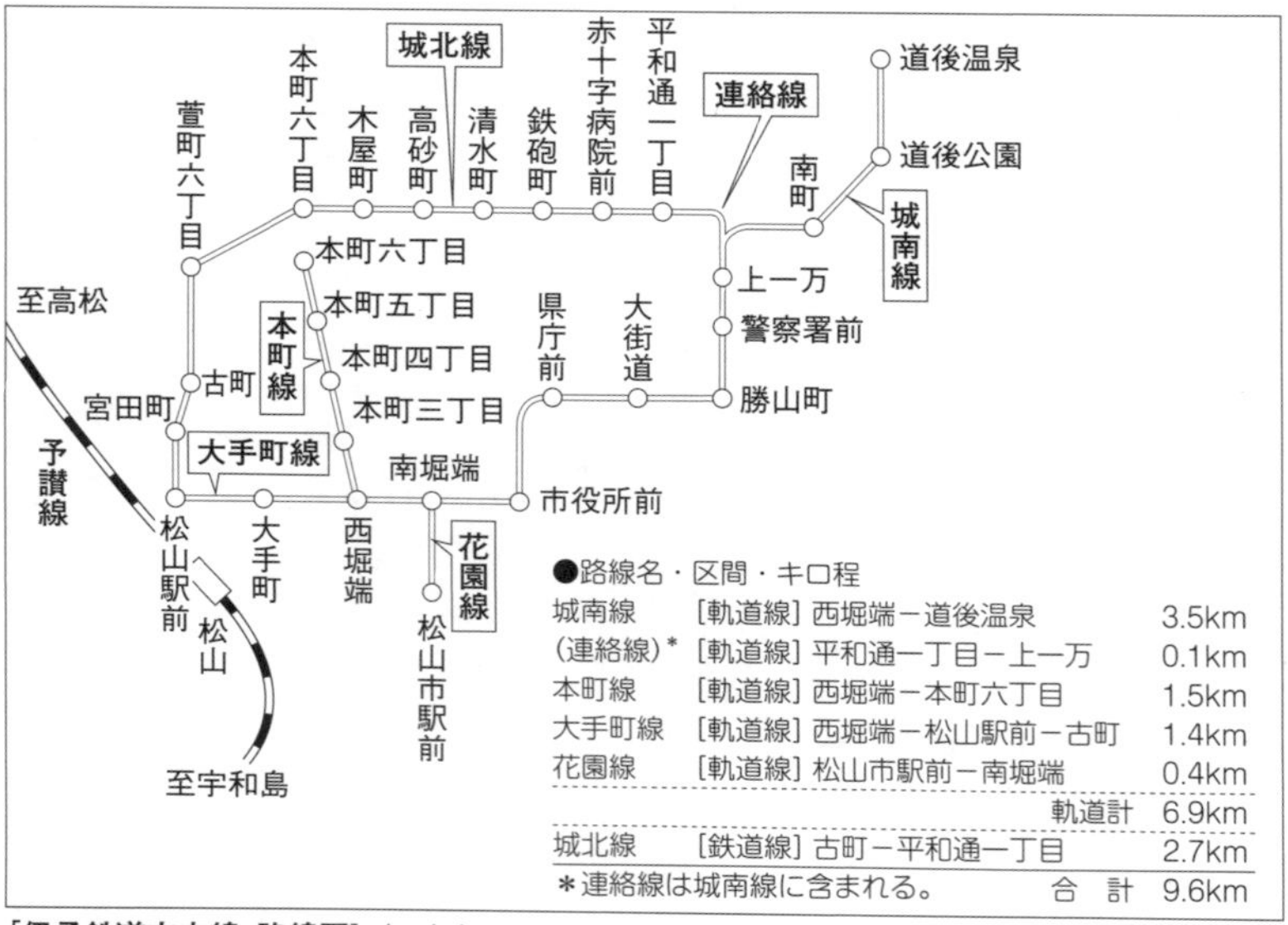

●路線名・区間・キロ程

城南線	[軌道線]	西堀端－道後温泉	3.5km
(連絡線)*	[軌道線]	平和通一丁目－上一万	0.1km
本町線	[軌道線]	西堀端－本町六丁目	1.5km
大手町線	[軌道線]	西堀端－松山駅前－古町	1.4km
花園線	[軌道線]	松山市駅前－南堀端	0.4km
		軌道計	6.9km
城北線	[鉄道線]	古町－平和通一丁目	2.7km
*連絡線は城南線に含まれる。		合　計	9.6km

[伊予鉄道市内線 路線図]（*本文は70、71ページ）

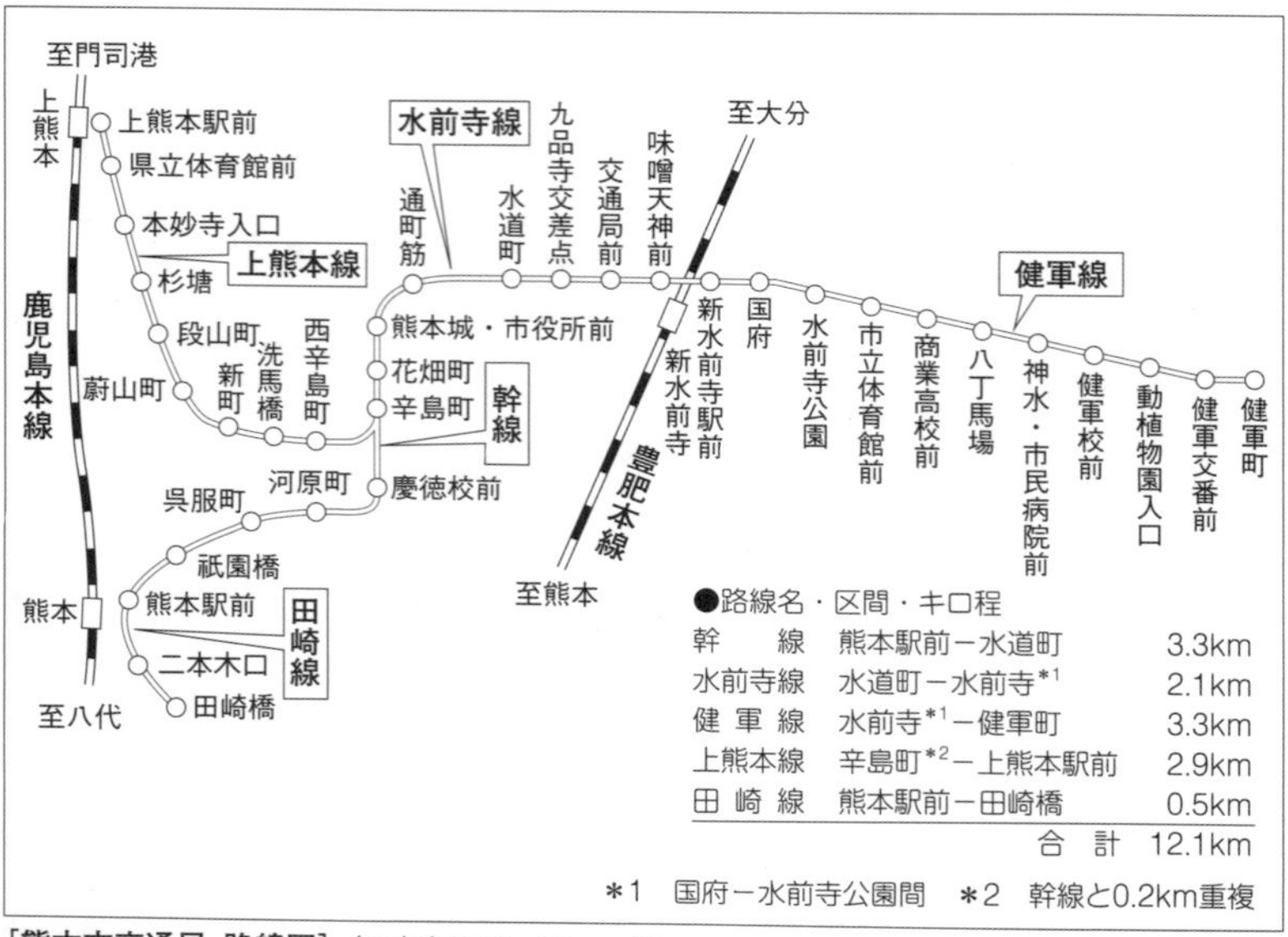

●路線名・区間・キロ程

幹　　線	熊本駅前－水道町	3.3km
水前寺線	水道町－水前寺*1	2.1km
健 軍 線	水前寺*1－健軍町	3.3km
上熊本線	辛島町*2－上熊本駅前	2.9km
田 崎 線	熊本駅前－田崎橋	0.5km
	合　計	12.1km

*1　国府－水前寺公園間　*2　幹線と0.2km重複

[熊本市交通局 路線図]（*本文は78、79ページ）

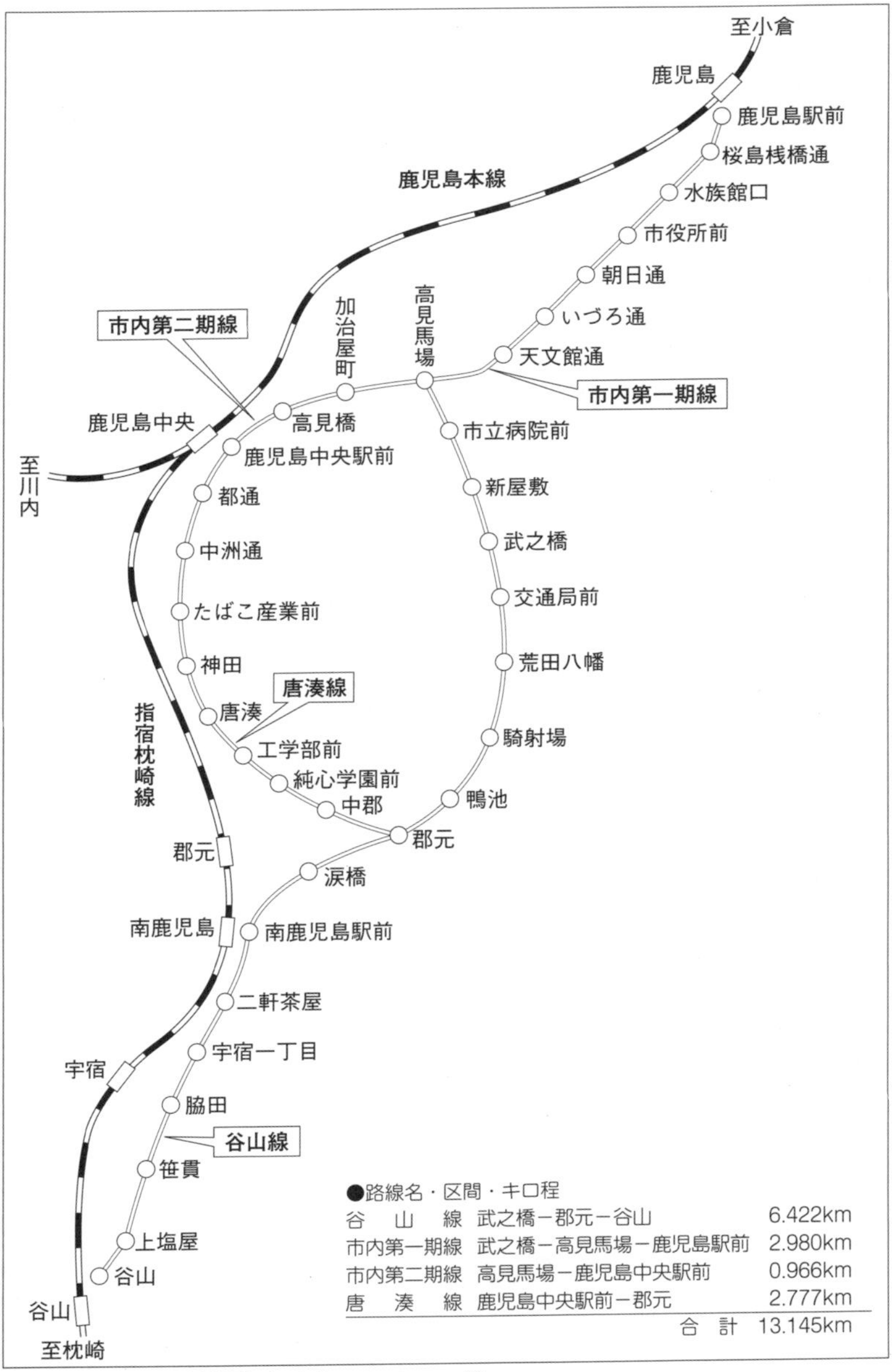

●路線名・区間・キロ程

谷　山　線	武之橋－郡元－谷山	6.422km
市内第一期線	武之橋－高見馬場－鹿児島駅前	2.980km
市内第二期線	高見馬場－鹿児島中央駅前	0.966km
唐　湊　線	鹿児島中央駅前－郡元	2.777km
	合　計	13.145km

[鹿児島市交通局 路線図]（＊本文は80、81ページ）

路面電車

謎025

熊本市交通局

～日本で初めて超低床車を導入

決して派手ではない路線ながら、そこは九州らしく「すごか」ことをしてきた熊本市交通局である。

何がすごいことか？

一つ目は、日本の営業用車両としては、鉄軌道で初めてＶＶＶＦ（可変電圧可変周波数）車を導入したことである。ＶＶＶＦとは、モーターなどの電動機を効率的に制御するシステムで、最新の鉄道車両のほかに、家電製品やハイブリッドカーの制御などに採用されている。

１９８２年（昭和57）に導入した８２００形は、通常営業運転についた鉄軌道電車としては、日本で初めてのＶＶＶＦ電車である。

ちなみに、２番目は東京急行電鉄の旧６０００系で試されたが、これは改造車なので、新車としての２番目は近畿日本鉄道１２４９系１２５１Ｆである。いずれにしても大手鉄道会社を差し置いて、２年も早く実用したことは、まさにすごいことである。

これら２両の８２００形は、８２０１は「しらかわ」、８２０２は「火の国」と地元熊本を意識した愛称が付けられており、利用者（特にお子さまやお母さん達）に親しまれている。１９８３年（昭和58）には、鉄道友の会より第23回のローレル賞を受賞した。

二つ目の「すごか」ことは、日本で初めて超低床車を導入したことである。これは、１９９７年（平成9）に導入された９７００形で、ドイツ製の機器を使用し、製造は新潟トランシスで行われた（後期型では、機器の国産化も図られている）。この電車の成功により、日本各地での超低床車の普及が計られたことは、日本

図25　熊本城を背後に走る8800形。線路を芝生で覆う「軌道緑化整備」が施されている［K］

の路面電車界に新しい風を吹かせた功績となろう。こちらの9700形でも、ローレル賞（第38回）を鉄道友の会より受賞している。

熊本市交通局では、この9700形の後継として0800形という富山ライトレールや万葉線、富山地方鉄道とほぼ同型の超低床車を、2009年（平成21）に導入している。また、この他にも熊本市交通局では、日本で最初に路面電車に冷房装置を取り付けたり（1200形）、短い区間とはいえ、田崎線を全線移設し、完全サイドリザベーション化（軌道内を緑化してぁる！）をしている。これだけの偉業を、何事もなかったようにたんたんとこなす熊本市交通局。まさに九州男児の気質だ。

（路線図は、76ページに掲載）

路面電車

謎026

鹿児島市交通局

～堅実な経営で、新車両の導入にも積極的

東洋のナポリと称される鹿児島市。事実、鹿児島市とナポリ市は姉妹提携を結んでいる。そして面白いことに、鹿児島市には鹿児島中央駅があり、ナポリ市にもナポリ中央駅があるのだ。さらに、両中央駅前からは、路面電車が発着しており、その車両もステップのついた路面電車とＬＲＶが混在して運行されている。

　そんな鹿児島市を走るのは、鹿児島市交通局。その交通局の前身「鹿児島電気軌道」が、１９１２年（大正1）に現在の谷山線を走り出したため、鹿児島市電は２０１２年（平成24）に１００歳を迎えた。昭和の時代には若干の路線縮小などもあったが、平成に入ると、鹿児島市電の躍進が始まる。

　軌道のセンターポール化を促進し定時運行の確保や景観問題を前進させ、これらにより利用促進まで計られ堅実な運営ができるようになった。さらに欧米を手本とし、軌道敷緑化整備事業を行い、市民や観光客などから好評を得て、これも利用の促進に寄与している。

　もともと年間１０００万人以上の利用者があるので、その事業の礎は強固なことから、これら新しい試みが実践されている。また、ナポリにヴェスヴィオ火山があるように、鹿児島市にも桜島火山があり、長年、降灰に悩まされてきた経緯から、車両の冷房化も早かった。特徴として他の都市の路面電車と比べ、側窓の開放面積が少ないものが多い。そして、新しい試みは、超低床路面電車（ＬＲＶ）の導入にも至る。しかも、そのＬＲＶは日本初の国産超低床路面電車となり、一連の超低床路面電車リトルダンサーシリーズの「Ａ３タイプ」こと鹿児島市交通局１０００形である。

１０００形は、２００２年（平成14）よりアルナ工機（現・アルナ車両）で設計・製造され鹿児島市交通局に納入された。これは、フローティングした各室車両を挟むように、台車の付いた運転室車両が付くもので、３両で１ユニットである。愛称を「ユートラム」と名付けられ、乗客に親しまれ第43回ローレル賞に輝いた。さらに、鹿児島市交通局は、この１０００形のバージョンアップ版として、２００７年（平成19）に「ユートラムⅡ」７０００形電車を登場させている。

　これは「リトルダンサーＡ５タイプ」で、１０００形は３両ユニットであったが、この７０００形では５両ユニットとし、両端の運転室車両と３両目の各室車両に台車を取り付け、２両目と４両目の客室車両をフローティングさせており、これにより１０００形電車の乗車人員に対し１４１パーセントのアドバンテージを持たせることができた。またデザインも、１０００形のどちらかというと直線的なデザインから、流線形なデザインになり、洗練されたイメージになった。

　先にも記したが、鹿児島市交通局は、地方都市の路面電車としては堅実な運営が続いており、現在でも数か所での路線延長などの検討がされており、目が離せない路面電車となっている。なお、２０１２年は１００周年を迎え、観光レトロ電車「かごでん」が12月１日から運行を開始している。

（路線図は、77ページに掲載）

図26　超低床車1000形「ユートラム」は中央が客室になる［K］

路面電車

謎027

江ノ島電鉄の謎

～普通鉄道なのに「併用軌道」がある

これまで路面電車として、数々の社局の話題を出してきたが、この項では特異な路面電車の例として、神奈川県の江ノ島電鉄（通称・江ノ電）を挙げてみたいと思う。この江ノ電は、ご存じの方も多いだろうが、実は鉄道事業法に基づいて運営されている鉄道である。ＪＲや小田急と何ら条件の変わらない普通鉄道だ。

それでは、何が特異かというと、本来、鉄道事業法では禁止されている「併用軌道」が江ノ電には存在するのだ。

一般によく知られている区間は、江ノ島駅付近から腰越《こしごえ》駅直前までである。しかし、さらに峰が原信号所から七里ヶ浜駅方向と、鎌倉プリンスホテル前付近から稲村ケ崎駅方向、稲村ヶ崎2号踏切道から極楽寺駅方向の４か所で、実に総延長９２０メートルも存在しているのだ。

この併用軌道、鉄道事業法で禁止されているとはいえ、もう１００年以上も前から走っている路線であることから、運輸当局より「特認」を貰っているとのこと。鉄道で併用軌道を持つ路線は熊本電気鉄道もあるのだが、あちらは道の隅を百数十メートル走行するもので、あまり実感としての併用軌道感はないと感じる。

江ノ電の併用軌道は一味違う。長さ50メートル強の列車が、決して広くない道路のど真ん中を、時速40キロ程度の速度で疾走する姿には圧倒される。しかも、普通の路面電車よりもひと回り大きな車体のため、初めてこの区間を走るドライバーの方たちは、目を丸くして、電車をやり過ごすのを待っている。もっともなぜ、鉄道たる江ノ電に併用軌道が点在するのかといえば、そこには歴史のいたずらがあったのだ。

江ノ電は、1902年（明治35）に藤沢停留所と片瀬停留所（現・江ノ島駅）間で運転を始めた。停留所という名でピン！と来た方もいるだろう。江ノ電は当初、軌道条例で運転される路面電車であった。ホームも低く、電車には、ステップも付いた、当時としては標準的な路面電車である。車両も自社購入のものや、後の都電や京王、東急、西武のものまであり、非常に多彩だったという。

そんな中、時代は第二次世界大戦に突入し、戦局は悪化するばかり。本土への空襲も激しくなり、当時、平塚にあった軍需工場からの物資の輸送は、東海道線を使い大船駅を経て横須賀線で大本営のあった横須賀港まで運ばれていたが、万が一、連合軍が大船駅付近を攻撃して省線（国鉄）が絶たれた場合の迂回路として、江ノ電の存在がクローズアップされたのだ。

だが当時は、軌道と鉄道の管轄役所は別だった。鉄道は軍部の息が掛かっていた鉄道省（運輸通信省）であり、軌道を管轄する内務省とは軍部との距離があった。これに業を煮やした軍部は、江ノ電を軌道から鉄道に変更させ、万が一の際に備えることとした。実際には、省線の車両が江ノ電の軌道を走ることは事実上不可能（ゲージ以外はすべて規格外だったので）と思われるが、それだけ戦局が逼迫していた象徴ともとれる。

結局、終戦を迎え、戦後間もない1945年（昭和20）11月になってから、江ノ電は晴れて？鉄道へと昇格したのだ。そのため江ノ電は、鉄道でありながら路面電車の味も色濃く残す特異な存在として、多くの鉄道愛好家や観光客、地元の方々に「何かがちょっと違う鉄道」として、今日まで愛し続けられてきているのである。


（路線図は、87ページに掲載）

図28　路面電車スタイルの筑豊電気3000形［K］

謎028

筑豊電気鉄道の謎

～路面電車のように見えるが、法規上は鉄道であり、道路は走らない

図28の写真をご覧になって、多くの方が「どこの街の路面電車だろう？」とか、「運転士さんひとりのワンマン電車じゃなく、チャンと車掌も乗っている路面電車があるんだ？」と思われたのではないだろうか？

この写真の電車は、九州の福岡県を走る筑豊電気鉄道である。そして、筑豊電気鉄道は「鉄道」事業者であり、「軌道」経営者ではない。従って、車両はご覧の通り路面電車の形はしているが、JRや、九州でいえば西日本鉄道と同じ「鉄道」になる。

事実、現路線では併用軌道の類は全くなく、普通の鉄道と同じく、専用の土地に線路を敷いてあり、しかも全線が複線だ。最高速度も時速60キロと、これまた普通の地方鉄道である。

しかし、車両は外側も内側も「路面電車」のそのものだ。車内には、バスなどでよく見る運賃箱や整理券発行機、運賃表示機があり、運転台もパイプ鋼で区切ったオープンデッキ方式、と、まぎれもなく路面電車の仕様である。

駅のホームも、路面電車のそれと同じく30センチほどの段差でしかなく、駅というよりも停留場に近い感じがする。乗降のお客さまがいない場合は、いったん停止したのちに発車していくところも、限りなく路面電車に近い鉄道であることが目に見えてわかる。

では、筑豊電気鉄道はなぜこのような形式になったのだろうか？　その謎に迫ってみよう。

やはり鉄道の謎解きは、歴史のひも解きが一番有用である。筑豊電気鉄道は、名称の通り、福岡県の山間部の炭田を経由して北九州市と福岡市を結ぶ計画であった。これは戦前、親会社である西日本鉄道（西鉄）の前身になる数社の計画路線である。戦争の動乱があったため、なかなか敷設の免許が下りなかったが、戦後の1950年（昭和25）に免許を取得、筑豊中間《ちくほうなかま》駅－貞元《さだもと》駅（現・熊西《くまにし》駅）間が1956年（昭和31）に開業した。その後、部分開業が行われ、1959年（昭和34）には、現在の熊西駅－筑豊直方《ちくほうのうがた》駅間が開業した。

ここで、「あれ？　始発は黒崎駅では？」と思われた方は、さすがである。現在の筑豊電気鉄道は、JR鹿児島本線の黒崎駅にある「黒崎駅前駅」からJR筑豊本線（福北ゆたか線）直方駅近く（近くといっても、徒歩で10分ちょっとは掛かってしまうが……）の、「筑豊直方駅」まで走っている。先述した筑豊電気鉄道として開通した区間が、熊西駅（黒崎駅前駅から二つほど筑豊直方駅寄り）－筑豊直方駅のため、黒崎駅前駅－熊西駅が存在しない。実態は、黒崎駅前駅－筑豊直方駅間を走ってはいるが、正確には、黒崎駅前駅－熊西駅は、西日本鉄道北九州線の一部となり、西日本鉄道が第三種鉄道事業者（貸主）で、筑豊電気鉄道が第二種鉄道事業者（借主）になるのである。

この西鉄北九州線は、かつて北九州市内を走っていた路面電車で、その線路の一部を使い黒崎駅前駅まで乗り入れている。これでだいぶ謎が解けてきたのではないだろうか。かつて西鉄北九州線と筑豊電気鉄道は、相互乗り入れをしていたのだ。筑豊電気鉄道線内は「鉄道」として、西鉄北九州線内は「軌道（路面電車）」として……。そのために、乗り入れ先の線路条件や環境に合わせ、筑豊電気鉄道の車両は路面電車タイプの物を採用しているわけである。

西鉄北九州線が２０００年（平成12）に全廃されると、黒崎駅前駅－熊西を西鉄北九州線籍のまま、軌道法から鉄道事業者法に鞍替えし、借主の筑豊電気鉄道は、はれて全線で「鉄道線」となったのだ。

今日も路面電車の形をした鉄道車両が、筑豊平野を胸を張って堂々と走っていく。心地よい吊り掛け音を響かせて……。皆さまにもぜひ、この古き良き風景を楽しんでいただきたい。

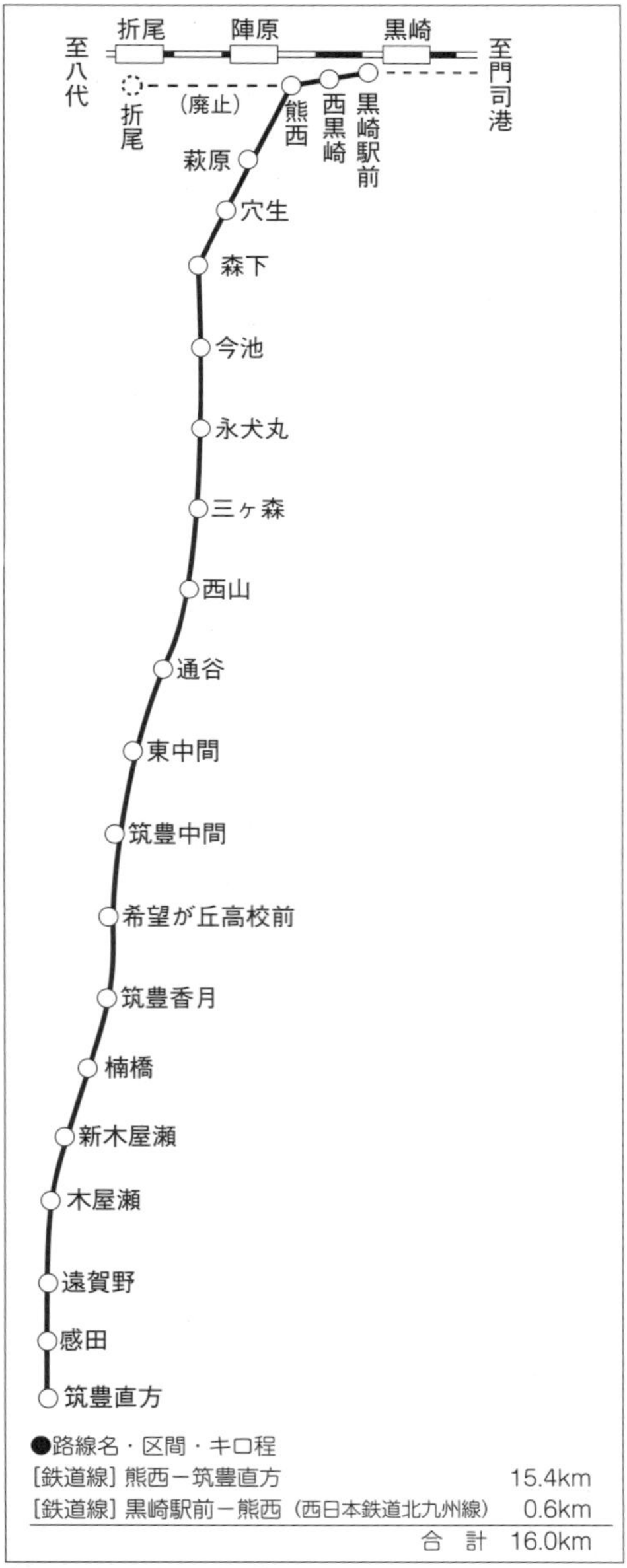

[筑豊電気鉄道 路線図]

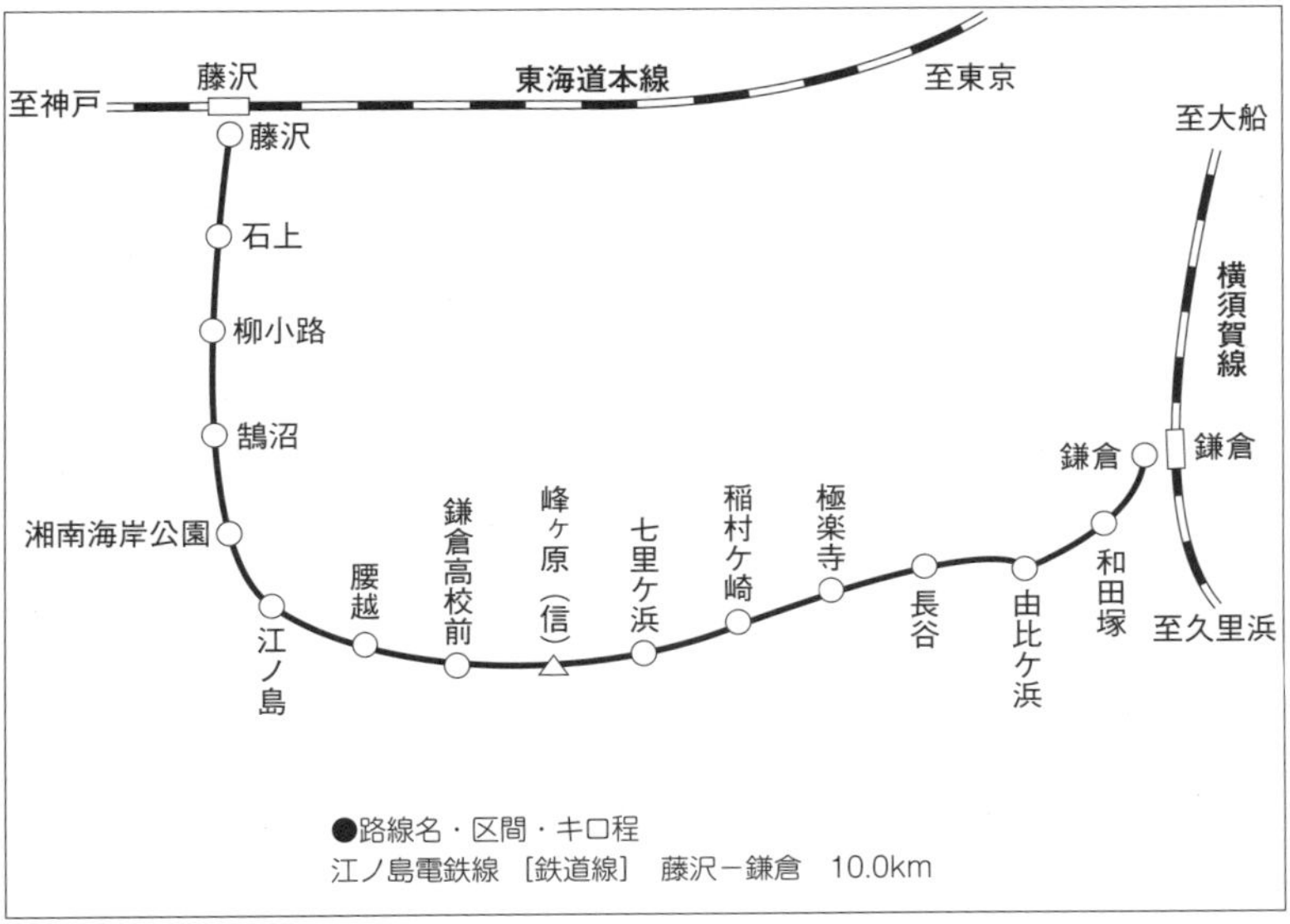

［江ノ島電鉄 路線図］（本文は82、83ページ）

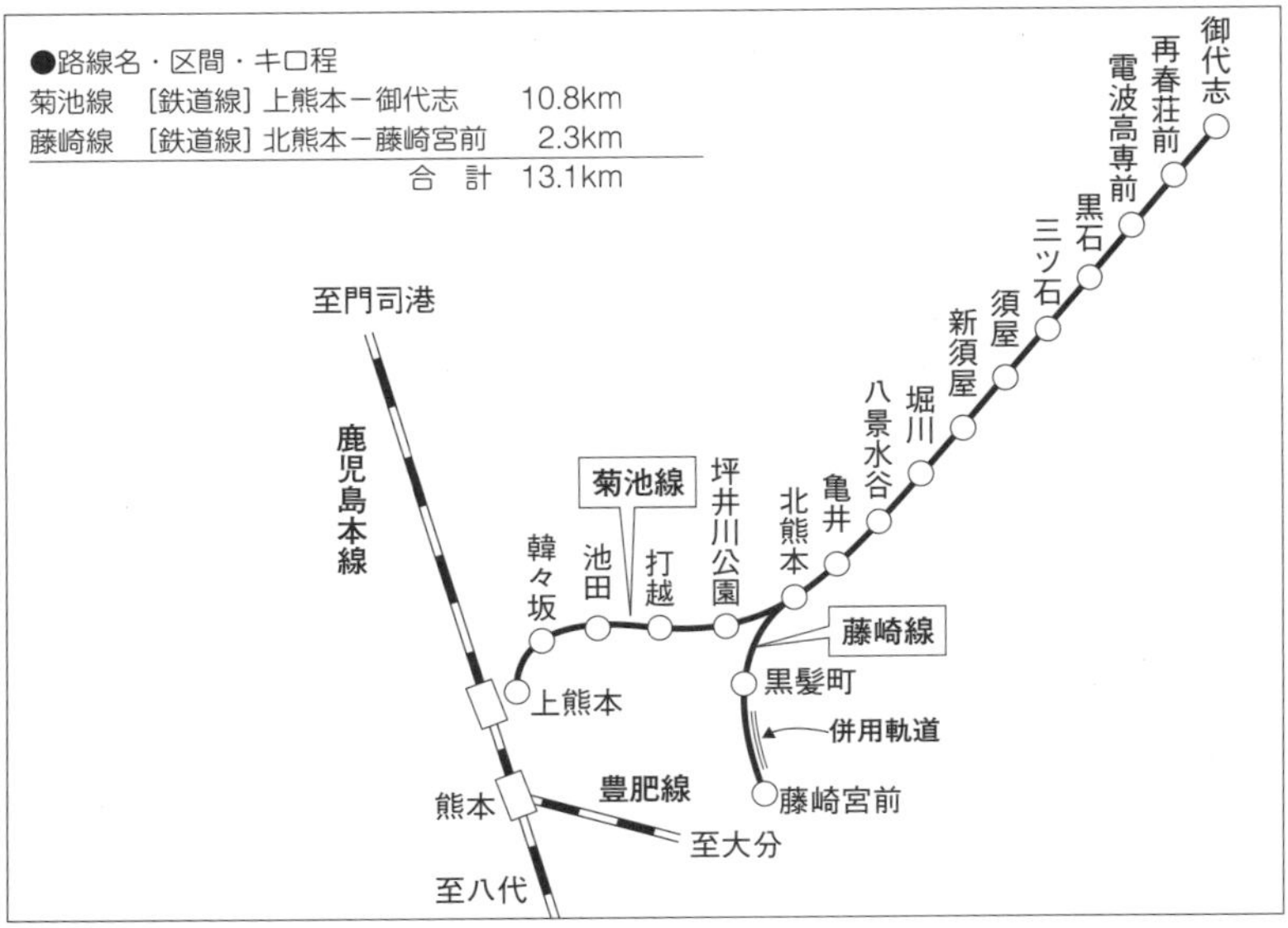

［熊本電気鉄道 路線図］（本文は88、89ページ）

謎029

熊本電気鉄道の謎

～路面電車には見えない車両が、道路上を走る

1872年（明治5）、新橋（現在の汐留）から横浜（現在の桜木町）間が初めて鉄道で結ばれた。日本に鉄道が走り出してから、約140年。長い長い歴史の間に、鉄道は陸《おか》蒸《じょう》気《き》と呼ばれるものから、世界に誇る新幹線にまで進化してきた。当然、そんな長い歴史の中では、珍現象？　ともとらえられるものもたくさん存在する。

その一例として、路面電車の十八番《おはこ》的な風景である「併用軌道」を走る鉄道路線がある。現行の「鉄道事業法第六十一条」では、道路への鉄道の敷設は認められていない。もちろん、以前、施行されていた地方鉄道法でもしかりだ。

もっともこれは、「鉄道」に限ってのことであり、「軌道」いわゆる路面電車は、軌道法という別の法律の下に運営されているので、該当しない。

むしろ、先ほども書いたとおり、併用軌道は路面電車の十八番的な風景のため、道路上を走っていて当たり前だ。だから路面電車なのである。

ところが、この本来であれば走るわけがない道路上を走っている鉄道車両が、「例外的な路線」として、現在、日本には2か所あるのだ。

そのうちの一つが、九州の熊本電気鉄道に存在する。もっとも、走行距離的にはわずかなものではあるが、自動車の行き交う道路の道端を、大きな電車が走る。その迫力は、ココだけにしかない見ものだ！

ここの併用軌道を走る電車は、長さ20メートル、幅2・8メートルと、完全に普通鉄道サイズの車両なのが非常に興味深い。首都圏にお住まいの方なら、懐か

しさを覚えるかもしれない。走っているのは、主に元東京都交通局（都営地下鉄）の6000形を、2両編成に改造した電車だからだ。

ところで、なぜ熊本電気鉄道に併用軌道が存在するのだろうか？

これは、同社の歴史をひも解けば、簡単に答えが出てくる。熊本電気鉄道（当時は菊池軌道株式会社）は、1911年（明治44）に、現在の上熊本駅と現在の藤《ふじ》崎宮前《さきぐうまえ》駅間を、蒸気軌道で走り始めた。そう、この鉄道も、創業時は軌道条例（現・軌道法）により敷設された軌道だったのである。

開業後、電化をし、路線の延伸や廃止などの幾多の変遷を経て、1942年（昭和17）に、地方鉄道法（現・鉄道事業法）の下で運営される鉄道路線となったが、すでに先述の併用軌道が、藤崎宮前駅－黒髪町《くろかみまち》駅間等に敷設されており、そのままの姿で、現在まで継承されているのだ。

この併用軌道の区間は、道路中心よりも道端に線路がオフセットされた形ながら、民家の全くの門前でもなく、民家の前には駐車車両などもあり、非常にスリリングな車窓風景を楽しむ？ことが可能である。走行時間にして、わずか30秒足らずの距離だが、大型の鉄道車両が併用軌道を走る風景は、どこか外国に来たような思いさえする。このような、鉄道でありながら法律上は存在しないはずの併用軌道は、昭和の時代までは、日本各地でまま見られたものである。

しかしながら、今はそのほとんどが整理（新設軌道になったり、廃線や路線変更）され、現在では、この熊本電気鉄道と江ノ島電鉄（謎027）だけである。今では大変貴重となった風景を楽しめるため、両鉄道の併用軌道をぜひ、味わってほしいと思う。

（路線図は、87ページに掲載）

Column②

輸送力の増強が可能

想像してみてください。

もし、「路面電車の絵を描いてみてください」と言われたら、どんな絵を描きますか?

おそらく一両の車両が、線路の上を走っている姿を描く方が多いのではないだろうか。もちろん、それも正解である。

しかしながら、実際は、図②-1や②-2のように長い車体の路面電車が日本の各地に存在するのだ。つまり、長い車体の路面電車を描いた方々も正解なのである。

コラム①に引き続き、また、冒頭に不思議なことを書く、と思った方もいらっしゃるだろう。実はこの「長い車体の路面電車」というキーワードが、この項のタイトル「輸送力の増強が可能」ということの本質にかかわってくるのだ。いったいどういうことなのか。簡単に言ってしまえば、車両を長くすれば、そのぶん乗れる人も多くなりますよ、ということである。

ちなみに図②-1は、広島電鉄5100形「Green mover max(グリーンムーバーマックス)」と呼ばれている車両で、国産かつ、バリアフリーが施され、現在運行されている路面電車の車両の中では、定員数149人(座席56人)と、多くの定員を誇る車両だ。広島電鉄ではこれ以前にもバリアフリーの施された長編成の車両を導入していて、こちらは5000形「Green mover(グリーンムーバー)」と呼ばれている。

先ほど、〝国産で〟と補足したのは、このグリーンムーバーはドイツのシーメンス社製で海外から輸入したものであるからだ。広島電鉄は、この「Green mover max」を10編成、「Green mover」12編成の、

図②－１　広電グリーンムーバーマックス5100形［K］

図②－２　広電グリーンムーバー 5000形［K］

計22編成を保有している。

広島電鉄の利用者数を2009年度の鉄道統計年報で見てみると、年間5500万1000人にのぼる。これは、一日あたり約15万人、1秒あたり約2人が乗車している計算となる。長編成の車両を多数保有する広島電鉄だからこそ可能な数字である。

では、なぜこれほどまでに広島県の路面電車利用者は多いのだろうか？　それは、日本三景のひとつ「安芸の宮島」をはじめ、日本有数の観光地が広島県にあるからだ。

右に記した広島電鉄の利用客数の内訳を見ると、通勤、通学の定期利用者数が1227万7000人に対し、乗車する際にお金を払って利用する定期外利用者数が4272万4000人となっていて、圧倒的に後者が多いことが分かる。後者には、もちろん雨の日や、買い物の時にだけ利用する県民の方もいらっしゃるだろうが、そのほとんどが観光客と考えてよいのではないだろうか。つまり、この長編成の路面電車を、観光地や人口の多い都市部に導入すればかなりの利用客を見込めるだろう。もちろん長編成の車両を導入することには、車庫や点検施設の拡大、停留場の延伸など多くの課題も出てくる。そのため、容易でないことは明白だ。

しかしながら、この輸送力の増強が可能という定義は、大きなプラスの連鎖を生み出すと筆者は考える。プラスの連鎖とは、まず、通勤で車を使っている方々が路面電車を利用するようになる→車が減るため、渋滞も減る→ということは、CO_2の削減にまで繋がる、ということである。そう、謎007でも記した温室効果ガスの削減に繋がる。こういう連鎖を生み出す可能性を秘めている路面電車だからこそ、世界中で見直されているのだ。

第3章

路面電車の車両の不思議

都電荒川車両検修所に並ぶ黄色の電車たち［K］

路面電車

謎030

路面電車の車両の特徴

～バスに似ている

日本における営業用の路面電車の第一号は、京都の京都電気鉄道が、１９１２年（明治45）に運転を開始したことに始まることは先述したとおりである。ところで、私たちに比較的身近な公共交通機関としては路線バスがあるが、日本バス協会の資料によると、この第一号も１９０３年（明治36）に京都で始まったものであった。

初期のバスは無蓋車、いわゆるオープンカーであったが、登場後比較的すぐに、路面電車に似せたような小型の車体を載せ、雨風からお客さまを守るようなボデーを採用している。また、関東大震災で甚大な被害をこうむった東京市電（現在の東京都交通局）は、アメリカよりT型フォードを８００両も輸入し、ボデー等を改造して、復旧に困難を期していた市電の代行輸送の大役をこなし、好評を博したそうである。この好評さから、全国にバス事業が波及していったのだ。

このように、日本国内の例をとっても、路面電車とバスは非常に関わりが深い。両者のファミリーツリーをたどってゆくと、17世紀ころにフランスで始まった乗合馬車にたどり着くからである。乗合馬車とは、ほかの項でも記したとおり、お客さまを乗せて走る馬車である。

19世紀後半、乗合馬車に内燃機関が付けられ、やがてそれは現代のバスに引き継がれて行った。ほかにも、乗合馬車が19世紀のアメリカで鉄製のレールを使って馬車軌道になり、ヨーロッパなどでも乗り心地の良さなどから広く採用され、やがて20世紀になるころには、馬に変わり電動機が使われると、それは路面電車に発展した。路面電車とバスは、従兄弟同士のような関係である。それは、21世紀の現代でも状況は同じだ。

例えば、日本の法律面では、道路交通法第二条第一項第十三号では、路面電車の定義として「レールにより運転する車」として道路上のクルマの一種ととらえているし、トロリーバス（現在は黒部ダム付近に2社2路線あるのみ）や、ガイドウェイバス（名古屋市内に1路線がある）の運転には、国土交通省の「動力車操縦者運転免許証」という鉄道の運転免許証が必要である。法的な話ではピンと来ないと思うので、一般目線から見てみよう。

まず、

①路面電車（単車）の大きさだが、各社局により車両の寸法にバラつきがあるため、あえて細かい数値は挙げないが、大型のフルサイズバスと等しい大きさである。

②ワンマンの場合、運賃箱が運転席の横に設置してある。運賃が多区間の場合、整理券発行機も乗車口に設置されている。

図30　長崎電気軌道300形の運賃箱［K］

③たいてい、2ドアもしくは3ドア構成である。
④乗降方式（前乗り後ろ降り、もしくは後ろ乗り前降り）が同じである。
⑤併用軌道区間では、交通信号機に従って走行する。
⑥方向指示器や制動灯を装備している車両もある（すべてではない）。
⑦ワンマン機器（車内放送などの装置）などがほとんどバスとの汎用品である。
⑧降車ボタンが設置されている。
⑨停留場（駅）では、乗降がないと通過することもある。
⑩基本的に「閉そく区間」という概念がないので、車両が鈴なりで続くことがある。
⑪時代により車両のデザインがバスと似通っている。
⑫道路面からお客さまを乗降させている。
⑬運転者とお客さまの間が、壁などで遮断されていない。

以上、私がイメージする何点かを挙げただけでも、これだけの共通点がある。さらに精査すれば、もっといろいろな近しい点が出てくるであろう。先に記した東京市電が、大震災で多くの路線が被災した際に、復旧までの代行輸送にT型フォードを活躍させるが、恐らくは市電と似つかせた車両内外の改造等を受けさせたので、東京の人々にも違和感なく利用することができ、それが好評を博したことから、全国にも普及したものと想像することは、非常に容易であるだろう。それは、路面電車もバスも庶民に愛される一番身近な公共交通機関のため、当時なりのユニバーサルデザインを施したものであると想像できる。

以上のことは、日本国内のことで記させていただいたが、私がアメリカの公共交通機関の視察でカリフォルニア州サンフランシスコ市に出向いたときに見た路面電車（LRVもPCCも含む）と市内の路線バス（トロリーバスも含む）とでも、やはり共通項が非常に多かった。世の東西を問わず、路面電車とバスは従兄弟同士であることを痛感したものである。

路面電車

謎031

路面電車ならではの装備

～普通の鉄道車両にはない装置がいくつもある

１８９５年（明治28）に京都で初めて路面電車が運行を開始したとき、車両の前を「前走り」と呼ばれる少年が、日中は赤旗、夜間は赤提灯を持って、電車が接近することを知らせながら走っていた。しかし、この方法は危険なため、電車の前に大きな救助網を設置して、人と接触したさいは網に救い上げる方法に変更された。

そう、路面電車では、常に人との接触を意識しなくてはならず、大きな救助網は路面電車の特徴でもあった。

しかし、道路に自動車が増えてくると、今度は自動車との接触に注意をしなくてはならなくなった。救助網に変わり、台車部分に物体を巻き込まないように排衝器が取り付けられるようになり、さらに自動車にも見られるバンパーが前面下部を覆うようになった。

バンパーは、衝突時に衝撃力を和らげる有効な手段で、併用軌道で自動車との接触のほか、続行運行を余儀なくされる路面電車では、前後の電車との追突事故などでも、大きな威力を発揮している。

路面電車は、鉄道の原理を利用しているが、自動車とともに走るため、バスと類似した装備が見られるのも特徴で、後方確認用のミラーなども、象徴的な装備だろう。ただ、後方確認ミラーは、近年一般の鉄道でもワンマン運転が増え、ＪＲの気動車などでも見るようになった。

また、昭和30年代から、それまで乗務していた車掌が姿を消し、それに代わって降車用ブザーが設置されるようになり、現在はイベント車両を除き降車ブザーは、路面電車の必需品となっている。

降車も乗車もない電停では電車が通過することもあり、一般の鉄道では目にすることがない光景となっている。

［路面電車のミラー］

図31－１　富山地方鉄道軌道線の車両に取り付けられたミラー［K］

図31－２　都電荒川線の車両に取り付けられたミラーとカメラ［S］

図31－３　東急世田谷線の停留所に設置されたミラー［S］

謎032

路面電車と普通鉄道との車両の違い

～どうして路面電車には、ステンレスやアルミ車両が少ないのか

路面電車と路線バスの車両構成が、非常に似通っていることは別項で記述してあるが、今項目では同じ鉄道車両ということで、普通鉄道の車両と、路面電車の車両の違いを挙げてみよう。なお、製造過程の話までを含んでしまうと、非常に多岐にわたってしまうので、本項では一般的に目にすることができる、わかりやすい違いについて記させていただこう。

まずは、その大きさについてだ。新幹線などの大型車両を除けば、一般的な普通鉄道車両の大きさは、長さ17～20メートル、車体幅2・5～3・0メートル、高さ3・5～4・0メートルとなっている。

それに対して路面電車は、長さ11～15メートル、車体幅2・0～2・5メートル、高さ3・6～4メートル程度である。ちなみに、道路交通法により運転される大型バスの大きさが、長さ12メートル以下、幅2・5メートル以下、高さ3・8メートル以下となっており、路面電車の大きさと被っているところが大変興味深い。これは、同じ道路上を走るため、その大きさを合わせる必要があったからなのかもしれない。

しかし、路面電車側には、統一した大きさは存在しない。余談だが、軌道法では30メートルを超える列車長を持つ列車を、特別設計許可を得た車両以外は併用軌道上では運転してはならないため、一両単体で（連結面間を考慮し）14メートル以上の路面電車車両は、ほとんど存在しないのだ。

次に、普通鉄道の車両は、乗務員室が独立しており、そのため乗務員の業務用に乗務用扉（小扉）が装備されているが、路面電車ではその小扉の装備は一部の車両などを除き、ほとんどない。これは路面電車（というか電車自体）の黎明期、開放運転台のオープンデッキから乗客が乗降しており、やがてそのデッキが乗務員室として独立し、乗降用の側扉が直後に設置されたことで、現在のような形が確立されたものと思われる。

昭和の中ごろの普通鉄道でも、半室運転台を有する制御車があり、一部車両は、車掌側には小扉がなかった。部品の話になってしまうが、実は車輪の大きさも、鉄道用と路面電車用で相違がある。これは、片やプラットホームからの乗降が常であることに対して、路面電車は文字どおり、道路上の停留場からの乗降になるため、車高を少しでも低くして、旅客の負担を軽減するための仕組みである。現代では、バリアフリーに対応している超低床車両やLRT車両があるため、あまり問題にはならないが、古の時代に考え抜かれた手法のひとつではある。

ちなみに、普通鉄道車両用の車輪（現場ではタイヤとも呼ぶ）は、直径８６０ミリメートルが標準であり、路面電車用のそれは６６０ミリメートルとなっている。

図32－1　都電7000形の運転台。運転手はこの位置にいる。後ろの客室との間を仕切るドアは存在しない［K］

ほかにも、特徴的な違いがある。地方で1～2両で運転されるローカル線でも、電車は銀色をしているものがある。それは、その大方が大都市を走っていた大手鉄道会社の譲渡車であり、ステンレスやアルミのボディを持つために、無塗装の車体を持っているからだ。

ところが、国内の路面電車では、ステンレスやアルミを素材にした車体を持つ車両は、最新のLRVを含めて少なく、セミステンレス車体の東急世田谷線300系、アルミ合金の広島電鉄5000形くらいである。これは、ステンレスやアルミ素材の車体にした場合に、万一の事故で被害を被った場合、修復が非常に困難なためである。同様の理由で、バスや自動車でも、高級車でない限り、車体にステンレスやアルミはあまり使用していない。

路面電車も自動車も、普通鉄道の電車に比べれば、人と接触を起こす可能性が大きいからである。

これらは、目にすることができる、ほんの一例の違いに過ぎないが、路面電車の走る街にお出かけの際は、どうか、ご自分の目でその違いを発見してほしい。

図32－2　東急世田谷線300系車両。世田谷線は、現在すべてこの車両で運用されている［K］

謎033

路面電車の車両　その1（連接車）

～どうして連接車が増えたのか

この項のタイトルにある連接車とは一体どういう車両であろうか？　漢字だけを追うと、「連なって接する車両」となる。しかし、これだけでは、いまいちピンとこない方も多いだろう。

では、コラム②で「長い車体の路面電車」の話を書いたのを覚えているだろうか？　例として広島電鉄5000形「Green mover」や5000形「Green mover max」を挙げさせていただいた項である。実は、この両方の車両も連接車と呼ばれている。

先ほど、車両〝も〟と書いたのは、この車両のほかにも連接車と呼ばれる車両が多数存在するからだ。例えば、函館市交通局の9600形「らっくる号」をはじめ、富山地方鉄道の9000形CENTRAM（セントラム）、長崎電気軌道の5000形、鹿児島市交通局の7000形「ユートラムⅡ」などである。これらの車両を思い浮かべて、連接車の外観のイメージをつかんでいただきたい。

では、この連接車にはいったいどういう特徴があるのだろうか？　まず、連接車の長い車体にはコラム②でも記したように、一度に大勢を輸送できるというメリットがある。

しかし、その反面長い車体であるからこそのデメリットもある。長い車体ゆえに、格納する車庫を必然的に広くしなければならないのだ。というのも、連接車は1両ずつ分割することが難しいため、1編成単位で並べて格納する必要がある。さらに、車両のメンテナンスにかなりの手間がかかる。

では、なぜ維持、メンテナンスが大変なのに、連接車という車両は造られたのであろうか？

それは、１９９７年（平成９）以降に輸入、または国内で製造された全国の連接車のほとんどに共通してバリアフリー化が施されているということが答えである。ここで言うバリアフリー化とは、高齢者や障害者、妊婦、子供連れの母親など、すべての人にとって日常生活の中で路面電車を利用する際、障壁（バリア）となるものを除去する（フリー）ことを意味している。つまり、誰もが利用しやすい環境に対応した路面電車の新しいステージが、連接車という車両であったわけだ。さらには、軌道を管轄する国土交通省のＬＲＴ総合整備事業の後押しもあり各地に普及していった。

ＬＲＴとは、「Light Rail Transit」の略で、次世代型路面電車システムを指す。またＬＲＴ総合整備事業とは、国土交通省のＬＲＴ導入支援策で、設備費用等の一部を国、または地方自治体が負担するというもの。このバリアフリー化の施された路面電車を低床電車、超低床電車と呼ぶ。これについては次の謎034で説明しよう。

図33　３両連接車体の長崎電気軌道5000形が諏訪神社前電停付近を走る［Ｋ］

路面電車

謎034 路面電車の車両 その2（低床車、超低床車）

～乗り心地の良さを追求した車両の製造

まずは名前の由来から。名前からもわかるように床が低い。どのくらい低いかというと、レール面から約35センチ。実際どのくらいかというと、電子レンジの高さや、1リットルの紙パックで1個半くらいの高さである。

従来の路面電車の床の高さはおおよそ85センチだ。私の知るかぎり最も高かったのは、福井鉄道の600形で、地面から床までの高さが1メートル以上もある。これは、普通鉄道の名古屋市交通局1100、1200形が元の車両となっているためだ。

なぜ製造されたのか？ 先ほどの項でも述べたバリアフリー化に対応するためだ。では、なぜバリアフリー化が必要だったのか？ それは、日本が超高齢社会になったことによる。超高齢社会とは、65歳以上の人口が、全国の総人口に占める割合の21パーセントを超えた社会のこと。総務省統計局の〝「全国・年齢（5歳階級）、男女別人口」及び「（参考表）全国人口の推移」〟の表（2011年6月概算値）によると、総人口1億2795万人に対し、65歳以上の人口は2964万人と、23・1パーセントを占めている。

従来の床の高さだと、高齢者でなくても地面からの乗り降りは大変だったが、床を低くすることでこの問題を解消した。

さらにバリアフリーの観点から、車内にも工夫が施された。路面電車は、車内で運賃収受を行うため、ほとんどの車両の乗降口には運賃箱が設けられている。その横を車椅子やベビーカーで通る際も楽であるように通路幅を広くした。さらに車内の段差をなくし、ゆるやかなスロープにすることで車内の移動をよりスムーズに行えるようになった。超低床電車には車椅子線用のスペースも設けられている。路面電車を含めた日常生活がより快適になるように製造された。

その他の特徴をいくつか挙げる。従来の電車はガタンゴトン、ガタンゴトンと走っているように見えるが、低床、超低床車は地面をスーッと滑っているように見える。なぜなら、先ほど記したバリアフリーが施されており、台車（車輪のついた動力部）のほとんどがボディで覆われているため地面を滑走しているように見えるのだ。

外観に関してもうひとつ記す。車両デザインが未来的であることだ。運転士の視界を上下左右に広げられるように大きくとられたフロントガラス。車内により自然光を多く取り込み、かつ景色を楽しめるように広げられた車窓など、大きく心地良さが採り入れられている。このように随所に工夫が施され、心地良さを採り入れた演出で製造されている車両が、超低床車である。

図34　豊橋鉄道の超低床車両T1000形「ほっトラム」。豊橋駅前電停付近を走行中［K］

謎035 路面電車はどこで造られるか？

～日本で造られる主な車両製造工場はここだ

現在、日本で走っている路面電車はどこで造られているのだろうか？　答えは、ずばり工場である。しかし、ひと言で工場といっても、例えば、冷暖房の機器を造る工場、車輪を含む台車を造る工場、車内に搭載される液晶パネルを造る工場など各分野、各パーツによって多岐に渡る。

この項では、先ほど述べたようなパーツを最終的に路面電車の形に組み上げる工場、そしてその工場で組み上げられた車両を紹介しよう。

こちらでは、１９９０年以降誕生した新製形式のみ記載する。

・新潟トランシス株式会社（新潟事業所）
新潟県北蒲原郡聖籠町東港5丁目2756－3

熊本市交通局　９７００形・０８００形
岡山電気軌道　９２００形　ＭＯＭＯ
万葉線　ＭＬＲＶ１０００形「アイトラム」
富山ライトレール　０６００形「ポートラム」
富山市市内環状線　デ９０００形「セントラム」
伊予鉄道　坊っちゃん列車

・株式会社総合車両製作所（旧・東急車輛製造株式会社）（横浜製作所）
神奈川県横浜市金沢区大川3番1号

東京急行電鉄世田谷線　３００系
江ノ島電鉄　５００形

江ノ島電鉄　10形・20形・2000形
阪堺電気軌道　モ601形

・日本車輌製造株式会社（豊川製作所）
愛知県豊川市穂ノ原2丁目20番地

名古屋鉄道　800形（部分低床式路面電車）
富山地方鉄道富山軌道線　デ8000形

・近畿車輌株式会社（車両事業本部）
大阪府東大阪市稲田上町2丁目2番46号

広島電鉄　5100形「グリーンムーバーマックス」・1000形「PICCOLO（ピッコロ）」「PICCOLA（ピッコラ）」
※以上、すべて「JTRAM」シリーズ

・アルナ車両株式会社（阪急電鉄株式会社正雀工場内）
大阪府摂津市阪急正雀1番2号

東京都交通局都電荒川線　8500形・8800形・9000形

鹿児島市交通局　1000形*ユートラム・7000形*「ユートラムⅡ」・9500形・9700形
伊予鉄道　モハ2100形*
土佐電気鉄道　100形*「ハートラム」・2000形
長崎電気軌道　3000形*・5000形*・1500形・1700形・1800形
函館市交通局　9600形*・2000形・3000形
豊橋鉄道東田本線　T1000形*「ほっトラム」
札幌市交通局　3300形
富山地方鉄道富山軌道線　T100形*「サントラム」
広島電鉄　3900形・3950形・5000形「グリーンムーバー」
熊本市交通局　9200形
＊超低床路面電車「リトルダンサー」シリーズ

図35　旧東急車輛で製造された阪堺モ701形709号車を陸送する風景。（国道１号、静岡県島田市付近）［K］

・川崎重工業株式会社（車両カンパニー兵庫工場）
兵庫県神戸市兵庫区和田山通2丁目1番18号

京阪電気鉄道大津線　８００系

・武庫川車輛工業株式会社　　２００2年（平成14）解散

京福電気鉄道　モボ２１形・モボ６１１形・モボ６２１形・モボ６３１形・モボ２００１形

・ＪＲ九州鹿児島車両所　　鹿児島県鹿児島市上荒田町39

鹿児島市交通局　２１１０形・２１２０形・２１３０形・２１４０形

・自社または自局工場

札幌市交通局　雪10形
京阪電気鉄道大津線　７００系

以上が主な工場と、組み上げられた車両である。

表35　路面電車の車輌製造工場名一覧

車両製造工場名	略称
雨宮製作所	雨　宮
アルナ工機	アルナ
アルナ車両	アル車
宇都宮車両	宇都宮
梅鉢鉄工所	梅　鉢
大阪車輌工業	大阪車
大阪鉄工所	大阪鉄
川崎車輌	川　車
川崎重工業	川　重
川崎造船所	川　船
汽車製造会社	汽　車
木南車輌	木　南
九州車輌	九　州
近畿車両	近　車
国鉄五稜郭車両所	五稜郭
札幌交通機械	札交機
札幌綜合鉄工協同組合	札鉄協
JR九州鹿児島車両所	JR 鹿
新木南車輌	新木南
田中車輌	田　中
帝国車輌	帝　国
東急車輌製造	東　急
東京瓦斯電気工業	瓦斯電
東洋工機	東洋工
東洋車輌	東洋車
東洋電機製造	東洋電
東横車輌	東 横

車両製造工場名	略称
ナニワ工機	ナニワ
新潟鐵工所	新潟鉄
新潟トランシス	新潟ト
日本車輌製造	日　車
函館水電	水　電
函館どつく	ドック
服部製作所	服　部
日立製作所	日　立
広瀬車輌	広　瀬
深川製作所	深　川
富士車輌	富　士
藤永田造船所	藤永田
三菱重工業	三菱重
武庫川車輌	武庫川
自社または自局工場	自社／自局

〔海外〕

車両製造工場名	略称
ADトランツ	
エスリンゲン機械工場	
シーメンス	
ジンマリング・グラーツ・パオカー	SGP
ストレンメン	
デュヴァーク	DUE
ボンバルディア	BOM
リスボン・カリス	CCFL

路面電車

謎036 古い車両の多い路面電車の謎

～なぜ古い車両が大事にされて今も走っているのか

路面電車に乗ると、床が木造の一昔前の電車に出合うことがある。それゆえ路面電車には古い車両が多いと思われる人も多いだろう。実際、今でも古い車両を使用している路線が多くあるのは事実で、戦前生まれの車両が現役として活躍している路線も見られる。

現在最も古い車両は、長崎電気軌道の160形で、1911年（明治44）製造なので、100年以上経っていることになる。ダブルルーフの屋根や木造の床など明治時代の面影がよく残った電車だが、さすがに通常の運転には使われず、イベント時などで年に数回運転されるのみだが、現在日本で動く電車の最古参となっている。

通常の営業運転で一番古い電車は、阪堺電気軌道の161形で、1928年（昭和3）に製造されて以来、改造や修繕はされているものの、今でも第一線で活躍しているのは驚かされる。このほか、京福、豊橋、広島などに戦前生まれの車両が残るが、その数は少なく、通常は運転されていない車両が多い。

現在現役で活躍する古い車両は、昭和20～30年代に誕生した車両が主体で、修繕や手直しを受けながらも、多くの路線でその姿を見ることができる。では、この時代の車両が今でも多いのは、なぜだろう？

それは、太平洋戦争が一因となっているようだ。1941年（昭和16）、日本は太平洋戦争に突入し、1945年（昭和20）に終戦を迎えた。その間戦闘は激化し、空襲で日本の主要都市は大きな打撃を受けてしまった。主要都市で運転されていた路面電車も、多くの路線や車両に大きな損害が出てしまったのは言うまでもない。戦後の復興に着手しても、すぐには新しい電車を製造するには至らず、わずかに残った車両で戦後輸送をまかなわなくてはならなかった。

なんとか日本経済や工場などの復興が進みだすと、大きな被災で車両を失った鉄道会社は、続々と新車の投入を開始した。1948年（昭和23）には、現在も活躍する函館市電500形や広島電鉄に残る元西日本鉄道の600形などが登場し、1950年以降は各地で路面電車の新製が続いた。

ようやく車両数が落ち着きを見せた矢先、今度は路面電車自体の廃止が相次ぎ、比較的状態の良い車両は、他社の鉄道に売却され第2の職場が与えられるようになった。

このため、1950年代から1960年代にかけて造られた車両が今でも多く、日本各地で活躍を続けている。もちろん古い車両の置き換えは毎年どこかの鉄道で行われている。しかし、一時期に大量に製造されたこともあり、その置き換えにはまだ時間が要するようだ。

図36　浜口町電停付近を走る1911年（明治44）製造の長崎電気軌道160形。100年以上も走っていることになる［K］

謎037

強力なブレーキの謎

～ブレーキは進化している

ブレーキは、鉄道車両にとって命とも言える。緊急時に1秒でも早く停車することで、事故を防ぐことができるからだ。特に、路面電車は、人や車のすれすれを走ることが多く、緊急時の停車は急務となっている。

その路面電車で主に使用されているのが、直通ブレーキという方式で、元空気タンクの圧縮空気を運転台のブレーキ弁で調整して、直接ブレーキシリンダーに送り込む方式だ。システムも簡単で、応答が早く確実だが、編成が長くなると後部車両への伝達にタイムラグが生じることがある。そのような場合は、電磁弁回路を併設し後部車両のブレーキシリンダへ空気の出入りを素早くした「電磁直通ブレーキ」を使用している。

日本の路面電車の場合、1両での運転しか行わないケースが多いため、今でもこの直通ブレーキを採用している車両が多く、急な人や車の飛び出しでも、素早いブレーキ力を保てるのだ。

直通ブレーキに変わり、近年採用されたのが「電気指令ブレーキ」で、モーターを使って電気的にブレーキを発生する仕組みで、抵抗器の熱を利用してブレーキを発生させる「発電ブレーキ」や、モーターの電力を架線に戻し、他の車両で消費することでブレーキを得る「回生ブレーキ」などの方式もある。

ただ、電気ブレーキは速度が低くなると電圧が下がり、ブレーキ力が弱まることから、停止直前で空気ブレーキに切り替える方式の車両もあるが、インバーター制御車では、停止直前までブレーキ力が維持され、空気ブレーキに切り替えない車両が増えてきた。

2002年（平成14）1月に登場した鹿児島交通局

図37　車輪に制輪子を押し当てて電車を止める。都電7000形のブレーキ［K］

の1000形ユートラムは、通常回生ブレーキと発電ブレーキを使用しているが、非常時に対応できる電動ばねブレーキ装置（応荷重装置・保安ブレーキ装置付き電気指令式機会ブレーキ）が世界で初めて採用された。

電動ばねブレーキとは、1車輪に1台設置されているばねエネルギーによりブレーキをかける仕組みで、各車輪に独立して制御が可能なため、停電などの異常発生時に安定したブレーキをかけ停止することができる仕組みだ。

現在では、この電動ばねブレーキシステムを採用している車両も多く、鹿児島交通局1000・7000形、長崎電気軌道3000形などで見られる。

路面電車

謎038 さまざまな集電装置の謎

～パンタグラフより以前は、どんな装置だったのだろうか

「電車」――正式には電動客車という。名前が示すとおり、それは、電気で動く鉄道車両であることは容易にわかるであろう。さて、ではその電気をどこからどのように取り入れているのだろう?

もっとも、今時こんな簡単な質問は、小学校高学年のお子さんでも、明白にお答えになることだろう。電気は、電車線（架線・がせん）から電車のモーターをとおり、線路に流される。線路へは、車輪を通じて流される。では、架線から電車への供給は何を使っているのだろうか?

現在の電車は、そのほとんどが「パンタグラフ」を使用している。また、路面電車にあっても、「パンタグラフ」や「Zパンタ」、「シングルアームパンタ」が主流だ。それでは、日本で最初に営業運転をした電車はどうだったのか?

はるか昔に、時をさかのぼってみよう。１８９５年（明治28）、京都電気鉄道が使用した電車の集電装置は、「電棍《でんこん》」とも呼ばれた「トロリーポール」であった。これは、木材などで作ったポールの先に滑車を取り付け、その滑車と電車線が接触し、給電を受ける方式である。この方式は、構造が単純で工作性には富んでいるが、離線が多いことや、終点でエンド交換をした際に、ポールの方向も変えなくてはならないなどの欠点も多くあった。そのため、先端の滑車を擦り板方式にしたり、ポールを軽量化したりと改良が行われたが、残念ながらわが国では、１９７８年（昭和53）に、当時の京福電気鉄道を最後に、公共交通としての鉄道線では、使用が終了してしまっている。

現在、「トロリーポール」式の集電を見ようと思ったら、無軌条電車である「立山黒部貫光線」と「関電トンネル線」しか存在しない。愛知県の「博物館明治村」では、京都市電の保存車両が走っている。

さて、そんな「トロリーポール」の次に使用され始めたのが、1902年（明治35）に走り出した神奈川県の江之島電氣鉄道（現・江ノ島電鉄）で採用された「ビューゲル」である。諸説あるのだが、「トロリーポール」は、アメリカで発明されたといわれている。そしてこの「ビューゲル」はドイツで考案され、当時日本へは、独のシーメンス&ハルスケ社が、発電所なども含んだ「電気鉄道一式」として売り込み、その国内第一号が江之島電気鉄道だったといわれている。余談だが、ドイツからの「輸入電気鉄道一式」を記念して、ドイツ連邦共和国から江ノ島電鉄に記念植樹がされており、それは江ノ島駅構内の花壇で、現在（2013年2月）も、確認することができるので必見だ。

ところで、この「ビューゲル」だが、終点でエンド交換をして、ビューゲルの方向を変えるのは、電車を動かして電車線をたわませて行うため、電車線の張力や、離線の際のアークでの集電舟部や、トロリーへの損傷など、色々な不都合があったようで、江之島電氣鉄道では明治の終わりから大正の初めにかけて「トロリーポール」に付け替えられているのが興味深い。

「ビューゲル」のころからは、多種多様な集電装置が発明された。「ビューゲル」の亜種である「Yゲル」（ビューゲルの集電舟部がY状になっている）や、おなじみの「パンタグラフ」。そしてその亜種の「Zパンタ」や「シングルアームパンタグラフ」などである。

ところで、路面電車の集電装置として非常に特徴的な面白い？　ものとして、「石津式」というものがある。別名「岡電式」などともよばれるこのパンタグラフは、岡山電気軌道の社長であった石津氏が考案したもので、簡単に説明すると、パンタの上昇力にバネや空気圧の力を借りずに、錘を使い、自然の力を利用して上昇させ、電車線との接触圧を保つという仕掛けで、まさに職人気質の岡山電気軌道発の発想だと、筆者は非常に感心し尊敬している。

路面電車

謎039

水や砂を撒くのはなぜ？

～摩擦を減らしたり、摩擦を増やす工夫

「空転しているから砂を撒け」。こんな言葉を聞いたことがあるだろう。鉄道は2本のレールの上を車輪が走る仕組みで、2つの物体には常に摩擦という力が発生している。鉄のレールと鉄の車輪とでは転がり抵抗が少なく、平坦な場所では、一定のスピードを保って長く走行することができるが、それに反して滑りやすい性質も持っている。そのため、ゴムのタイヤが路面に密着する自動車よりも、粘着力が低く、自動車が登れる程度の坂道でも鉄道は登れなくなってしまう。

粘着力とは、レールと車輪の接地面に対して働く力で、坂道を登るときはこの粘着力が低下し、車輪が空回りする空転現象を起こす場合がある。そのような時は、レールと車輪の間に砂を撒き、粘着力を増やして空転を回避する対策がとられる。

電車の台車には、車輪の先端に砂撒き管が設置されており、運転席からの操作で砂が撒布される仕組みで、これにより空転を防止し、坂道を登っていくことができるのだ。

その反対に坂道を下る際も、スピードが上がらないように、粘着力を増やして滑走を防ぐために砂を撒く場合がある。路面電車などではあまり使用しないが、機関車の牽く貨物列車などでは、後ろの貨車から1000トン以上の荷重で押されるケースも多く、ブレーキ力を

図39－１　車輪近くに設置した砂撒き管から、空転防止用の砂を出す［K］

図39－2　鹿児島市交通局が所有している、500形512号散水電車［K］

維持するため、砂で粘着力を保つこともある。

このように、砂を撒くことでレールと車輪の接地面の粘着力を維持する方法が昔からとられて来たが、最近では、砂に代わりセラミックス剤が有効とされ、これを撒布する会社も増えてきた。

なお、空転は勾配区間に限らず、雨や雪、落ち葉等でも発生するため、平坦な区間でも砂が撒布されることがある。

さて、空転は列車運行に支障をきたすため、空転防止対策を事前に行う会社もある。ひとつの方法として、線路に水を撒くことだ。線路に散水しては、粘着力が弱まり滑りやすくなるため反する行為のように思われるだろう。

この散水は、線路上の滑る原因となる物質を取り除くのが目的で、特に秋から冬にかけては、落ち葉の油分で滑りやすくなるため、台車先端の散水管で水を撒布し、レール上の油分を洗い流すわけだ。

滑る性質を有効に活用した鉄道は、粘着力がある限り安全で有効な交通機関と言える。

路面電車

謎040

電車ではない路面電車の謎

~電気で走るわけではないのに〝電車〟と呼ばれる

路面電車と名乗っているのに、電車ではない路面電車が存在する。一見不可思議に感じると思うが、その答えは、愛媛県にある。松山市を中心に走る伊予鉄道（通称・伊予鉄、いよてつ）の市内電車は、ここでしか乗車することができない貴重な路面電車が存在するのだ。それはなんと、ディーゼル動車だ。

そう、通常の電気で走る路面電車とは異なり、ディーゼルを動力に走る路面電車「坊っちゃん列車」があるのだ。現在の「坊っちゃん列車」は、１８８８年（明治21）から、67年間活躍した蒸気機関車をモデルとして復元され、２００１年（平成13）10月12日に、運行が開始された（一般営業開始は10月13日から）。

名前の由来は、「坊っちゃん」の作中に「停車場はすぐ知れた。切符も訳なく買った。乗り込んでみるとマッチ箱のような汽車だ。」とあるように、主人公の坊っちゃんが赴任先の松山の中学校を訪れる際、この蒸気機関車に乗ったことから、そう呼ばれるようになった。

運行形態は、２区間で「道後温泉－大街道《おおかいどう》－松山市駅前」間、「道後温泉－松山駅前－古町《こまち》」間を結ぶ。

大街道でも乗降できるほか、南堀端、上一万で降車することもできる。では、坊っちゃん列車に乗るにはどうしたらよいか？　坊っちゃん列車は、一年をとおして走っているが、ゴールデンウィーク期間の多客期は、土日祝日ダイヤに増便される場合もある。車両点検日は運休となるため、あらかじめ、いよてつの公式ホームページなどでご確認のうえ、お出掛けいただきたい。

さて、現在は存在しないが、実はいよてつ以外にも、ディーゼル動車の路面電車は存在した。それは、いよいよとは打って変わり、北の極寒地を走る札幌市交通局の市内電車である。札幌市交通局が、１９５８年（昭和33）に使いはじめた車両だ。

登場当時、貧困であった札幌市電は、一部の路線が電化されておらず、レールだけが敷かれていた後発市街地だった。この市内の北部を走るため、外見は路面電車風の車両でありながら、ディーゼルエンジンで駆動する路面電車が誕生したのである。

実際、屋根上にはパンタグラフが存在しない。しかし、車内は完全な路面電車であったという。しかも、当時としては最新式の、今流行の低床式のデザインだったというから面白い。この路面電車のことを、札幌市交通局では「内燃動車」と称していた。１９６４年（昭和39）まで16両が造られ活躍したが、１９６７年（昭和42）になると、この路線に「麻生布変電所」が完成し、急速に出番が少なくなった。そして次々に、ディーゼルエンジンを電気モーターに換装する改造工事が行われ、路面電車になっていったのだ。

最終的に、４両だけは改造されずに廃車された。なお、「低床式内燃動車」は、日本で唯一のものらしいから、今も残しておけば、大層貴重な車両であったことに違いない。先人達が残した貴重な歴史資料を拝見するたびに、古いものを残すということが大切であるという教えは、偉大だと思わずにはいられない。

図40　伊予鉄道の「坊っちゃん列車」。多客期は、客車２両を牽くこともある（松山市駅前）［K］

路面電車

謎041

事業用車両の謎

~雪かき車や水撒き車などたくさん存在する

北は北海道から南は九州まで走る路面電車だが、地域により気象風土が異なるため、その土地特有の事業用車両が存在する。

北海道の札幌市交通局と函館市企業局には、冬季の降雪期に活躍する除雪車が在籍しており、車両前面に取り付けられた竹製のブルームを回転させて雪を跳ね飛ばす。この竹を合わせた構造は、明治時代の台所用品である、たわしとして使われていた「ささら」に似ていることから別名「ササラ電車」とも呼ばれている。

このササラ電車は、札幌市交通局に雪1~3と雪11の4両が、函館市企業局に排3・4の2両が在籍しており、降雪時は全線で運行され、線路上の雪を排除して運行を維持している。この除雪作業は主に終電後が主体だが、大雪の日などは日中も全線で運転され、目にする機会も多い。

除雪車は、北海道以外でも、富山県にある万葉線で見ることができる。万葉線はこれまでデ5022号の前面にラッセルヘッドを取り付けた除雪車が活躍していたが、老朽化により2012年（平成24）4月に、新しい除雪車6000形が登場した。この車両、外観は凸型電気機関車のようなスタイルを持ちパンタグラフも装備しているが、実際の動力は内燃方式で、ボンネット内にはディーゼルエンジンを搭載している。パンタグラフは架線に取り付けられている信号用のトロリーコンダクターを制御するためのもので通電はしていない。このユニークな6000形は、主に米島口《よねじまぐち》－越ノ潟《こしのかた》間の新設軌道区間や鉄道線区間で使用が予定されている。

一方、鹿児島県の鹿児島市交通局には、「散水車」と「芝刈り電車」という変わった車両が在籍する。この電車の役割は、名前のごとく線路に水を撒いたり、芝を刈ったりする車両だが、なぜこのような車両が必要かというと、2006年（平成18）より実施している併用軌道区間の芝生緑化事業の進展で、軌道内の芝を刈る作業が必要となり、人件費の削減等を考慮して、このような車両が登場した。

構造は、基本となる「散水車」500型512号の車内に6000リットルの水タンクを設置、前面下部にはシャワーパイプを取り付け、散水設備を持たせた。「芝刈り電車」は、芝刈り装置と刈った芝を吸引する吸引装置を持った特殊な台車で、これを「散水電車」が牽引する形で運転が行われる。芝刈り用の台車は機械として扱われ、車籍はなく、一般に散水車が芝刈り台車を牽引することを、「芝刈り電車」と呼んでいる。

なお、この散水車は、単独での運転も行われ、軌道芝生への散水のほか、鹿児島のシンボルでもある桜島の降灰除去にも威力を発揮している。

このほか、京都の京福電気鉄道には、モト1001形電動無蓋貨車が在籍し、保線作業時のレールや機械搬送、緊急時の救援車両として運転されている。

また、記念行事等でよく見られる花電車も、通常は乗客を乗せない事業用車両として扱われ、現在、函館市企業局に装飾車、東京都交通局に花100形、広島電鉄に貨50形、土佐電気鉄道に貨1形、熊本市交通局に50形、鹿児島市交通局に20形、などが在籍し、年に数回花電車として人々の注目を集めている。

図41　函館市企業局の「ササラ電車」［K］

謎042

変わり種の路面電車 その1

～普通鉄道と路面電車とを直通する車両

本書では、鉄道事業法に基づき運行している普通鉄道と、軌道法に基づいて運行する路面電車の特徴、その違いなどを紹介してきた。

法律が違うため、仕様がいろいろと異なるが、実は、この普通鉄道と路面電車双方を直通して運行する車両があるのをご存じだろうか?

その車両とは、広島電鉄、富山ライトレール、福井鉄道、伊予鉄道、万葉線、および例外として筑豊電気鉄道に存在する。まず、一番わかりやすく代表的なのが、広島電鉄。広島県を走る広島電鉄は、普通鉄道線の宮島線16・1キロ、軌道線の市内線19・0キロの計35・1キロからなる。あらましは、第2章をご覧いただきたい。

さて、直通電車は主に、広島駅発の宮島口直通電車、その逆、宮島口発の広島駅直通電車が、日中約9分間隔であり、ほかにも商工センター前始発、広電廿日市《ひろでんはつかいち》、JA広島病院前始発などがある。

では、どのような車両が、普通鉄道と路面電車とを直通運転しているのかをご紹介しよう。直通運転に使用される車両は、すべて連接車である。３連接車39編成、５連接車22編成の合計61編成（２０１２年８月１日現在）が充当される。現在営業運転に運用される連接車は、３０００形、３１００形、３５００形、３７００形、３８００形、３９００形、３９５０形、５０００形、５１００形だ。

現在その中で、ほとんどの車両が、市内線、宮島線の直通運転の許可を受け、直通運転しているが、３０００形は市内線のみ、３５００形は、宮島線のみの運転となっている。直通運転する車両はすべて、単車と比べて、2倍近く輸送力の多い連接車であるほかに、最高運転速度が、軌道法の40キロに対して、20キロも早い60キロ、設計最高速度はなんと、80キロとなっている。市内線では、ゆったりほのぼのと走っている路面電車が、宮島線に入ると、急に高速になるのは必見だ。途中、JRの山陽本線と平行して走るのも不思議な感覚で、とても面白い。

ほかの事業者も紹介しよう。富山県富山市を走る富山ライトレールの、奥田中学校前駅－岩瀬浜駅間6・5キロは、西日本旅客鉄道（JR西日本）の富山港線から引き継いだ区間のため普通鉄道線となっており、軌道線の富山駅北駅－奥田中学校前駅間1・1キロとの間を、路面電車タイプの車両が直通運転をしている。

また、富山県高岡市・射水《いみず》市を走る万葉線の新湊《しんみなと》港《こう》線は、路面電車タイプの車両が高岡軌道線と直通運転を行っている。

福井県越前市・福井市を走る福井鉄道福武線は、越《えち》前武生《ぜんたけふ》駅－赤十字前駅間の鉄道線でも、ホームの切り下げと車両の路面電車化を開始し、軌道線と直通運転している。

続いて、愛媛県松山市内を走る伊予鉄道城北線では、路面電車タイプの車両が、軌道線と直通運転を行っており、「松山市内線」と総称されている。

最後に、例外となるのが、福岡県の北九州市・中間《なかま》市・直方《のおがた》市を走る普通鉄道の筑豊電気鉄道筑豊電気鉄道線である。筑豊電気鉄道は、もともと西鉄北九州線（2000年に全廃）と、直通運転を行っていた。こちらの内容は、謎028に詳細を記しているのでご覧いただきたい。歴史をさかのぼると、西鉄の車両を借り入れて運行をしていた経緯があるため、路面電車タイプの車両による運行となっている。

以上、今回の項では、変わり種の路面電車として、普通鉄道と路面電車とを直通する車両を取りあげた。どの車両も、非常に興味深く面白い。皆さんにも実際にご乗車いただき、ぜひとも体験してほしいと思う。

謎043 変わり種の路面電車 その2

～路面電車にも2階建ての車両があった!!

2階建て車両というと、東北新幹線のE4系やJR東日本の215系、そしてE217・231・233・531系のグリーン車などを思い浮かべるだろう。2階席からは普段とは違った目線で景色が見られ、新鮮な気分で鉄道の旅を楽しませてくれる車両だ。

路面電車の世界でも、2階建てのロンドンバスで有名な英国各地の路面電車に、早い時期から2階建て路面電車が採用されており、英国領だった香港も、1904年のトラム開業時から現在まで2階建て車両により運行されている。

日本も明治時代の1904年（明治37）に大阪市電に2階建て車両が在籍し、花園橋（現在の大阪市西区）と築港（現在の大阪港）の間で運転されていた。車両の屋根部分にテントの付いたデッキを設け、長いすを置いたような簡素な造りだったが、日本初の2階建て車両は、108年も前の大阪ですでに誕生していたのだ。

大阪市電の開業は1903年（明治36）で、翌年にはこの2階建て車両が登場している。当時の市電関係者が、すでに路面電車が運行されていた東京や京都にない車両を導入したいということで、英国の2階建て路面電車に目をつけ、誕生したと言われている。

この2階建て電車は、当時大阪港への釣り客の利用が多く、2階に上れば長い釣竿が一般客に邪魔にならないことから、別名「魚釣り電車」というニックネームで親しまれていた。釣り客に人気の車両だったが、どういうわけか1911年（明治44）には早々に引退してしまい、その後は路面電車の2階建て車両は登場することはなかった。

この2階建て車両は、当時すべて廃車になってしまったが、1953年（昭和28）の市電創業50周年を記念して、1923年（大正12）製の720号車を改造して復元し、再び大阪の町を走る姿が見られた。大阪市電は1969年（昭和44）に全廃されたが、この復元「魚釣り電車」をはじめ、何両かの車両が市電保存館で保存展示されている。

ちなみに、その後鉄道車両に2階建て車両が登場するのは、1958年（昭和33）の近鉄10000系ビスタカーで、2階建て車両発祥の地である大阪から、再び2階建て車両が誕生するのは、「何か新しいことを」という大阪人気質を見る思いがする。

図43　大阪市電保存館に保存されている５号車（魚釣り電車）
［写真提供：大阪市交通局］

謎044

各地を移動する路面電車

～譲渡される車両が意外に多い

大手鉄道事業者で走っていた車両が引退し、その後、地方のローカル線や遠くでは外国で第2の人生（車生？）を送るということは、よくある事例である。旅先で見覚えのある車両に偶然出合ったり、海外出張の異国の地での思いがけない再会などを経験した人がいるかもしれない。路面電車でもこのような事例は多く、会社間での車両の譲渡は条件（車体の寸法や、車両の状態など）が合えば、簡単に行われてきた。

また、車両によっては、一度のみならず複数回の譲受を経験した車両たちも多い。「各地を移動する路面電車」とは、まさにこのことである。この項では、そういった例を挙げてご紹介する。

路面電車では、120円均一という日本一安い運賃を採用している九州の長崎電気軌道がある。同社の150形という電車は、ここ長崎が第3の勤務地になっている。この150形、生まれは、1925年（大正14）に東京の王子電気軌道（現・都電荒川線）で走り出した高床式のボギー車400形（401～410号）で、10両が新製され活躍した。それまで王子電気軌道の中心的電車だった4軸単車と比較するとかなり大きな車体であったが、一般の路面電車の中では中型ボギー車の部類であった。

1942年（昭和17）に戦争の影響により、電力統制と交通統制が敷かれ王子電気軌道は、東京市（現・東京都）に統合され、これら400形も、10両すべてが東京市電車100形と名前を変え（101～110号として）、市民の大事な足として走っていた。東京市部への空襲が激しくなる中、100形は7両を空襲で焼失し、残った3両のうちの1両も３２１３号への部品供出で廃車となり、１００形は2両を残すのみとなった。戦後、木造単車の代替として、１００形を大型車に置き換えたため、神奈川県の箱根登山鉄道に譲渡した。

箱根登山鉄道では１９５２年（昭和27）から、小田原市内線（小田原－箱根板橋、現在は廃止）用のモハ20形（モハ２０１・２０２）として運転されていた。小田原市内線には、元東京急行電鉄玉川線のデハ20形を譲り受けたモハ20形（デハ２０３〜２０５）もあり、同じ形式ながら出自が異なる特異な電車であった。

小田原市内の国道1号線道路改修計画に伴い、この小田原市内線は１９５６年（昭和31）5月末日にバス代替をもって廃止されたため、モハ20形は5両とも長崎電気軌道に譲渡された。長崎電気軌道では、１５０形（１５１〜１５５号）と名前を変え、さらに当時の長崎電気軌道の標準寸法に切り詰め、木造車体を鋼板張り車体に改造し、集電装置など全般的に長崎電気軌道の標準的な電車に似せた改造が加えられた。当初は、高床式のまま運転されていたが、１９７３年（昭和48）に熊本市交通局から低床式台車を購入し交換。床下げと2段ステップ化で、路面からの乗降のしやすい電車となった。

しかし、他車がワンマン化される中、老朽化と新製車両の入線などの関係でツーマンカーとしてラッシュ時のみの活躍だけとなり、やがて廃車されていく。最後まで残った１５１号は現在は定期運用こそされていないが、１９８８年（昭和63）に元に在籍した箱根登山鉄道の旧塗装色（スカイブルーに山吹色）と内装の復元が行われ、動態保存という形で、イベント列車や貸切列車、砂撒きの事業用などで元気に活躍、現役を保ち続けている。

太平洋を隔てて、アメリカ合衆国カリフォルニア州にサンフランシスコ（以下、ＳＦ）という世界的に有名な観光都市がある。このＳＦには、有名なケーブルカーをはじめ、アメリカが発祥のＬＲＴ（＝Light Rail Transit）、地下と高架を高速で走るＢＡＲＴ《バート》（＝Bay Area Rapid Transit）、通常のエンジンで走るバス

図44　サンフランシスコ・Fラインにて取材中の筆者［S］

が走っているし、日本では無軌条電車と呼ばれるトロリーバス、近郊都市からの通勤通学を担うCaltrain、そして路面電車、というように公共交通のてんこ盛りのような面々が勢ぞろいしている。その中で、路面電車（Fラインと呼ばれている）には、都電の５５００形の原型ともなった１９４０年代製造のＰＣＣカーや、戦前派のイタリアの路面電車やオーストラリアの路面電車など、いずれもかなりの年代物の電車が非常に良いコンディションで常時運転されている。

その中に、５７８号車という、他の電車に比べるとやや小ぶりで端正な顔立ちの電車がある。現在は、機器不調のため車庫（バルボアパーク）で修理待ち状態ではあるが、車籍もあり現役ではある（２０１２年３月現在）。これこそが、元・神戸市交通局（神戸市電）５００形電車である。

この５００形、１９２８年（昭和3）に製造され、戦争で被災消失した車両もあったが、神戸の品の良い街を１９７１年（昭和46）まで元気に走っていた。その後、神戸市電が廃止されると、２５０キロほど離れた、路面電車王国と呼び名のある広島電鉄に譲渡されたのである。

広島電鉄では、５７０形と名前を変え、平和の街「広島」を被爆電車（６５０形）ともども、市民の大切な足として運転されていた。広電５７８号は、１９８５年（昭和60）に引退し翌年、太平洋を越えてアメリカに渡った。海外で余生を送る鉄道車両は多い。今後も活躍してくれることを願ってやまない。

路面電車

謎045 車両のメンテナンスの謎

～定期検査が定められている

車に車検があるように鉄道車両にもメンテナンスがある。鉄道車両の検査については、国土交通省令の「鉄道に関する技術上の基準を定める省令」第九十条（施設及び車両の定期検査）に次のように規定されている。

> （施設及び車両の定期検査）
>
> 第九十条　施設及び車両の定期検査は、その種類、構造その他使用の状況に応じ、検査の周期、対象とする部位及び方法を定めて行わなければならない。
>
> ２　前項の定期検査に関する事項は、国土交通大臣が告示で定めたときは、これに従って行わなければならない。

その告示も定められており、大きく分けて、状態・機能検査、重要部検査、全般検査などがある。これらの車両の定期検査をするために、鉄道会社は車両基地や検修所（自動車でいう車検整備場）などを設けており、営業終了後の夜間などに車両を停泊しておく留置線などと併設することが一般的である。

鉄道車両の製造された年代や機器の種類によって保守の方法が異なるため、各事業者ごとに若干の違いはあるが、今回は都電荒川線を例に出して、車両のメンテナンス方法を紹介しよう。

まず、荒川線の車両メンテナンスの方法は、車両検査、月検査、重要部検査、全般検査と大きく4種類に分かれており、ほかに、交番検査や臨時検査などがある。定期検査以外に、大きな改造や修繕などが施された際、臨時検査などが行われるのだ。

車両検査は、3日に一回のペースで実施されている。内容は主に、外部から車両の調子を検査、標識灯や、集電装置のスリ板の検査(架線との接触で摩耗するため)、ブレーキ装置の検査などを行う。

月検査は、おおよそ3か月に一回のペースで実施される。主電動機、制御装置、補助電源装置、ブレーキ装置など、車両の主要部分の状態や機能についての検査が行われる。

3年に一回ほどで行われる重要部検査は、大がかりな分解検査だ。走行装置、主電動機、ブレーキ装置のほかに、重要な装置となる主要部分の定期検査が行われる。その際、車体と台車とをリフトで分割し、車体は、仮の台車を履いた状態で検査される。集電装置、制御装置、補助電源装置、戸閉装置、計器類、合図灯、蓄電池などをいったん取り外した状態で分解し、検査を進める。台車は、各部の状態や機能を点検するため、主電動機、輪軸、台車枠を外した状態で作業を行っている。

図45　荒川車両検修所の検修風景［K］

最後に、6年に一回行われるのが全般検査である。車両の検査の中で、一番時間やコストのかかる大きな検査だ。車両に搭載されている機器を取り外して分解検査をし、車両全般の細部まで徹底的に検査をする。

第4章 路面電車の運転の不思議

マスコンハンドルを動かす運転手［K］

謎046

路面電車の運転の特徴

～最高速度と平均速度が決められている

路面電車は、一般の鉄道とは異なり軌道法という法律において運転が定められている。車両の運転に関しては、軌道運転規則の「第3章運転」に「第1節車両の運転」の項があり、その中の第53条に「車両の最高及び平均速度」が記されている。

それによると、「車両の運転速度は、動力制動機を備えたものにあっては、最高速度は40キロメートル以下、平均速度は30キロメートル以下とし、その他のものにあっては、最高速度は25キロメートル以下、平均速度は16キロメートル以下とする」と明記されている。

最高速度の基準は、通常の鉄道なら、前後の列車との距離を一定に保ち、追突を回避するため、鉄道信号が設置され閉塞区間が設けられるが、複線の路面電車ならこの閉塞を省略して、目視による運転が認められている。そのため、緊急時にも停車できる最高速度40キロメートルが決められたのだ。この規則は、専用軌道のような車との接触の心配がないような区間においても適応される。

最高速度については、各種運転方法によっても細かく定義されており、次のような運転の際も最高速度が決められている。

・車両の最前部の運転室以外の運転室で操縦する場合の運転速度は、15キロメートル以下とする。
・退行運転をする場合の運転速度は、15キロメートル以下とする。
・入換運転をする場合の運転速度は、15キロメートル以下とする。
・鎖錠されていない転てつ機を対向して通過する場

合の運転速度は、15キロメートル以下。
・車両がほかの車両に追従する場合であって、先行車両との距離が100メートル以下になった場合の運転速度は、15キロメートル以下とする。

閉塞区間を設けた単線区間においても、最高速度はこの規則を守らなければならないため、所要時間短縮やスピードアップがなかなか行えないのが実情となっている。

2006年（平成18）にJR西日本の富山港線を移管し、富山駅周辺を路面電車として開業した第三セクターの富山ライトレールは、新設の富山駅北−奥田中学校前間を軌道事業、奥田中学校−岩瀬浜間を第一種鉄道事業とした。軌道区間は最高速度40キロメートルだが、第一種鉄道事業区間では最高速度60キロメートルでの運転を行えるため、郊外からの通勤客も速達性の高い鉄道として好評を得ている。

このような、軌道線と鉄道線を使い分けて、中心部は路面電車で細やかなサービスを行い、郊外は都市部への乗客を短時間で運ぶ方式は、広島電鉄の市内線と宮島線との直通運転などに見られる。

軌道と鉄道の使いやすい部分を取り入れることで、時間短縮も可能となってくるが、鉄道線の規則による保安設備（ATS等）の設置など、設備投資に費用がかかるため、簡単に鉄道線への変更は難しいようだ。

謎047

運転時刻の謎

~ダイヤグラムは存在するのか

路面電車の電停に掲示されている時刻表には、「この間3~5分間隔で運転」と記されていることをよく見かける。繁雑にやってくる山手線ですら、丁寧に時刻が表示されているのを見ると、路面電車は乗客に合わせて適当に運転しているかのように思えてしまうが、ちゃんとダイヤグラムが存在し、一日の運転本数も決められている。

　ではなぜ時刻が表示されていないのかというと、路面電車は自動車と一緒に走る併用軌道があるため、交差点の信号のタイミングや交通渋滞による影響を受けやすい。そのため、時刻を表示しても1~2分遅れてくれば、時刻表の時刻と合わなかったり、この電車がこの時刻の電車なのか、遅れてきた電車なのかの判断がつきにくい。

　ただ、乗客にとっては来た電車に乗れば用件は済むことなので、次から次へと来る路面電車は時刻を表示しなくても、利用客には大きな問題とはならないのだ。

　ダイヤグラムは、通常の鉄道と同じく、朝何時に車庫を出発させ、ラッシュ時には何台の電車が路線上を走り、ラッシュが終わったら何台の電車を車庫に戻し、夕方になったら何台の電車を再び走らせるかが記された表で、これをもとに、電車1両ずつの一日の動き、乗務員の流れなどが決められる。

　仮に、ダイヤグラムが存在しなかったとしたらどうなるだろう。乗客の多い方向ばかりに電車が集まり、反対方向には電車も乗務員もいなくなり大混乱を起こしてしまう。

　では、電車が遅れた場合などはどのように対処しているかというと、これは各鉄道会社により対処法が変わってくる。併用軌道が多く、電車の遅れる可能性が大きい場合は、折り返しの終点に2台以上電車を停めておく線路やホームを設置して、折り返し電車の時間に余裕を持たせておく方法や、遅れた電車を次の電車に振り分け、予定の電車には違う車両を使用したり、場合によってはその列車を運休にして、ダイヤの変更を行ったりする場合もある。

ただ、ダイヤを変更すると、車両の運用や乗務員の運用の変更も余儀なくされるため、遅れた電車と所定の電車を次々と発車させ、少しずつダイヤを正常に戻していく方式がよく見られる。「後ろに次の電車が続いてまいります。次の電車もご利用ください」というアナウンスを聞いたことがあるだろう。遅れが生じ回復させるための運転が行われている時だ。

ダイヤグラムには、電車の運行時刻が示された運行図表のほかに、電車の運用を表示した電車運行図表、乗務員の運用を表した乗務員運行図表などがある。電車運行図表では、1両ずつの一日の運行が決められ、当核車両が何時に出庫して、何時に入庫するかを把握することで、運転距離の調整や定期検査の日程などの予定が組まれる。

乗務員運行図表は、運転手の乗務の始まりや交代、休憩などを記したもので、決められた勤務時間内で乗務が終了するように組まれている。

なお、路面電車では見られないが、JRの大きな操車場や駅などでは、構内作業ダイヤが存在し、何時何分に何番線から何番線に車両の入れ換えを行うなど組まれている。気まぐれに機関車が行ったり来たりするように見えるが、正確なダイヤによる運転なのだ。

図47　運転台にはこのような運行時刻表が置かれている［K］

謎048 続行運転の謎

～すぐ後ろに次の電車が来るのは路面電車ならではのシーン

路面電車は、一般の電車に見られない続行運転が行われる。ただ、続行運転の解釈により、軌道線上で電車が次々と繋がるように走る姿は、正式には続行運転とは言わない場合がある。

軌道運転規則では、続行運転は単線区間での用語で、複線区間では追従する車両と表記されているからだ。ただ、電車が接近して走る運転方式に決まりがあるため、ここでは、複線、単線の両方について記してみる。

まず、複線区間だが、前を走る電車が100メートル以内に接近した場合、スピードを15キロメートル以下にしなくてはならないことを、謎046で述べた。では、前の車両が停車した場合はというと、「車両が他の車両に追従する場合において、先行車両が停止したときは、3メートル以上の距離を置いて一旦停止しなければならない」と表記されている。つまり、交通信号等により前の電車が停止しているときは、15キロメートル以下のスピードで接近し、3メートル以上手前でいったん停止するということだ。

では、軌道運転規則に続行運転の表記がある単線区間だが、まず単線区間での運転方式を説明しよう。単線区間では対向する電車と衝突の危険があるため、「保安区間を設け通票式を施行しなくてはならない」と定めている。要するに交換設備のある駅間に1列車のみしか進入できない仕組みにしなくてはならないのだ。信号方式には自動閉塞式、通票閉塞式などの種類があるが、詳しくは謎049で触れることとするとして、1列車しか入線できないのならば、前を走る電車が閉塞区間を抜けなければ、後続の電車が発車できないことなる。これでは、乗客が多い時間帯などに運行の支障が出てしまう。そこで閉塞内に2本以上の電車を同方向に運転させる続行運転が行われる。

軌道運転規則には「同一の保安区間において同一方向に2以上の車両を続けて運転する場合であって、最後の車両が通票を携帯し、これ以外の車両が続行標を掲出するときは、この限りでない」と記されている。

さらに、「続行標は、車両の前面に掲出するものとし、昼間は赤色緑の黄色円盤、夜間は黄色灯を使用する」続行列車を表す表示板も規則により決められているほか、「先行車両に続いて出発するときは、先行車両との距離を100メートル以上隔てなければならない」と距離まで細かく示されている。

対向する電車の運転士に、誰が最後で通票を持っているのかをしっかりと提示することで安全が守られ、運行が行われているのである。

図48　このようにすぐ後ろに次の電車が来ることがある。複線区間では、追従運転と呼ばれる（長崎大学前）［K］

路面電車

謎049 信号の謎

〜交通信号に従って走る

路面電車は、軌道法で40キロメートル以下で走ることは、謎046で述べたとおりで、複線ならば鉄道信号を設置しなくてもよいとされている。ただ、自動車とともに走る併用軌道では、交通信号を守らなければ、人や車と衝突してしまうのは言うまでもない。ただ、交通信号だけでは対処できない場合もある。

例えば、交差点で路面電車が左折するような状況では、交通信号だけに従ってしまうと、電車の左側を直進して走る自動車と衝突してしまう。そこで、交差点で右折や左折を行う場合や、併用軌道の道路から逸れて新設軌道に入る所など、道路と交差するような場所では、路面電車専用の軌道信号を設け、すべての交通を停止させたり、一定の方向だけ停めるなど支障のない範囲で遮断を行い、路面電車が安全に通行できる仕組みをとっている。

路面電車用の信号は、進行する場合は黄色の矢印で進行方向を、停車の場合は赤い×印を表示する。信号の形には特に定めがないようで、交通信号機の下部に路面電車用の矢印を併設している例や、通常の信号機を縦型にした例、歩行者用信号機と同型のものなど、事業者によってさまざまなタイプが存在する。

ところで、路面電車用の信号はどのようにして作動するのかご存じだろうか。交通信号のように一定の秒数での変更だと、電車の走らない時間帯なども作動してしまい、一般の交通に支障をきたしてしまう。そこで、架線に棒状のスイッチを取り付け、電車のパンタグラフが通過するとスイッチが入り、交差点で路面電車用の信号が作動するトロリーコンタクター方式が多く採用されている。そのため、広島電鉄の連接車などでは、トロリーコンタクター接点を単車と同じ位置にするため、2基のパンタグラフを搭載して、つねに進行方向側を使用しているほか、伊予鉄道の「坊っちゃん列車」では客車にトロリーコンタクターを作動させるためのビューゲル状の装置が装備されている。なお、このトロリーコンタクターは、信号以外にポイントの切り替えなどにも使用される。

このほか、広島電鉄では路面電車の信号待ちを極力低減させるため、電車優先信号システムを1974年（昭和49）3月から導入し、現在6区間で使用している。これは、交差点へ電車の接近が感知されると、青信号なら電車が通過するまで継続させ、赤信号なら短縮をして極力信号待ちをなくすシステムで、定時制の確保に役立っている。

さらに、2008年（平成20）12月から翌年3月まで、バス優先システムPTPS（＝Public Transportation Priority System）の技術を応用した、LRT優先制御の実験が、江波《えば》線で行われた。このシステムは、線路側に設置した光ビーコンと車両に搭載した車載器で通信を行い、車両が光ビーコンを通過すると、車両検知情報が県警の交通管制センターに送信され信号機を制御（青信号の延長または赤信号の短縮）するもので、電車優先信号システムよりも、きめ細かい信号制御が行える。

また、GPSにより電車の位置情報を検知して信号制御を行うシステムも開発中で、将来すべての信号をノンストップで走る路線が登場するかもしれない。

謎050

分岐器通過の謎

～自分で進路を切り替えることができる

通常、鉄道の分機器は地上係員が通過する列車の種別や行き先（ダイヤ）に応じて操作するのが一般的である。列車運行管理システムや新幹線のＣＴＣのように自動的に操作するものもある。路面電車においても、これらの方法で分岐器の操作を行う路線も存在するが、コンピューターを使用したいわゆる「自動制御装置」ではなく、もっと単純化した路面電車らしい方法で分機器操作を行っている路線もある。

それが「トロリーコンタクター」を用いた方法で、路面電車用の分機器切り替え装置として架線に取り付けられたスイッチのようなものである。電車の集電装置がその「トロリーコンタクター」（以下、トロコン）本体下にある棒状のスイッチに当たると感知し、分岐器が操作される。「トロコン」を用いた分機器は主に２種類あり、「時間差方式」と「信号表示器方式」がある。

「時間差方式」とは複数のトロコンを使用して集電装置が一つめのトロコンと二つめのトロコンを通過して行く時間差で分岐器を切り替えて行く方式だ。広島電鉄などで採用されているこの方式は、トロコンとトロコンの間に停止位置を設定することにより、時間差で電車が通過して行くことで行きたい方向に分岐器を切り替えることができる。

「信号表示器方式」は、分岐器の横に信号機が設置していて右左（定位・反位）もしくは矢印などが表示され電車は進みたい方向の表示が出ているタイミングでトロコンのある区間に進入し、それに反応したトロコンが分岐器を表示された方向に切り替えるというもの。

どちらもタイミングによって分機器の進路が切り替わるために電車はいったん停止をすることが多い。「トロコン」を用いた路線では停留場などに設置することが多く、停車時間や停車位置を行き先別にするなどで活用している。

また、「トロコン」は分機器の制御だけではなく「電車が接近します」などのメッセージ表示機の制御や信号機などにも使用され電車感知センサーとしての使用も多い。しかし運転本数の多く行き先の多い路線では列車運行管理システムの一部「ARC（＝automatic route control、自動進路制御装置）」を使用している。

「ARC」とは、電車に搭載しているIDプレートを停留場付近にある読み取り装置が認識し、分岐器を切り替えていくというもの。この方法は電車の遅延に関係なく、その電車のIDプレート情報により制御されるので、人為的なミスが起きることはない。路面電車の分岐器通過は、さまざまなアイデアによって安全に運用されている。

図50　トロリーコンタクターは、このように架線に取り付けられている［K］

路面電車

謎051

保安装置の謎

～路面電車には、特に備え付けられていない!?

鉄道には通常、停止信号見落としなどの運転士のヒューマンエラーによる事故防止のために、ATS（＝Automatic Train Stop、自動列車停止装置）やATC（＝Automatic Train Control、自動列車制御装置）などを設置している。路面電車においては、自動車やバス、トラックなどと同じ「交通信号」に従って運転するのが基本であるが、スピードも併用区間においては最高運転速度40キロと規制されているため、スピードによる信号見落としによる事故は考えにくく、深刻な問題には至っていないようだ。

そのため路面電車においては、保安装置について具体的な定義は、法律上も定められていない。交通信号に従って運行する形は路線バスの運行形態と同じで、複線区間では、追従運転、単線区間では続行運転（共に後続電車が先行電車に続いて運転する）も行われる。通常の鉄道には閉塞（先行電車が通り過ぎると信号が赤に変わり、後続電車が進めない追突防止の方法）という考えがあり、そのうえで保安装置が連動して機能するため、続行運転が可能な路面電車のシステムには向かない。

また、専用軌道のみを走る通常の鉄道とちがい、その時々によって変化する自動車などの交通状況に対応するためには、線路上の障害物などをどう感知していくかは、とても難しい。

現状、大部分の路面電車には保安装置は取り付けられていない。あくまで運転士の目による状況判断、運転操縦方なのだ。運転に関しては、運転士自身の経験などが頼りになってくる。路面電車の路線を多く持つ

「広島電鉄」では、実車運転はもちろん、本社工場の横にある旧変電所を利用して「路面電車専用シミュレーター」（いわゆる路面電車運転士のトレーニングマシーン）があり、電車の運転（力行・減速・停止）のほか、自動車による接触事故回避を想定したトレーニングも行われている（実車から撮影された危険場面が51パターンある）。

しかし、LRT、例えば「富山ライトレール」のような専用区間を持つ路線は、奥田中学校前－岩瀬浜間（6・5キロ）に限り、通常の鉄道と同じ保安システムが導入されていて、ATS（自動列車停止装置）が使用されている。これは同区間が「軌道法」による区間ではなく、「鉄道事業法」区間のため、「閉塞」という考え方が成立するからだといえる。

当然ながら同区間には通常の鉄道と同じ閉塞信号機があり、最高運転速度も併用区間よりも20キロ高い、最高運転速度60キロで運転される。

しかしながら、他の交通機関と一緒に道路事情に合わせて柔軟な運行が求められる路面電車の運行には、前述したように鉄道用の保安装置では対応しきれないから、電車を運転する運転士の技術が頼りになってくるのだ。

図51　路面電車用の信号。直進か曲がるかを「直」「曲」の字で示している［K］

路面電車

謎052 単線区間の謎

～どのようにして正面衝突を避けるのか？

そもそも単線《たんせん》とは、1線の線路のみを使い、上下(2方向)の列車等を運行する区間のことを言い、必要最低限の設備で列車等の運用ができるため、地方線区などの列車本数の少ない路線で利用されている。

列車の行き違い(交換)は、交換設備のある駅や信号所を使って行っている。都会にお住まいの方にはあまりなじみがないだろう。文章で書くと表現が難しいのだが、ちょうど谷間に、1本の丸太が架かっており、あちらAと、こちらBの行き来をすることを想像していただきたい。丸太の上は、1人が通れるだけで、行き違いができない。この丸太が単線部分である。

A⇒B、B⇒Aと行くには同時には通れない。どちらか片方ずつ、順番に通るようになる訳だ。複線は、この丸太が2本並列にあり、A⇒BとB⇒Aそれぞれ専用に使い通ることができる。この単線区間で最大のリスクは、正しく順番を決めて制御しないと、正面衝突の可能性があるということだ。

複線区間は、同じ方向に列車が走っているので、追突の可能性はあっても、通常正面衝突はあまり考えられない。が、単線は同じ線路の上を、相対する列車が走るのだから、列車を正しく制御しないと、正面衝突の可能性がある訳である。そのために、さまざまな方法により、危険を回避しているのだ。

先ほどからの「丸太の区間」だが、これを「閉そく区間」と言う。「鉄道に関する技術上の基準を定める省令」の定めにより、この1閉そく区間には、確実に1列車のみと規定されている。つまり、丸太の上を通れるのは1人(1列車)だけである。それでは、どのように列車を制御すればよいのだろうか？

　A駅とB駅の間は単線区間である。列車が1本しかなければ、その列車が行ったり来たりすればよいわけで、正面衝突も起こらない。しかし、今、A駅には第101列車があり、B駅には第202列車がある。A駅を発車した第101列車がB駅に着いてから、B駅を第202列車が発車すれば、何の問題も発生しない。しかし、もしA駅を第101列車が発車し、ほぼ同時機にB駅を第202列車が発車したら、どうなるだろう？　線路条件は単線なのだから、正面衝突の可能性が大きくなるのだ。「そんなこと、ちゃんと打ち合わせておけば大丈夫だよ」と思われるかもしれないが、人間の記憶なんて思いの外あてにならず、過去の事例でも、このような事故が実際に起こっているのである。

　そこで、このA駅とB駅間における閉そく（安全）の担保として、その区間を走るための証を持たせて運転する方式が考えられた。今ではほとんど見ることはできなくなってしまったが、大きな輪に何か小さな鞄のような物が付いている物を、駅員さんが運転士さんに手渡している……古い鉄道映画ではよく見られたシーンだ。この鞄状のものの中に、その区間の走行を許可する唯一の証を入れて、運転士に手渡し、運転士はそれを所持することで、その区間を運転することができる、一般には諸説あるが、「通票閉そく方式」と呼ばれ、俗にタブレットと呼ばれる先述の鞄を、その閉そく区間の担保とみなし、これを列車に持たせ安全な運行の証としていることで、その区間には、1列車しか走ることができず、正面衝突は回避できるのだ。

　現代、多くの単線区間では、線路に流れる低圧電流を利用した、軌道回路による閉そく運転を採用しており、そのため最近では、いわゆる「タブレット交換」を見ることはできなくなったのだが、目にすることはできなくても、「1閉そく区間に1列車」が、軌道回路上で担保されており、安全の確保は保たれているのである。

路面電車

謎053

車両の向きの謎

~両側に運転台がある車両でも、どちら向きかを決めて進むときがある

多くの路線が交錯する路面電車は、いろいろな方向に向かって走ると、いつのまにか向きが反対になっていることがある。また、車庫から本線に向かう際も、両方向に向かって出発できる線路配置となっているところが多く、運用を終えて車庫に帰ってきたら向きが反対になっていることも起きうる。

一般の電車は、通常は向きが決まっており、同じ運転台を持つ車両であっても、方向転換して使用することはできない。これは、電車を連結する際、電気系統などを繋ぐジャンパ連結器の位置が片側の場合が多く、反対側になっては繋ぐことができないからだ。

これは、中間車に対しても同じ扱いで、床下機器の配置も決まっているため、簡単には向きを変えることができない仕組みになっている。そのため、車両の方向を「1エンド側」「2エンド側」や、「A側」「B側」という呼び方をしている。

では、連結を必要としない路面電車はどうだろう。路面電車は、両側に運転台を持ち、車内配置も中央から点対称になっている。そのため、向きが反対でも運転上の問題はない。

ただ、車内が点対称でも、床下の機器や屋根上のパンタグラフなどの機器は、決まった位置にあるため、向きが反対では不都合なことが発生する。

鉄道車両は、定期的に検査が義務付けられている。自動車でいう車検や6か月点検などに相当するもので、車庫や工場で各部分を取り外して細部まで点検整備を行う。メンテナンスを行う場所では、重量部品は機械を使って取り外し、検査場まで移動させる仕組みとな

っている。そのため、向きが一定でないと、工具や機械をそれに合わせて動かさなくてはならないので、検査時は点検が容易にできるように電車の向きを決めて入場させている。

例えば、東京都交通局の都電荒川線の車両を受け持つ荒川車庫では、省令で3か月を越えない範囲で行う月検査では、車両形式により向きを決めて検査を行っている。

月検査とは、機器のカバーを外して内部を検査するもので、すべての部品を取り外すわけではないので、点検がスムーズに進むような向きが選択されているのだ。すべての機器を取り外して大がかりな検査を行う全般検査では、すべての車両の向きを決めて入場させる。各機器や部品の取り外しがスムーズに進むためと、車輪の軸重測定を同一の向きで行うためだ。

このように、向きが決められた検査では、入場車両が反対側にならないように、運用を組んだり、車両を回送して向きを変えたりしている。

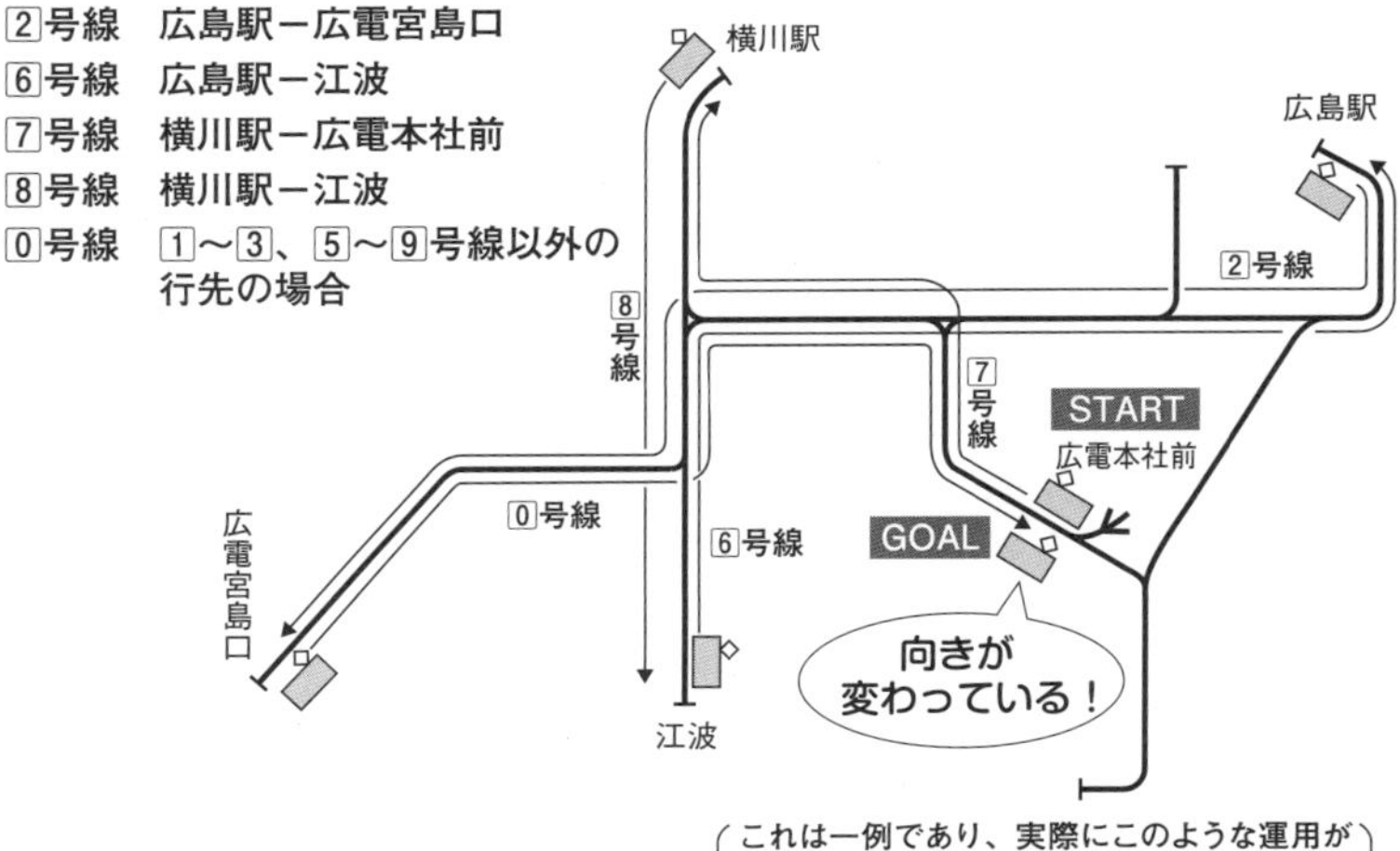
これは一例であり、実際にこのような運用が行われているということではありません

図53　例えば広島電鉄だと、このように広電本社前に戻ってきたときに、向きが反対になってしまうことが起こりうる

路面電車

謎054 運転の管理の謎

～普通鉄道のCTCや列車無線装置にあたるものは存在するのか

道路上を走る路面電車は、他の交通と同様、交通信号に従って運行するのが基本である。しかし、定時運転性を求められるため、「運行司令所」というシステムを置き、運転間隔の調整や停留場での旅客案内、運行を円滑に行なうために、そのシステムで十分な力を発揮している。

ここでは、全線を「軌道法」で運行している「都電荒川線」と、「第一種鉄道事業法（普通鉄道）」と「軌道法（軌道区間）」で運行している「富山ライトレール」を参考に紹介してゆこう。

「都電荒川線」は、単行で、早稲田－三ノ輪橋《みのわばし》間の全線運転と、「町屋駅前」、「荒川車庫前」、「王子駅前」、「大塚駅前」で、折り返し運転をする列車が存在する。全列車がワンマン（運転手1名・都電の場合は、運転士を運転手と明記している）による運行となっていて、途中、王子駅前－飛鳥山で、一般道（いわゆる道路）の併用軌道を走る区間がある。

路面電車には、一般の鉄道にあるような保安装置「ATS（自動列車停止装置）」や、「CTC（列車集中制御装置）」は備えておらず、電車を運転する運転手の前方確認に頼っている。これは、道路上を走行するバスなどと同じだ。しかし、運行支障や増便、行き先変更、遅延情報など、運転手らと司令所との情報共有や、伝達を円滑に行なうために、都電荒川線専用の「運行管理システム」が導入されており、走行中の電車の現在位置などが、荒川電車営業所に設置してある指令卓やパネルに表示され、一目でわかる仕組みになっている。

この仕組みは、路線上を走行する電車に搭載されている車上アンテナと停留場に設置された路上アンテナを介して、中央処理装置（指令卓や運行パネル）に情報の送受信が行われるというもの。都電荒川線では、1986年（昭和61）4月から導入されており、その後改良を重ね、現在はGPSによりリアルタイムでの電車位置状況がわかるようになったのだ。なお、このシステムは、停留場に設置されている旅客案内用の「電車接近表示器」などにも活用されている。

では、「富山ライトレール」ではどうだろう。富山ライトレールは、旧JR富山港線（普通鉄道）の一部と、新規併用軌道区間（軌道）を持ち合わせた路線で、特性上、富山駅北－奥田中学校間を「軌道事業法」にて管理、奥田中学校前－岩瀬浜間を「第一種鉄道事業法」にて管理と、法律が異なっている。

富山ライトレール全体の運行の管理を行っているのは、「城川原《じょうがわら》駅」に併設している本社ビル内1階にある「運転指令所」で、ポイントの操作は、自動で行っている。

併用区間である富山駅北－奥田中学校前は、道路状況の都合上、遅延が発生しやすく、その場合は交換場所の変更も自動で行っている。全駅の構内の案内表示器を管理するシステムもあり、電光表示機の操作、自動放送（選択固定式メッセージ）の停留場ごとの操作、一斉操作も可能となっている。

旧JR富山港線を利用した「第一種鉄道事業法区間」（奥田中学校前－岩瀬浜）では、専用軌道となるため、最高運転速度を時速60キロで走る。同区間に限り、ATS－SW形（自動列車停止装置）が使用されており、停止信号、制限信号に応じた速度抑制が行われている。交換が可能な駅や、終点の岩瀬浜停留場での車止め付近に、速度抑制が可能な地上子も設置されている。

電車が、毎日安全に運行されている背景には、このような優れた設備があり、それを管理している人がいることも、忘れてはならない。

路面電車

謎055

路面電車の運転手になるには

～「甲種動力車操縦者運転免許証」と「乙種動力車操縦者運転免許証」

鉄道や路面電車に乗り、皆さんの目に留まる一番の花形は、やはり「運転手さん」だろう。運転手さんは、子供たちの憧れである。小学生に、「将来なりたいもの」アンケートを取ると、だいたいベスト10には必ず「電車の運転手」という答えが入る。

さて、その運転手さんにはどのようにしてなるのか？　とりあえず、どこかの事業者に入ればよいだろう、というくらいまでは想像できるが、その後はどうすればいいのかがわからない。

ところで、この電車の運転手さん、事業者により「運転手」または「運転士」と表記するところがあるが、いずれにしてもこの場合、路面電車（軌道）を運転するには国家試験資格免許である「乙種動力車操縦者運転免許証」が必要だ。それでは、どのような経緯を経て、運転士（以下、すべて「運転士」と表記）になるのだろうか？　各事業者により若干の違いがあり、一概には言えないのだが、いきなり運転士の養成コースから始める事業者もあれば、営業所や案内所、または駅等での運輸係員としての経験を積んでからのところや「車掌」になり乗務経験を積んでからのところ、と千差万別ある。

しかし、必ず動力車操縦者養成所と称する国土交通省認可の教育機関での厳しい座学と乗務の教習訓練を受け、国家試験で合格した者だけが、晴れて「動力車操縦者運転免許証」（以下「動力車免許」と表記）を手にでき、公共交通の一翼を担えるのだ。ちなみに、JR（新幹線電車を除く）や大手民鉄などの電車の運転（鉄道線）には「甲種動力車免許」が必要となっている。

この動力車免許は、それぞれ別の免許証となっており、例えば、甲種動力車免許を取得している者が、路面電車を運転することはできない。同様に、乙種動力車免許を取得している者が鉄道列車や新幹線列車を運転することもできないのだ。当然、その逆もまたしかりである。

つまり、軌道線区と鉄道線区の両区間を、継続して運転する場合の運転士は、「甲種動力車免許」と「乙種動力車免許」の2種類を取得しているわけである。

面白いのは、この「動力車操縦者養成所」はＪＲや公営鉄道・大手鉄道会社と、富山地方鉄道などの甲種と乙種の両方を持つ中堅鉄道会社に設置されているのだが、その他の中小鉄道会社などにはないため、「委託生」として同業他社で養成所を持っている事業者に派遣し、養成してもらうのだ。軌道の話ではないのだが、小田急電鉄の養成所には、江ノ島電鉄や箱根登山鉄道の委託生が、小田急の見習い運転士とともに一緒に、教習訓練を受け、動力車免許を取得している。

この時の乗務訓練には、小田急の列車で行うため、江ノ電や箱根登山の運転士候補が、小田急の急行や準急などの運転をしているわけで、同じ制服を着ているので判別は難しいが、興味深いものがある。もちろん、小田急の養成所を卒業し、自社に帰ってからは、各社の線路条件に見合った訓練や車両・保線・電路の教習訓練を受け、実際には、1年近くの養成を経て、一人前の運転士になる。そして今日も、1分も遅れないダイヤでの運転操作に従事しているのである。

図55　都電7000形の運転手。厳しい訓練を受けてから運転業務に就く［K］

謎056 ワンマン運転の謎

~ワンマン運転で何が変わってきたのか

現在、日本国内の多くの路面電車はワンマンカーとして運転されている。中には、広島電鉄の連接車など一部例外もあるが、ほとんどの路面電車はワンマン運転である。また、路面電車に限らず、最近では大都市圏の地下鉄や地方のローカル鉄道でもワンマン運転の列車が見受けられるようになってきた。

理由は諸兄の思われる通り、第一に人件費の削減だ。通常の列車の場合、運転士と車掌の最低2人が乗務することになるが、ワンマン運転だと文字通り運転士1人での乗務のため人件費は単純計算で2分の1になる。

車掌は、ドアの開閉や乗車券の発行が本務ではない。万が一の事故の際に、安全の確保をするために乗務している保安要員でもある。しかし、ワンマンにすることで、それがおろそかになるかといえば、答えはノーである。もちろん、そこには公共交通機関であるがゆえの、数々のシステムの構築のうえに、安全の確保が徹底されたうえでのワンマン化だからである。

路面電車のワンマン化は、戦後に名古屋市電で最初に行われ、またたく間に全国の路面電車に広がっていった。もっともその方式は路線バスに先を越されていたのだが。

当初は、運転士横の運賃箱に、現金か回数券などの乗車券類を投入する方式であり、つり銭は出なかった。だからあらかじめ、ピッタリの金額の現金を用意しなければならなかった。つり銭が発生する場合は、運転士に両替してもらい、ピッタリの運賃を投入する必要があった。やがて、つり銭が運転士の操作により出る「手動つり銭」方式の運賃箱も開発された。

図56－１　富山ライトレールの車内の降車ボタン［K］

図56－２　長崎電気軌道300形の車内の降車ボタン［K］

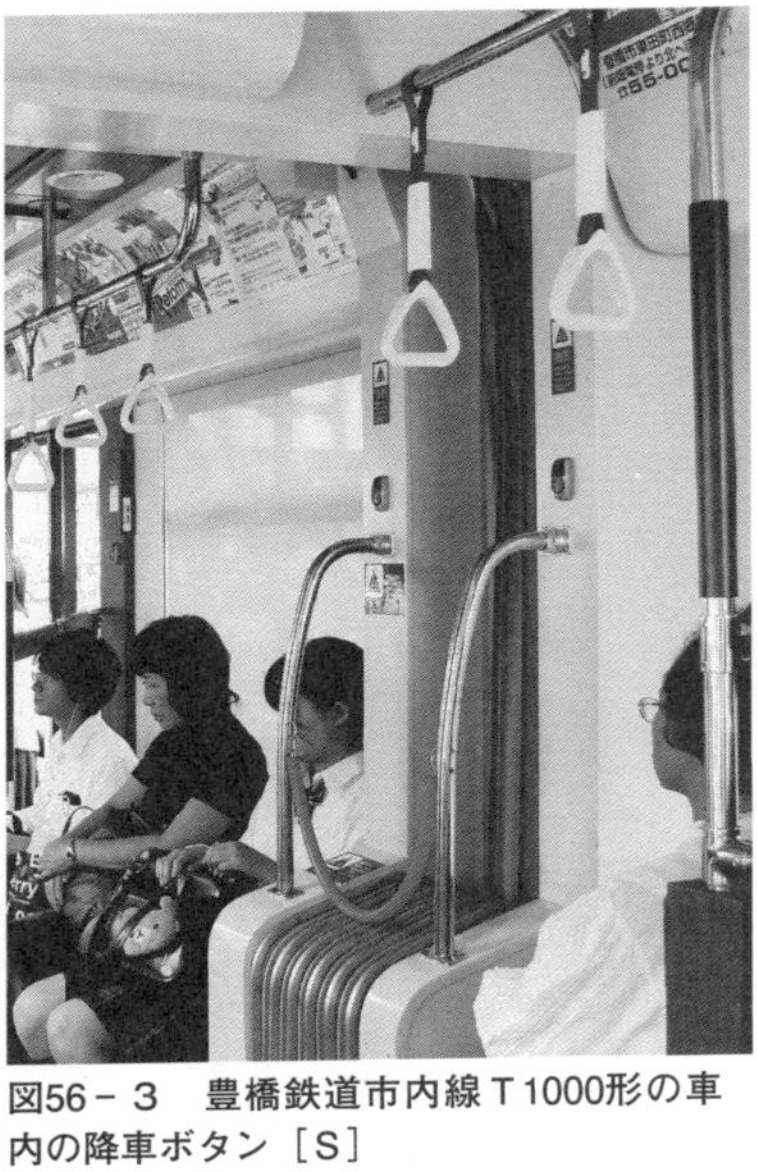

図56－３　豊橋鉄道市内線Ｔ1000形の車内の降車ボタン［S］

図56－４　阪堺電車の車内の降車ボタン［S］

しかし、この手動式つり銭方式は、いろいろと不都合があったようで、その後、自動両替機能を持った運賃箱や、運賃が高額になってきたため紙幣両替のできる運賃箱、さらに多区間向けの整理券読み取り機能付きの運賃箱（整理券に印字されたバーコードを読み取り、投入された現金と運賃を精査し、おつりが必要な時は自動的に排出される）などが開発され、装備されるようになった。

また、近年では、交通系のＩＣカードを読み取ることができる運賃箱も装備され、外観はレトロな路面電車でも、装備機器はかなりハイテクな運賃箱を装備しているアンバランスさが面白い。先述したとおり、多区間を持つ路線では、整理券方式を採用している。この整理券も登場時は、プラスチックの札に番号が書かれた物を運転士から受け取ったり、発券機で印字された切符状の紙片に番号が書かれていたり、さらに近年はサーマル紙（感熱紙）の紙片にバーコードと番号が印字され、先の運賃箱に読み取らせ、運賃処理を行うものなど、多彩な方式が採用されている。

乗降の方法も、前扉で乗車の際に運賃を支払い後ろ（中）扉から降車するもの、後ろ（中）扉から乗車して降車時に運賃を支払うものなど、路線により効率的な乗降方法が選ばれている。そして、ワンマン化に際しては、安全の確保のために、サイドミラーを装備したり、バックミラーをも装備している。

また、最新の電車では、カメラを装備しモニターで各箇所の安全確認を取っている。これには録画機能も付加されている場合があり、安全だけでなく、安心にも役立っている。

乗降の際は、旅客が降車ボタンを押さなくてはならない。欧米では「request stop 方式」とも呼ばれることの方式もワンマン運転の特色である。昔は、運転士か車掌に降車する旨を伝えていたが、現在はボタンを押すことで、運転台のインジケーターが点灯し、運転士に認識させる。このボタンも事業者によりいろいろな形態があり、見ていても面白い。ワンマンのための装備は実はまだまだあるが、一般に目にするところではこういったところが代表的なものだと思う。

路面電車

謎057

車掌の謎

～広島電鉄では、車掌が乗務していることが多い

2012年（平成24）、広島電鉄（以下、広電）は路面電車として開業から100周年を迎えた。この100年間に、2度の世界大戦や、人類初の原子爆弾投下による被爆被災、そして戦後は、経済の高度成長時代によるクルマ社会の到来など、幾多の苦難を乗り越え、正に「市民の足」として1世紀という長い間、人々から愛され親しまれてきた。

そんな広電には、現在の路面電車としては貴重な存在となった車掌が乗務していることをご存じであろうか。日本各地の路面電車で運転士と車掌が乗務（ツーマン）していたころは、車内で「お切らせ願いま～す」という元気な声とともに、カチンカチンとキップに入鋏（穴をあける）する音が、満員の車内に響いていた。昭和の高度成長時代が始まったころである。

やがて、路面電車の多くは、合理化を迎え、路線バスと同じく「ワンマン方式」という、運転士が単独で乗務し、運転業務と運賃の収受などの営業業務をも兼ねる方式が採用されていった。もちろん、この広電でも多くはワンマン電車である。

しかし、広電には全長が30メートル近くにも達する連接車が運転されており、乗降の効率化から複数のドアで旅客対応が必要なため、車掌が乗務している。この広電の連接車は、3連接車が39編成、5連接車が22編成の合計61編成（2012年8月時点）が、主に1号線（広島駅－広島港）と2号線（広島駅－広電宮島口）で活躍しており、そのすべてに車掌が乗務している。車掌は正社員であれアルバイトであれ、当地では非常に人気の職業のひとつになっている。

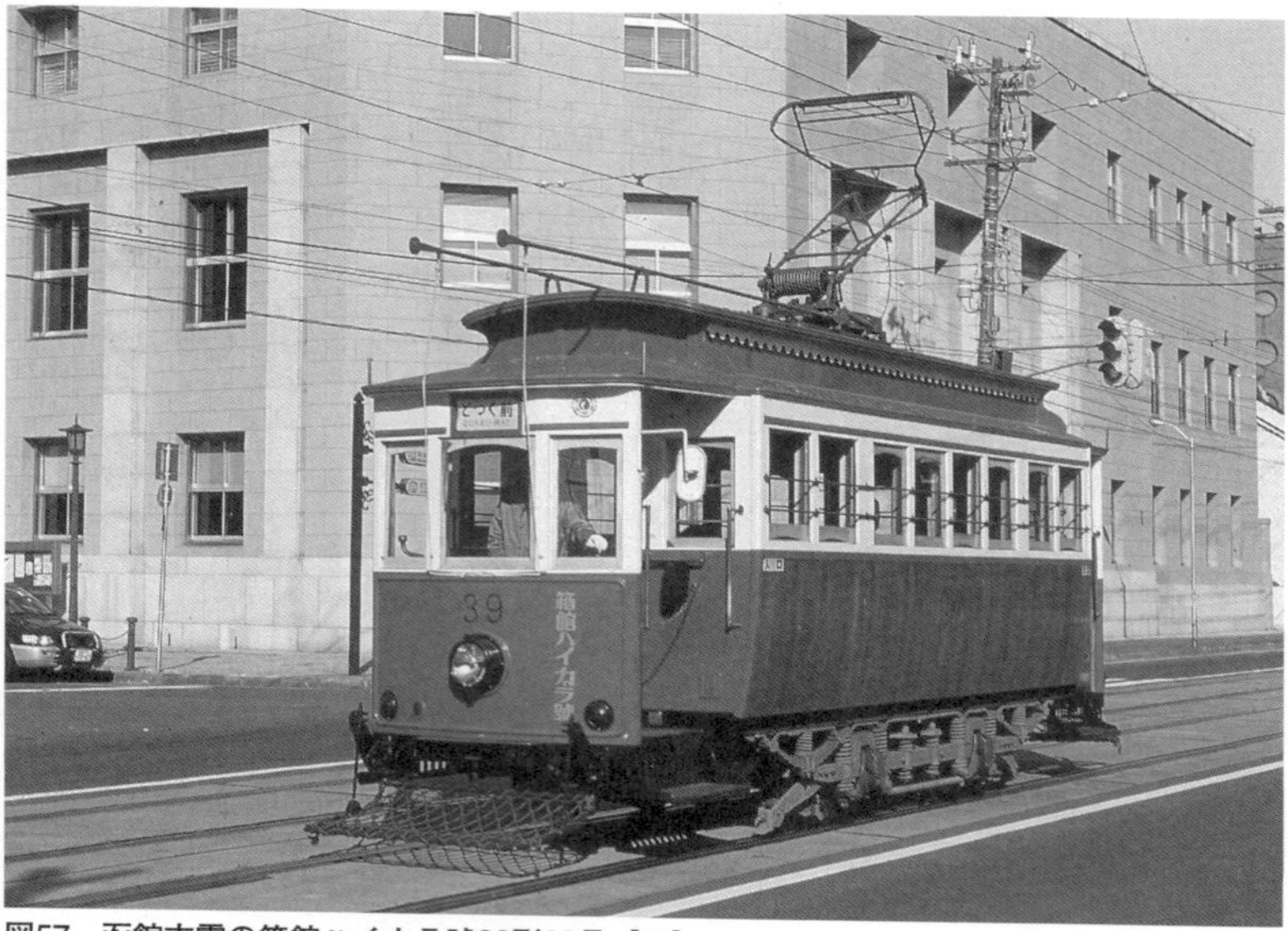

図57　函館市電の箱館ハイカラ號30形39号［K］

また、1925（大正14）年製の150形を種車にして、開業当時の車両を再現した100形（大正形電車と呼ばれている）では、レトロ感を乗客に味わってもらうために、あえてワンマン機器を搭載させずに車掌を乗務させている。ドイツ・ハノーバー市と広島市の友好のあかしとしてやって来た200形（238号車）は、ワンマン機器を搭載しているが、実際の営業運転では車掌も乗務している。これら、100形（大正形電車）と200形（238号車・ハノーバー電車）は、それぞれ4～10月（100形）と11月～3月（200形）の週末に、主に8号線（横川《よこがわ》駅－江波《えば》）で運転されている。

話を戻そう、広電の車掌業務は、運賃の収受・扉の開閉・車内アナウンス・両替・ICカード（PASPYカード）の販売などを行っている。運転業務に直接は関わることのない車掌は、そのぶん利用者側の立場になった応対ができるので、広電の一番身近な顔となり、利用者に親しまれ、愛される存在になってきているようである。

その一例として、毎年12月に運転される「クリスマス電車」をご紹介しよう。２０１１年（平成23）で、運行開始21年目を迎えた「クリスマス電車」は、同年は、12月17日から24日の８日間に特別運転された。この「クリスマス電車」には、２００形（２３８号車・ハノーバー電車）が使用され、運転士はトナカイの着ぐるみを、車掌はサンタクロースの衣装を着て乗務した。招待された沿線の子供たちは大喜びで、手を振りあったり、また行き交うクルマからも手が振られたりして、車内では歌を歌ったり、大変楽しい時間を過ごしていた。また、最終日の24日の運転では、サンタクロースが車内から、主要な停留所にいる子供たちにお菓子やジュースなどをプレゼントするなど、沿線サービスに徹している姿を見ることができた。

ところで、通常の運転において路面電車に車掌が乗務することは珍しく、広電以外では定期的に車掌が乗務するのは熊本市交通局の連接車となっている。不定期運転では、函館市企業局交通部（函館市電）の「箱館ハイカラ號」（毎年４月中旬から10月末まで運転）と長崎電気軌道の１６０形（１６８号）が年３回（６月10日・10月14日・11月16日）運転する際に見られる。

ちなみに、車掌と似た形態の乗務員で、扉などの扱いを行わない、いわゆる「アテンダント」と呼ばれる女性案内係が、東京急行電鉄世田谷線や富山ライトレールで見受けることができる。この形態も利用客のサービス促進につながっているといえよう。

第5章 路面電車の営業の不思議

出島を行く長崎電気軌道160形（出島ー築町）［K］

路面電車

謎058 運賃の謎

～多くは乗り切り均一運賃

現在、国土交通省で許認可している鉄軌道の運賃体系には、次のような種類があるのをご存じだろうか？ ①対キロ制、②対キロ区間制、③区間制、④ゾーン制、⑤均一制、の5種である。これらはそれぞれが、メリット・デメリットを持ち合わせ、一概にどれが優劣とは言い難く、結局のところ、各事業者の合理的かつ旅客への利便性優位性を優先した選択に任せている状況だ。

　それでは、これらの運賃体系について簡単に述べるとともに、そこから見えてくる各路面電車（軌道）の運賃体系の選択理由を探ってみよう。

　そもそも運賃とは、利用者（受益者）が輸送者に対して、運搬の対価として支払うものであり、この対価の額を監督官庁が許認可で管理している。例えば、A駅からB駅まではC鉄道しか走っておらず、ほぼ独占的な場合、運賃の設定を自由にしてしまうと、利用者にとっては、非常に高額な運賃に設定される恐れがあるために、監督官庁では事業者に対し原価と費用のシビアな資料を提出させ、法の下に計算された利益率を乗じたものを運賃として許認可しているのだ。

　そのため、受益者負担の原則から、事業者は運賃収入を基本的には、他事業の投資に使うことはできない。例えば、Dという鉄道会社のEと云う路線で得た運賃収入を、Dという会社は他部門の物品購入に使ったり、寄付金に使ったりはできないのである。もちろん、やり方は色々あるだろうから、その辺はいくらでも裏技もあるだろう、しかし原則的には、受益者負担のお金＝運賃であるから、純粋に鉄道と付帯する分野での投資となる。

話しが外れてしまったが、その運賃収入の原則をご理解頂いた上で、先のメリット・デメリット（特徴）を記してゆきたいと思う。

まず、①の対キロ制だが、これはＪＲ各社と極僅かな中小私鉄で採用されている。特徴としては、１キロ当たりの賃率に乗車区間の営業キロを乗じて、運賃額を計算してゆくため、利用者に対して非常に公平な運賃となる。しかも、計算の煩雑さを解消し、運賃体系を単純化している。乗車距離帯別に異なる賃率を設定することで、遠距離逓減が可能である。ただし、運賃の設定が細かくなるために、乗車券を発行する機械や券種が増えてしまい、事業者にとっては不合理であり、また乗車券費などの費用が増大する恐れもあり、これは受益者にも不利になってしまう恐れがある。
②の対キロ区間制は、一定の距離を基準として区間を定め、乗車区間に応じた運賃を算出する方法である。これは、多くの民鉄や地下鉄、公営鉄道で採用されている。その特徴としては、とても簡明であり、券売機等の取扱いの面からも合理的で、ＪＲのような数千キロまでの運賃を伴わない鉄道には、乗車券の種類等も限定的で費用の発生も負担にならない。ただし、受益者にとっては、区間と区間の狭間では運賃が少々割高になってしまう。③の区間制は、前提として、営業線を概ね等間隔で区分した駅を基準として、数区間に分割し、その区間数に応じて運賃を算出する。こちらは、一部の鋼索鉄道などで採用されている。この区間制も、対キロ区間制と同じく至極簡明であり、券売機等の取扱いの面からも合理的ではあるが、やはり区間と区間の狭間では、若干の割高感が発生してしまう。次に④のゾーン制だが、乗車キロではなく、その路線の駅数やエリア分けをして、数個のゾーンに分割し、乗車してから降車するまでに通過するゾーンの数で、運賃を決定する方法である。日本国内では、あまり実績がないようだが、欧米諸国では、割と普通に運用されているシステムで、乗車した駅数やゾーン数での運賃計算になるため、後述の均一制運賃の不公平感が解消でき、なおかつ運賃制度の単純化が図れる。ただ一方で、

やはり運賃収受の煩わしさや、乗車券等の用意などの問題も発生し、一長一短であるが、欧米で成功しているのは、受益者の理解の下、信用乗車が確実に行われているからにほかならない。

そして最後は、⑤の均一制だが、これはとても単純に乗車したキロ数等に全く関係なく、運賃を均一に設定して徴収するシステムである。全国の公営バスや路面電車（軌道）の多くで採用している。特徴としては、とても単純でわかりやすく、出改札や車内での運賃収受設備の簡素化による乗降の円滑化や、乗車券を発行しない等の省力化が図れるので、先述のとおり、公営バスや路面電車の多くで採用されている。しかし、その反面、ひと停留所間であっても、起点から終点までの乗車であっても、運賃が同じなために、やや不平等感があったり、短距離の乗車客に敬遠されたりと、デメリットもある。しかしながら、全体の流れとしては、路面電車の特性上、この方式が円滑な乗降とそれに伴う定時制の確保などにも繋がり、多く採用されている実情だと、筆者は思う。

さて、結論としては、路面電車はバスと同じく、乗車券等を発券することがまずなく、車内で運転手による運賃収受が行われる。そのため、運賃収受を取り扱っている間は、運転をしていない訳で、この運賃収受に時間を要すると遅延が発生し、定時制の確保が損なわれてしまう。従って、乗車券を発行することなく、かつ単純明快に運賃を収受するためのベストな方法は、ここ日本では現在のところ、「均一制」が一歩も二歩も抜きん出ているシステムなのである。

路面電車 謎059

ハイテク化の謎

～ICカードを導入して、よりスマートに乗り降りができるようになった

近ごろ大都市圏を走る鉄道は、改札通過の際ICカードをタッチするだけで電車に乗れる方式へと変わりつつある。駅で切符を買う手間が省け、改札通過もスムーズで、多くの乗客がICカードを利用している。

路面電車でも、ICカードを導入している事業者が増えており、利用するたびにポイントが貯まる制度や、割引で電車に乗れる制度など、さまざまなサービスが提供されている。

カードにはICチップが内蔵されており、購入時にデポジット料として500円を支払わなくてはならないが、カードを返却すればデポジット料は戻ってくる。

路面電車で利用できるICカードは次の通り。

・PASMO（パスモ）＊

首都圏の私鉄（鉄道11社、バス19社）が加盟するICカード事業者の（株）パスモが発行するICカードで、首都圏の私鉄とJRで利用できる。路面電車では、東京都交通局、東急世田谷線、江ノ島電鉄で利用可能。

・SUICA（スイカ）＊

JR東日本が発行するICカードで、パスモとも連携し首都圏の鉄道、バスで利用できる。路面電車も、東京都交通局、東急世田谷線、江ノ島電鉄で利用が可能。

・MANACA（まなか）＊

中京圏の私鉄で利用できるICカードで、（株）名古屋交通開発機構と（株）エムアイシーが発行を行う。路面電車では豊橋鉄道で利用できる。1か月間の利用状況に応じて翌月にマイレージポイント金額

をカードに付与。

・Ecomyca（えこまいか）

富山地方鉄道が発行するICカードで、路面電車料金が170円に自動割引される。また3回以上の利用で1dayサービスが適用され、使用上限が500円に抑えられる。富山地方鉄道のほか万葉線でも利用できる。

・Passca（パスカ）

富山ライトレールが発行するICカードで、富山地方鉄道の「えこまいか」と相互利用ができ、電車の割引も同じに受けられる。

・ICOCA（イコカ）＊

JR西日本が発行するICカードで、関西圏のJR、私鉄等で使用できる。路面電車では、京阪大津線、京福電鉄、岡山電気軌道で利用できる。

・pitapa（ピタパ）＊

関西圏の私鉄各社が参加するスルッとKANSAI協議会が導入した、後払いのクレジット方式ICカードで、イコカの利用できる鉄道でも使用できる。

・ハレカカード

岡山電気軌道（電車・バス）、下電バス、両備バスで使用できる。前月の利用状況により翌月のICカードへのチャージ時に利用総額プレミア金額が加算される。

・PASPAY（パスピー）

広島電鉄をはじめ、広島県のバス事業者が運営するICカードで、広島県内の私鉄電車、バスで利用できるが、JRは利用できない。利用運賃により最大10パーセントの割引がある。

・ICい〜カード

伊予鉄道の電車、バス、タクシーが利用できるICカードで、10パーセントの割引で利用できるほか、4回目以降は一日乗車券として上限が400円になる。

・ICカードですか

（株）ですかが運営する高知県のJRを除く電車、バスが利用できるICカードで、利用額に応じてポイントが貯まり、チャージ金に充当できる。

・長崎スマートカード
長崎県内のＪＲを除く電車、バスで利用できるＩＣカードで、利用額に応じてポイントが貯まり、チャージ金に充当できる。

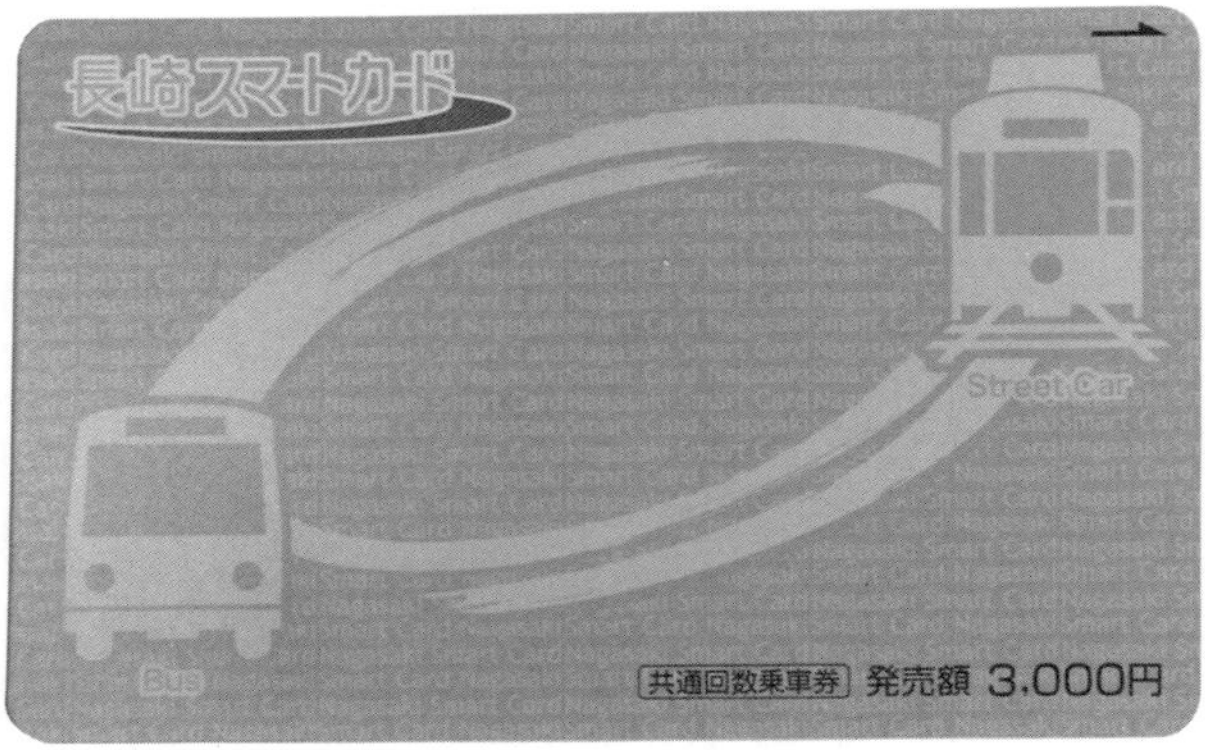

図59　長崎スマートカード

・Rapica（ラピカ）
鹿児島市交通局のＩＣカードで、市電、バスに利用でき、チャージ時にプレミア10パーセントが付加されるほか、乗車ポイント１パーセントが次回のチャージ時に還元される。

なお、ここに記載された情報は、２０１２年（平成24）10月現在のもので、２０１３年（平成25）３月23日から、10種類のＩＣカードが相互に利用できるようになった。相互利用可能なカードは、前記のうち＊印のあるものだ。

路面電車

謎060

路面電車の営業について

～運賃の支払方法の謎――先払いか後払いか

路面電車に限らず、バスやローカル鉄道に乗車の際、車内で運賃を支払うことがあるのは、珍しいことではない。

特に、「ワンマンカー」はほとんどの場合、車内で精算が行われる。均一運賃の多い路面電車では、乗車時に前ドアから乗車して、運転手さんの横にある運賃箱に所定の運賃を投入する「運賃前払い方式」と後ろ（中）ドアから乗車して、下車時に料金を支払う「運賃後払い方式」の二つに分けられる。

前払い方式は、都電荒川線と東急世田谷線のみで、路面電車は後払い方式が一般的と言えよう。

筆者は、両者の違いは地域性のような気がしている。前払いを基本とするのは大都市が主で、路面電車に限らずバスも均一の前払い制となっている。これは、電車よりも先にワンマン化が行われたバスのシステムに合わせたのだと思われる。

一方、その他の地域では区間制運賃を導入していたためワンマン化の際後払い制を採用したようだ。同じ地域で、乗車方法が異なる交通機関が存在しては混乱を招くため路面電車もバスの方式を採用したのだろう。ただ、乗客の流れや、ある一定駅での乗客集中などが見られる鉄道では、運賃後払い方式のほうが都合の良い場合がある。ここでは、京都を走る嵐電を例に見てみよう。

嵐電は2012年（平成24）3月現在、運賃は大人200円の均一運賃であるが、これは2002年（平成14）7月からのことである。それ以前は、3区間の区間制運賃、整理券方式だったのだ。運賃の形態が変わりはしたものの、旅客の混乱を避けるために、「後ろ乗り、前降り運賃後払い」が残った……ここまでであれば、「前払い方式」に変更したって良いじゃないか？　と疑問に思われる方もきっと多いと思われる。

実は、嵐電の「運賃後払い」には、もうひとつ理由があるのだ。それは、嵐電は路面電車でありながら、起終点の駅（電停）には、立派な駅舎が存在し、駅係員が配置されていることである。これは、世界の歴史的観光都市・京都の鉄道（軌道）であれば、主要駅に係員を配置することは、公共交通事業者としての良心であり、旅客への配慮（サービス）でもあるからだ。そのため、嵐電は起終点では車内での運賃収受は行わず、駅係員が改札口で収受する。車内では一か所に限られてしまう運賃精算も、駅であれば、2～3か所で対応ができ、スムーズな降車が実現でき、一石二鳥なのだ。そのために、均一運賃でありながら、一見非効率的と思える後払いを、かたくなに行っている嵐電。そこには、鉄軌道事業者としてのプライドが見え隠れしているように思えるのは筆者だけであろうか？

図60　嵐電のレトロ車両（モボ21形26号車）［K］

路面電車

謎061

路面電車の乗換券について

～知っていると、便利でお得な制度

2系統以上運行されている路面電車では、途中で電車を乗り換えて目的地に向かわなければならない場合がある。そのような場合、現在のワンマン運転では系統ごとに2回運賃を払わなければならず、利用客にとって大きな負担となってしまう。そこで、乗換指定電停を定め、「乗換券」を発行することで、どの区間も均一で利用できるサービスを各社で提供している。

この「乗換券」が登場する背景には、ワンマン化以前の電車に車掌が乗務しており、車内で最終行き先地まで乗車券を発行していたということがある。東京都電など多くの路面電車で、路線図が描かれた乗車券に乗車電停と降車電停にパンチを入れ、1枚の切符で目的地へ向かうことができた。しかし、ワンマン化で乗車券の車内発行がなくなったため、運転手から「乗換券」を受け取ることで、同じ料金で目的地へ行くことができる方式とした。

現在、「乗換券」を発行している事業者は9社で、指定電停で乗り換えることで、どの電停間も相互に同一料金で利用できる仕組みになっている。

函館市電は2系統が運行されており、運賃は対キロ区間制で、「2系統」の函館どつく前－末広町《すえひろちょう》間と「5系統」の谷地頭《やちがしら》－宝来町《ほうらいちょう》間は直通電車がないため、末広町で両区間との「乗換券」が発行されるが、その際最終地までの料金を支払う。

阪堺電車は、住吉と我孫子道《あびこみち》の2か所が乗換指定電停となっている。住吉では恵美須町《えびすちょう》－東粉浜《ひがしこはま》間と天王子駅前－神ノ木間の相互と恵美須町－東粉浜間と住吉公園の相互。我孫子道では、天王子駅前および恵美須町方面から我孫子道行きに乗車し、大和川以遠に行く場合と浜寺駅前方面から天王寺駅前行きに乗車し恵美須町方面に向かう場合に「乗換券」が発行される。

岡山電気軌道では、清輝橋《せいきばし》方面と東山方面との分岐点柳川電停が乗換指定電停となっている。

日本一の営業距離を持つ広島電鉄では、乗換指定電停が10駅もあり単に乗車電停から目的地への直通系統がない場合だけではなく、乗換指定電停まで行けば、目的地までの電車本数が増す場合も「乗換券」が発券されるため、時間の短縮も考慮された制度となっている。

伊予鉄道では、ＪＲ松山駅前、上一万《かみいちまん》、西堀端《にしほりはた》、南堀端《みなみほりはた》、本町6丁目が乗換指定電停で、各方面への乗り換えができる。

土佐電気鉄道は、2系統が運行されており、高知駅前－栈橋通り5丁目間運行系統と後免町《ごめんまち》－いの間系統の路線がはりまや橋電停で交差しており、この電停で各方向への乗り換えができる。

長崎電気軌道では、築町《つきまち》で1号系統と5号系統との乗り継ぎに限り「乗換券」が発行される。

熊本市電は辛島町《からしまちょう》で、田崎橋方面と上熊本方面との相互が乗り換えでき、最終運賃を支払い「乗換券」を受け取る。

鹿児島市電は、二つの系統が分岐・併合する、高見《たかみ》馬場《ばば》と郡元《こおりもと》で乗換券が発券される。

いずれも、下車時に乗務員に申告して受け取る方法となっている。

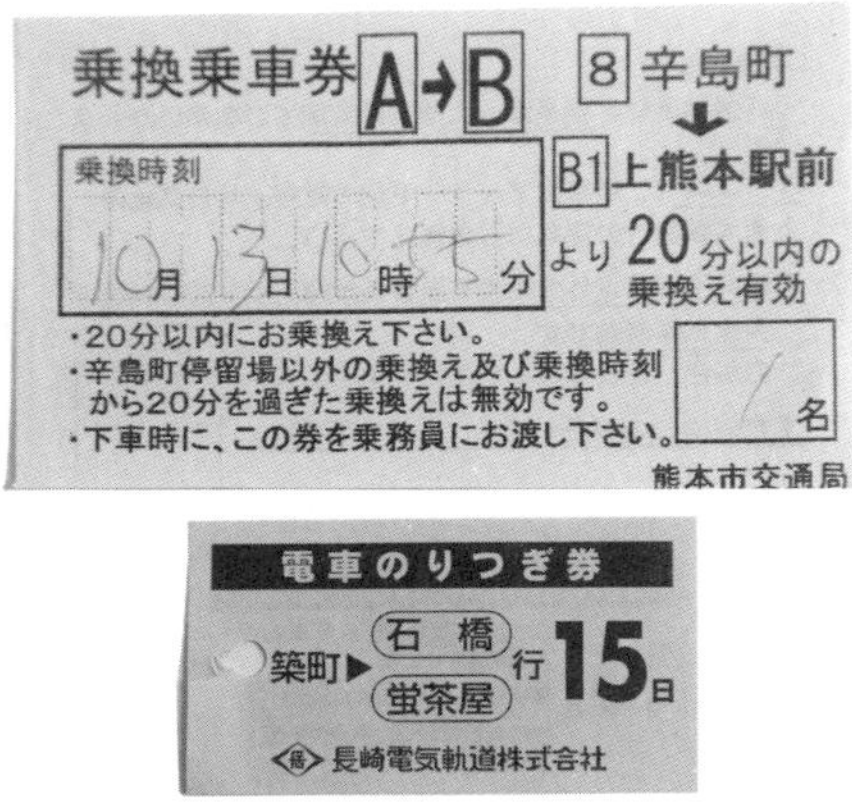

図61　熊本市電および長崎電気軌道の乗換券［K］

路面電車

謎062

一日乗車券の謎

～せっかくだからお得に乗りたい

昔は、路面電車にも車掌が乗務しており、車内で乗車券の発行や運賃収受業務をしていた。もちろん、現在でも路面電車の一部には、車掌やアテンダントと称する係員が乗務しているが、これは本来の車掌業務ではなく、両替係や観光案内係など、乗客へのホスピタリティーの要素が多い。

話がそれたが、運転士が一人で運行するワンマン電車の多い現在、利用者からの運賃の収受は運転士が行い、現金や交通系カード類での支払いがほとんどである。そのような経緯から、路面電車の乗車券（キップ）はほとんど見かけなくなった。もちろん、運賃均一方式ならば、キップなど発行せずに、現金や交通カードでの支払いの方が簡便であろう。軌道経営者側も、キップに関わる費用が発生しないので、一石二鳥ではある。仮に、多区間を持つ路線であっても、整理券方式で運行されれば、キップに関わる費用を抑えることもできるはずだ。

ところで、そんな路面電車にもキップは存在する。しかも、かなり「お得なキップ」なのだ。余談だが、この鉄軌道の運賃は多くの場合、総括原価方式という計算方法により算出され、許認可を受け実施されている。その内容をご説明したいところではあるが、非常に複雑であり、理解までにたくさんの時間を要してしまうので、ここでは割愛させていただくが、要は費用に法律で抑えた低い利潤を乗せたものが運賃であり、独占企業に近い鉄軌道の運賃の上限額を規制している。

さて、そこで軌道経営者側としては、前もってある程度の運賃を先払いで収受したいのが本音であろう。

また、何かプレミアム感のような気持ちを旅客に持たせ、複数回の乗車を促し、付帯する（直営）施設や、沿線の街にお金を落としていただき、沿線と自社路線の活性化をして、リピーターを創出すれば、安定した収入と輸送人員が確保できる。このような長期的な展望の下に、多くの軌道経営者が発行しているキップの一種に「一日乗車券」がある。

そして特筆するべきことは、その「安さ」である。ここに数例出してみると、都電荒川線の一回の運賃は160円で、一日乗車券は400円。江ノ電の藤沢－鎌倉間の普通運賃が290円で、一日乗車券が580円。京都の嵐電の一回の運賃は200円で、一日乗車券が500円。大阪の阪堺電気軌道の一回の運賃は200円[注]で一日乗車券は600円と非常にお得だ。

さらに、広電の広島市内－広電宮島口間の普通運賃が270円、市内線は150円均一で、一日乗車券が600円と、どこの事業者でも2～3回ほど乗車すれば、十分に元が取れる格安な運賃設定になっている。

この「一日乗車券」だが、すべての事業者が発行しているわけではない。この「一日券」を発行している事業者をみてみると、共通する傾向があるのがわかる。

一つ目は、一日の輸送人員が非常に多いこと。二つ目が沿線に観光施設や名勝地があることだ。地方都市であっても、路面電車が走っている街は、人口がそこそこ多く、商業が発展している地域が多い。そして、なにより路面電車が残っている街には、活気があるし、その路面電車自体が観光目的になり得る可能性がとても大きいのだ。何しろ、もう日本にはたった18都市にしか路面電車が走っていないのだから。

近い将来、すべての事業者で「一日乗車券」が発券できるような環境になることを願ってやまない。

（運賃データは、2012年5月現在。詳細は、各社局のホームページ等でご確認ください）

[注] 堺市の支援を受けて、本来は2区290円のところ、現在200円で乗車できる。

謎063 運賃箱の謎

～バスにも似ている

高度成長時代の昭和40年代前半から、運転手さんと車掌さんが乗務するツーマンが当たり前だった路面電車やバスに、運転手さんだけが乗務する「ワンマンカー」が（私的には）暗躍し始め、現在では日本全国の路面電車やバスは、そのほとんどが「ワンマンカー」になってしまった。

元来、路面電車やバスの車掌さんは、異常や故障時などの保安要員として乗務し安全の確認やドアの開閉、列車等の防護を主とし、さらに乗車券の出改札（キップを売ったり、車内で検札したり）などを執り行っていた。「ワンマンカー」が走り出すころになると、車両の信頼性は格段に上がり、故障もしなくなり、ドアの開閉も運転席から遠隔操作ができるようになり、運賃体系を均一制や整理券方式に変えることにより、車内での出改札の必要性もなくなり、結果、車掌さんの乗務が必ずしも必要ではなくなった。人件費の半減もできることから、一気に「ワンマンカー」が増えたのだ。

また、その原動力ともなったのが「運賃箱」である。当初は手動式で、社局にもよるが、お釣りだけが出るタイプから始まり、やがて電気式になり両替機能などが付き、それが磁気カードやＩＣカードの読み書きさえできるように進化したのだ。正に進化する運賃箱といえる。

ところで、この運賃箱だが、路面電車の物もバスの物も、見ての通り、全く同じものなのだ。製造会社にもよるが、そのハイテクさにはビックリする。両替はもちろんの事、磁気カードのデータ読み書きや、最近ではＩＣカードの読み書きまでできる。ただ、ＩＣカードのデータ処理という点では、車載時はオフライン状態なので、データを記憶している金庫を開錠機（金庫を開けて現金を回収したり、データをホストコンピュータに伝送したりする優れもののマシン）に繋いでから、データ処理を行うので、項目によっては、若干時差が生じることもあるそうだ。

　また、近年では整理券方式を採用している機種で、整理券に印刷されたバーコードを運賃箱が認識し、投入された現金などと精査を行い、多い時は適切に釣銭を放出し、不足時は警報音で知らせる機能の付いた運賃箱も登場している。

　さらに、お客さまより投入された現金の金種別記録も取れ、出納の確実性を確保している機種もある。表題に、「バスにも似ている」と書き、本文中で「全く同じものである」と結論付けてしまったが、事業者や製造会社の違いは大いにあるが、基本的な構造は共通、という認識で理解していただければ、ありがたい。ただ、この運賃箱は奥が深く、単純なものは運賃箱単体での使用だが、事業者によっては運賃表と連動したり、車内自動放送装置と連動したり、先述の整理券発行装置やドアの開閉と連動したり、運転手の名前を記した車内名刺にデータを転送していたり、と非常にハイテクな機械なのだ。

　皆さんも、路面電車にご乗車になられた際に、ちょっと観察してみていただきたい。決して派手ではないが、路面電車の必要不可欠な装置として、その多種な機能が観察できると思うのだ。

図63　路面電車の乗降口には、運賃箱が設置されていることが多い。写真は、阪堺電気軌道の車両に設置されている運賃箱［S］

謎064

路面電車のイベント車両

～ユニークな車両が全国にたくさん

路面電車を保有する各社では、乗客誘致のため、通常とは設備や外観、塗装などを変えたいわゆるイベント車両を所有している。ただ、各社でその使用方法が異なり、イベント以外は通常の運行をする車両や、定期的にイベント列車として運行する例、イベントや催し、貸切列車のみで使用されるケースなど、さまざまだ。

以下に紹介する車両は、主にイベント用およびイベント仕様の路面電車で、キャラクター等の装飾を施したラッピング車両は含めていない。

函館市電では、明治時代の電車を再現した30形「ハイカラ號」が4～10月の間運転されている。元除雪車（ササラ電車）だった車両を明治風に改造し、観光電車として一般営業を行っている。

都電荒川線では、レトロ調の９０００形2両をイベント用車両として２００6年（平成18）に製造したが、通常の営業運転でも使用しているため、目にする機会も多い。

豊橋鉄道では、旧名古屋市電のモ３１００形（３１０２）を、イベント列車として、夏季のビール列車等に使用してきたが２０１１年（平成23）2月に検査切れで運行ができなくなり、現在はモ３２００形（３２０３）がビール列車などのイベントで使用されている。

京福電鉄モボ21形（26・27）は、１９９4年（平成6）の平安京遷都１２００周年の記念行事の一環として製造されたレトロ調電車で、増備の進んでいたモボ６２１形（６２１～６２５）と同一構造を持つため追い番の26・27が使用された。

動く路面電車博物館ともいわれる広島電鉄にもイベント用車両が在籍し、一般営業で使用されている。1984年（昭和59）に創業当時の電車を復元したレプリカ車両100形（101）は土休日に横川《よこがわ》線で運転されたほか、市民から「ハノーバー電車」として親しまれているドイツのハノーバー来た200形も横川線で運転されるが、冷房が搭載されていないため、11〜3月の土休日に限られている。

このほか、原爆投下時に走っていて復興した「被爆電車」350形や、西鉄、神戸、大坂、京都などで活躍した車両が現存するが、特にイベント用としては扱われていない。

伊予鉄道には、路面電車のイベント車両としては、最高傑作とも言える「坊っちゃん列車」が運行されており、蒸気機関車の形をした内燃機関車が客車を牽いて走っている。

土佐電気鉄道は、広島と並んで海外からの路面電車を多数入線させて話題なった鉄道である。現在もドイツのシュツットガルト市、ノルウェーのオスロ市、オーストリアのグラーツ市、ポルトガルのリスボン市から来た車両が在籍するほか、明治時代の車両を復元したレプリカ車両7形がイベント時に運行されている。また、600形（607）は団体専用の「おきゃく電車」として車内にカラオケ、テーブルが設置されているが、テーブルをを取り外し通常運行も行う。

長崎電気軌道には、1911年（明治44）に旧九州電気軌道で誕生した、現役最古の木造車両160形（168）や、箱根登山鉄道の旧小田原市内線で活躍した150形（151）、旧熊本市電の600形（601）、東京都電の旧杉並線の700形（701）、旧仙台市電の1050形（1051）などが残され、イベント時などに運行されている。

熊本市交通局には、レトロ調の101号が運行されているが、8800形のグループに属している。

鹿児島市交通局は、600形（605）1両をビール電車として、車内の座席を撤去して、バー風のカウンターと椅子を設置したため、一般営業では使用されない。

路面電車

謎065

貸切運転の謎

～使い道はいろいろ、動くイベント空間

路面電車の特徴として、気軽に誰もが簡単に乗り降りできるというメリットがある。そのメリットを最大限に生かし、誰もが利用できるのが、路面電車の貸切である。筆者も、路面電車を貸し切ることが今まで何度もあったため、その良さを実感している。

そう、路面電車の貸切とは、個人でも、団体でも、誰でも路面電車をまるまる貸し切ることができるのだ。しかも、路面電車はもともと運賃が安いため、貸切運賃もかなりお得である。その一例として、都電荒川線の貸切運転を紹介したい。

貸し切りができる日時は、GWや縁日、年末年始などの多客時を除き、毎日10時から15時30分まで。都電の貸切運賃は時間制ではなく、片道運行1回ごとの運賃となる。また、利用区間は、自分たちの希望の区間で利用できるため便利だ。例えば、「大塚駅前から町屋駅前まで」「荒川車庫前から早稲田まで」など。しかも、一般１万３８２０円とお財布にも優しい。

車両も、状況にもよるが、基本的に好きな形式をリクエストできる。（タイプの希望はできるが、車両番号の指定はできない場合もある）それぞれのシーズンによって、貸切のできない日程が異なるため、不明な点は、荒川電車営業所にてお問い合わせいただくのが確実だ（注・車両検査等により、希望に沿えない場合がある。その場合は、別の車両にて運行となる。車両指定の時に、第二希望を伝えることができる）。なお、安全で正確な運行のため、起終点を含めて、長時間にわたる停車はできない。

そして忘れてはならないのが、貸切運転の車内での、

飲食は不可ということだ。また、放送装置・マイク等、車内の設備を使用することや、車内での電源の供給はできない。ただ、持ち込みは問題ない。

季節によって、女子会やクリスマストレイン、バレンタイントレイン、ハロウィン、誕生日、結婚式、ライブ、演劇、写真展など、さまざまな用途に合わせて利用することが可能で、バラエティー豊かで面白い。自分たちの工夫次第で、アイデア満載の楽しく素敵なオリジナル貸切電車を運行できるのだ。

セッティング・積み込みに長時間を要する場合は、荒川車庫前発着となる。自分なりのデザインや装飾を施し、専用のお手製ヘッドマークを掲げて走れば、自分の車両のように思え、とても気持ちが良いものである。きっと筆者と同じように、ずっと大切な思い出として、忘れられない経験になるはずだ。

都電荒川線のほかにも、貸切ができる路面電車は多い。北から札幌市交通局、函館市企業局交通部、万葉線、豊橋鉄道市内電車、京福電気鉄道、阪堺電気軌道、岡山電気軌道、広島電鉄市内線、長崎電気軌道、熊本市交通局、鹿児島市交通局などだ。

皆さんもぜひ、路面電車の貸切運転で、オリジナリティあふれる素敵な思い出を作っていただきたい。

図65－1　長崎電気軌道700形701号の貸切電車（長崎大学前）［K］

図65－2　筆者が都電で行った貸切運転［S］

Column③

LRTとLRVの違いは？

近年、路面電車がメディアで多く取り上げられるようになり、LRTやLRVという言葉をよく目にするようになった。しかし、これらの違いをきちんと説明しているメディアは、極めて少ない。曖昧なまま世に広まってしまったこれらの言葉の違いを、この項では見てゆこう。

国土交通省道路局のマルチモーダル施策に含まれる「LRTの導入支援」という資料によると、LRTとは、「Light Rail Transit（ライトレールトランジット）」の略称で、低床式車両（LRV）の活用や軌道・電停の改良による乗降の容易性、定時性、速達性、快適性などの面で優れた特徴を有する次世代の軌道系交通システムのこと、と定義付けられている。

つまり、鉄道や地下鉄、バスなど他の交通機関に乗り換える際、無駄な時間が空かないよう運行されていたり、時間帯によって渋滞に巻き込まれる可能性があるバスと違い、専用の軌道を走る場合が多いため時刻表通りの運行が可能であること、さらに、停留場（国土交通省道路局は電停と表記）のバリアフリー化が施されていたりと、従来の路面電車よりも、我々利用者がさらに快適に、便利に、乗り降りができる路面電車を運行するうえでの仕組み、構造を総称したものをLRTという。そして、国土交通省道路局の定義の中にも「低床式車両（LRV）の活用」と記されている通り、LRTの中で運用される車両を「Light Rail Vehicle（ライトレールヴィークル）」、略称「LRV」という。

ちなみに、マルチモーダル施策とは、航空、海運、水運、鉄道など複数の交通機関と連携することにより、都市部への車の集中を緩和するために行われる交通施策のことである。

図③－１　LRTの一例。富山ライトレール［K］

図③－２　LRV。車両は、熊本市交通局0800形［K］

第6章 路面電車の施設の不思議

線路が交錯する長崎駅前を行く長崎電気軌道300形［K］

路面電車

謎066

併用軌道の謎

～何と何が併用なのか

皆さんは、「路面電車」といって、何を思い浮かべるだろう。

ほとんどの方は、路面から乗り降りする小さな電車、または、道路をクルマと一緒に走る小さな電車ではないだろうか。クルマと同じ道路を使い、クルマと同じように信号待ちをし、いわば線路上を走る大型バスとみることもできるだろう。

この電車とクルマが同じ道路上を走る区間のことを「併用軌道」と呼び、クルマの運転免許をお持ちの方なら、教習所等で勉強されただろう。先にも記したが、この場合、路面電車の運転方法は、本来の軌道運転規則のみならず、他のクルマ同様に道路交通法に沿っての運用とされ、さらに、両法律によりさまざまな規制がかけられるのだ。

例えば、列車の編成長が30メートル以下に規定され、最高速度が40キロメートルに設定されていることを見ても、クルマとの共存を考慮した規則が適用されている。

ただ、併用軌道内は、緊急時や交差点でクルマが右折する際などを除き、クルマの進入が禁止されている。これにより、交通渋滞に巻き込まれることも少なく定時運行が確保できるのだ。

併用軌道に対して、電車が専用に走る区間を新設軌道という。新設軌道は、普通のバラストの上に、枕木とレールを敷いた軌道で、クルマや人との接触の危険性も少なく、定時運行も確保される。

現在、交通量の多い東京都内で走る都電荒川線と東急世田谷線は、ほとんどの区間が新設軌道だったため、廃止を免れたようだ。

逆に、本来ならば法律で禁止されている「鉄道の併用軌道」をご存知だろうか？

現在、日本には2社の路線で体験することができる。一つは、九州の熊本電気鉄道の藤崎宮前－黒髪町間にある併用軌道。もっとも、この併用軌道は舗装された道路の片隅にバラスト（砕石）敷きの軌道があり、軌道上はクルマは走れないので、路面電車でいうところの併用軌道とはイメージが異なる。

そしてもう一つは、神奈川県の江ノ島電鉄の江ノ島・腰越間にある併用軌道。こちらは、舗装された道路の中央部に線路が敷いてあり、アスファルトで道路面と同じにしてある、いわゆる路面電車から想像できる併用軌道タイプ。ここは、道路上に鉄道車両が走る領域をかなり明るい黄色でペイントしてあり、クルマの運転手さんたちに注意を促してある。江ノ島電鉄は鉄道事業者なので、30メートルという編成長の規制には抵触しないため、何と小型ながら、4両編成50メートルの列車が疾走してゆく姿は大迫力である。

図66　併用軌道を行く江ノ島電鉄500形［K］

謎067 「インファンド工法」とは

～熊本、富山などで採用されている樹脂固定軌道

路面電車の併用軌道敷といえば、アスファルトや石版で舗装し、道路上の車両の通行にも供するものが一般的だ。そのため、新設軌道の保線工事のように簡単には保線工事ができないため、舗装面のゆがみ等をよく見受ける。

従来は、数年おきにアスファルトや石版を剥ぎ、保線工事を施工し、またあらたにアスファルトや石版を打ち、現状に復すという方法が取られてきた。ただ、この方法だと、通常の保線工事よりも多くの費用や作業時間がかかることから、事業者にとっては頭痛のタネだった。

ところで、最近「インファンド（Infundo）工法」という軌道敷設工事が確立された。これは鉄筋コンクリートスラブ、レールの周囲を埋めるために充填する特殊な樹脂を使う方法で、レールの幅よりも若干広めの溝がついた鉄筋コンクリート床版を地盤上に施工、溝には緩衝材を敷き、レール長手方向約15センチごとにくさび形の緩衝材でレールの位置決めをする。そして、レールのウェブ部（頭頂部と底部の間の細くなった部分）の左右には塩ビ製のパイプを通すのだが、各種ケーブルの配線路として使用できるばかりか、のちに充填される特殊な樹脂の節約にもなっている。レールを所定位置に施工し、パイプ等も埋設したら、溝を埋めるように特殊な樹脂を充填し、レールと溝との隙間を埋める。これで「インファンド工法」での軌道工事は完了。従来の軌道と絶対的に違うのは、まくら木に値するものと、レールを締結する装置を持たないことだ。乱暴にいえば、スラブ軌道のレール締結装置レス

版とも思えなくもないが、いずれにしても通常の保守としての、バラスト（砕石）の突き固めやレール締結装置ボルト等の点検保守が不要になること、レールを樹脂で覆っているため振動が減衰することから低騒音・低振動が期待でき、さらにアスファルト舗装の併用軌道に比べて舗装の補修等がほとんど必要ではなくなるなどの利点が挙げられる。

高速の鉄道路線には向かないが、低速走行をする路面電車やLRTには欧米を中心に施工例が多くある。またまくら木がないことから、軌間や軌外に芝などを植え込み、緑地軌道化なども施工できるため、国内では、２００２年（平成14）に熊本市交通局が上熊本電停付近で施工したことに始まった。最近では富山ライトレールの新たに敷設された併用軌道区間などにも、施工例がある。

図67－１　インファンド工法を使用している熊本市電上熊本駅前電停［K］

図67－２　軌道部分にインファンド工法が用いられている富山ライトレール［S］

路面電車

謎068

溝付きレール

～国産されるようになり、再び脚光を浴びる

溝付きレールというのをご存知だろうか。通常のレールは、工の字と同じ形をしており、頭部は両側に出っ張りがある。それに対して溝付きレールは、レール頭部の内側に溝が掘られており、その溝に沿って車輪のフランジが進む構造になっている。走行する電車のフランジが溝の中を走るため、脱線しにくいほか路面との段差もなくなるため、曲線部分などでは効果的だった。路面電車全盛期には各地で使用されていたが、当時国内で溝付きレールを製造しているメーカーがなく、輸入に頼っていたため高価なことから、一部の箇所での使用にとどまっていた。

路面電車の廃止が各地で進むと、高価な溝付きレールも徐々に姿を消し、新設軌道区間の曲線部では、レールの横にガードレールを設置して、溝付きレールと同じ効果を持たせていくようになる。

消えゆく溝付きレールだったが、2000年代になると、富山ライトレールや富山地方鉄道環状線など新規の併用軌道区間が開通。溝付きレールの国内メーカによる製造も行われるようになったため、これらの路線には、この特殊なレールが使用されるようになった。

ただ、溝付きレールは車輪とフランジの両方がレールに接触するため、振動が大きく乗り心地は一般のレールよりも、悪いとされていたが、樹脂固定軌道（インファンド）の開発により騒音や振動が抑制され、従来のレールと同じような乗り心地に改善されている。

現在溝付きレールは、前記の富山ライトレール、富山地方鉄道環状線のほか、函館市電などでも使用され

ており、今後も使用する事業者が増えることが考えられる。

なお、東京都電で使用していた溝付きレールが、東京都江東区亀戸9丁目の浅間神社境内に展示されており、実際の形を見ることができる。

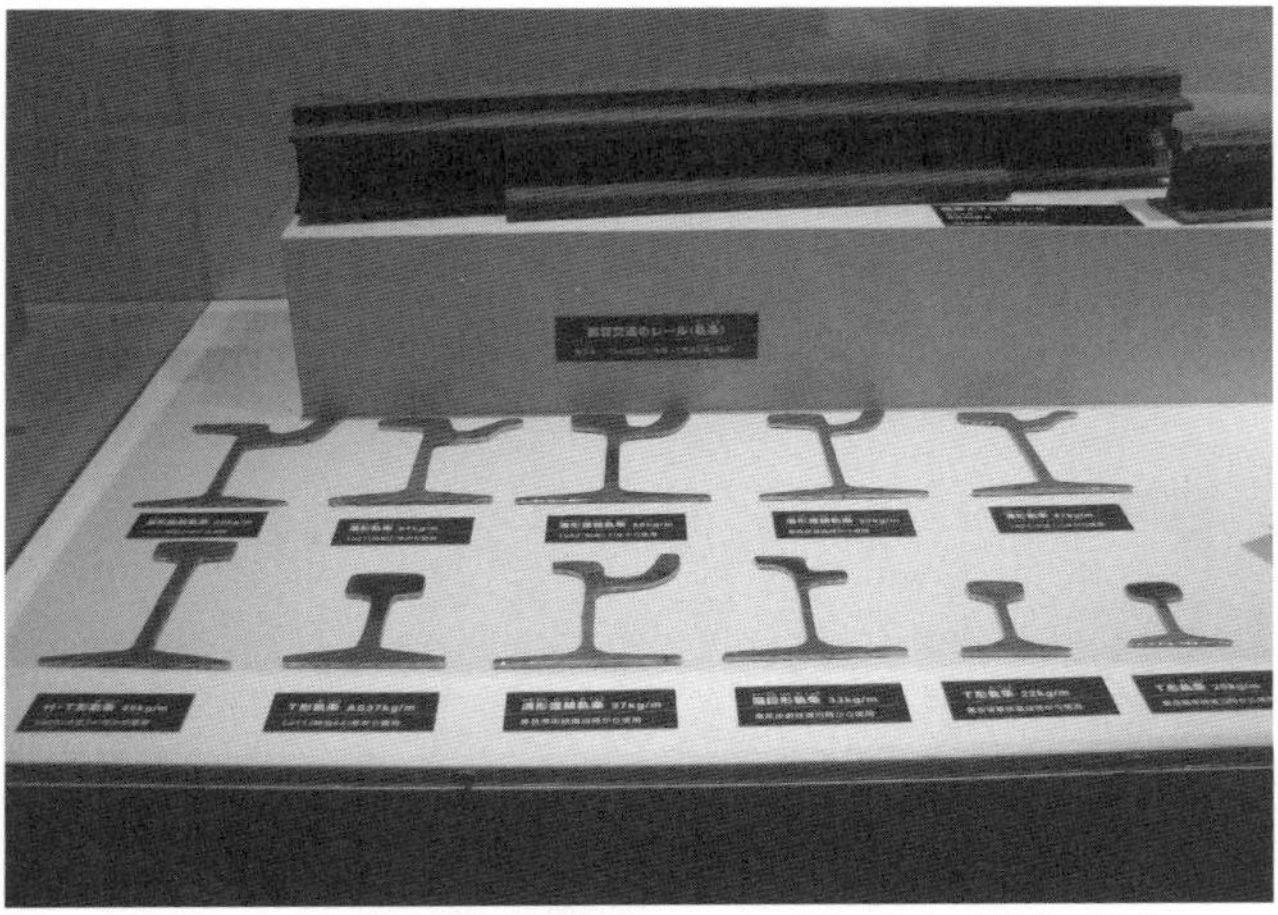

図68－１　都電ではこのような溝付きレールが用いられてきた［S］

図68－２　東京都江東区亀戸の浅間神社の境内に展示されている溝付きレール［K］

路面電車
謎069

停留場の謎 その1

～道路に線を引いただけでも安全地帯!?

路面電車は、道路の上に線路を敷いて通行する。自動車や歩行者など、他の交通手段と同じ面を通行するため、「レールにより運転する車」という定義で、「道路交通法」が適用されているというのは、他の項でも何度か記した。

大部分の路面電車は、道路を通行する際、道路の中央に軌道が敷かれていて、その上を走るのだが、停留場も軌道に沿ってホームを設置しなければならないため、路面電車の利用者は、横断歩道を渡り、道路の真ん中にあるホーム上で乗降することになる。

道路交通法的には、「道路交通法第2条第6項」「路面電車に乗降する者若しくは横断している歩行者の安全を図るため道路に設けられた島状の施設又は道路標識及び道路標示により安全地帯であることが示されている道路の部分をいう。」と記されている。

つまり、プラットホームも設置できないような狭い道では、道路上に安全地帯の表示されたラインと（安全地帯となる道路の部分を白線さらに黄色い太線で囲んで示す）標識（「V」の字表示）を設置することで、路面電車の停留場として運用されているのだ。現在は、道路上に表示されただけの安全地帯は、愛知県豊橋市を走る「豊橋鉄道」市内電車の「東田電停」や、大阪府の大阪市と堺市を走る「阪堺電気軌道」の「東玉出」電停、岡山県岡山市を走る「岡山電気軌道」の「小橋電停」、広島電鉄の「小網町電停」などがある。自動車などの往来による危険から対策が検討されてきたが、プラットホームの設置スペース確保が困難なため、新たな照明設置や車内アナウンスで注意を呼びかける方法などにとどまっている。

プラットホームのない道路にラインだけ敷かれている「安全地帯」での乗降は、自動車やバイク、歩行者とともに注意が必要である。最近では、LRV・超低床電車を導入した事業者が多くなってきたが、それにともない、停留場形態も変わりつつあり、街の景観に合わせるようにおしゃれなものも増えてきた。

屋根やベンチのデザインのほか、身体に障害がある方や高齢の方でも、無理なく路面電車を利用できるよう、車椅子用スロープの設置や、点字案内など、誰もが使いやすいことを目的とした「バリアフリー」に準じた対策が施されている。

また、LED表示の案内用のスピーカー付き「電車接近案内装置」なども設置されている。富山ライトレールでは、地域バス（コミュニティーバス）との乗り継ぎの利便を図ったフィーダーバス方式を取り入れた停留場「岩瀬浜」が存在する。路面電車から降りた乗客が、そのまま反対側に停車しているバスに乗車できるため、非常に便利である。

図69　岩瀬浜駅のフィーダーバス停。電車を降りた反対側にバス停があり、大変便利である［K］

路面電車が進化するとともに、乗降する停留場も、利便性の向上を目的とした改良がなされ、現在にいたっている。これはとても喜ばしいことである。さらなる進化に期待してゆきたい。

路面電車

謎070

停留場の謎　その2

～詳細な接近表示で、バスへの乗り継ぎを便利に

鉄道やバスを利用するとき、駅や停留場にて「電車が来ます」などというメッセージが出る「接近表示機」を見たことがあると思う。ホームで待っている利用者に電車の接近を知らすためのものだが、この接近表示機も進化と応用性が広がっている。

かつては、主に路面電車の分岐点におけるポイントや信号機を操作するため、架線に取り付けられた装置のトロコン（トロリーコンタクター）を使用して電車の位置を表示していたが、近年ではＧＰＳを利用したシステムが主流になりつつある。

東京都の都電荒川線では、１９８６年度（昭和61）に運行管理装置を導入したことにより、停留場に接近表示機を導入した。さらに、１９９５年度（平成7）の運行管理装置の更新に伴って接近表示機のグレードアップと設置停留場を大幅に拡大した。最近では、都営バスで利用していたパソコンや携帯電話などで電車の位置を確認できるＧＰＳを使用した「バスロケーションシステム」をリニューアルし、リアルタイムで電車の位置を確認できるシステムを導入している。

また、広島電鉄の廿日市《はつかいち》市役所前《しやくしょまえ》電停では路面電車から路線バスに乗り継ぎの利用者のために「接近表示機」を使用した実証実験が行われた。電車が遅延した時、接近情報をバス運転士に知らせ、発車時間を調整し、電車からの乗り継ぎ客を待ってから発車するというシステムだ。これにより、電車からバスへの乗り継ぎ時間の短縮や電車とバスが接続できないケースが減少した。

ちなみに、広島電鉄が行った実証結果では乗り継ぎが1・7分短縮し、一日あたりの利用者も約20パーセント増加したと出ている（LRT等利用促進に向けて国土交通省ホームページ参照）。接近表示機を応用した乗り継ぎシステムは、さまざまなバリエーションが考案されている。GPSの位置表示機能を利用し、電車到着時刻を予想、表示するシステムや運行管理システムとリンクし、電車とバスの双方に接続をとれるように運行管理を行うシステムもある。

広島電鉄が設置したターミナル地下街には、大型の案内表示器が設置され、方向別、主要停留場への到着予測時間、車両のタイプなども利用客に情報提供されている。停留場に設置していた案内表示器を電車内に応用した車内案内表示器は、乗り継ぎ駅の予想到着時刻とそれに伴う電車やバスの乗り継ぎ情報を表示するようなシステムも考えられている。路面電車に使用されている接近表示機は、電車の運行状況や乗り継ぎ情報など利用客が知りたい情報をリアルタイムで提供することができる。

「接近表示機」は、路面電車の運行システムとともに進化をした。より正確で詳細な情報提供をすることが可能になったため、スムーズな交通システムが構築されている。

図70－１　函館市電の電停にある電車接近表示機［S］

図70－２　広島電鉄の接近表示器。行先の頭文字が表示される。宇品の「宇」の文字が見える。光っていない文字は「西」「江」「宮」［K］

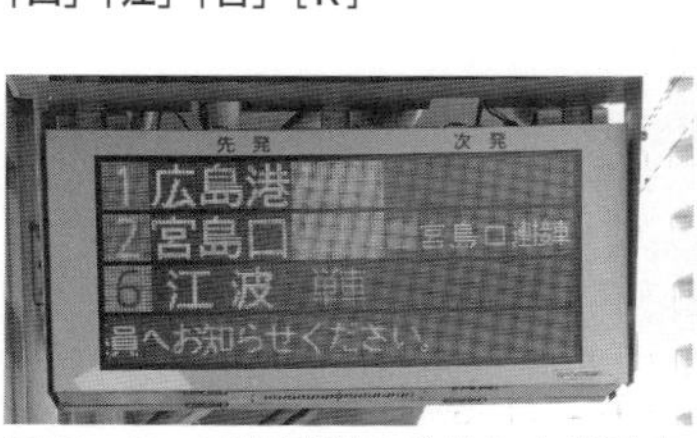

図70－３　広島電鉄の進化した接近表示機［K］

謎071

架線の謎

～くもの巣のように張り巡らされることもある

電車が走るのに必要な電気は、頭上に張られた架線から集電する方式が一般的で、ほとんどの鉄道と路面電車がこの方式により、電気を電車に伝えている。通常の架線は電気の通るトロリー線と呼ばれる線の上に、もう1本の線を張り上の線から吊る方式がとられているが、路面電車の場合はトロリー線だけが張られた構造になっている。では、架線の張り方の違いにより、どのような効果があるのだろうか。

まず、架線を張り巡らせる方法としては、大まかに4つの方式に分類される。

①直接吊架式
トロリー線を直接吊るした方式。

②カテナリー吊架式
最も一般的に見られる形で、トロリー線をハンガーと呼ばれる銅線が吊るして電気を供給する方式。構造によりシンプルカテナリー式、ツインシンプルカテナリー式、ダブルメッセンジャーカテナリー式、コンパウンドカテナリー式、合成コンパウンドカテナリー式などがある。

③き電吊架式
き電線を併用した方式。

④剛体架線式
トロリー線を直接支持金具に取り付ける方式。

このうち、路面電車で多く採用されているのが、①の直接吊架式だ。この方式は、トロリー線をスパン線ビームと呼ばれるワイヤーで架線柱と結ぶため、カテナリー吊架式のように、架線柱とハンガーを結ぶ鋼体の支持が省略でき、安価に建設ができるメリットがある。

ただ、この方式だと強い風が吹くと架線が揺れて、パンタグラフとの接触が離れることがあるほか、架線にたるみが生じることもある。そのため、高速運転には不向きで、速度の遅い路面電車で多く取り入れられている。

このほか、多くの線路が分岐する場所では、スパン線ビームがくもの巣のように張り巡らされてしまい、景観的にも良くないと言われている。そのため、近年では複線の線路の真ん中にポールを立てて架線を支持するセンターポール方式に変更している路線が多く、2本のポールを建てるよりも安価で、美観的にも優れているとされている。

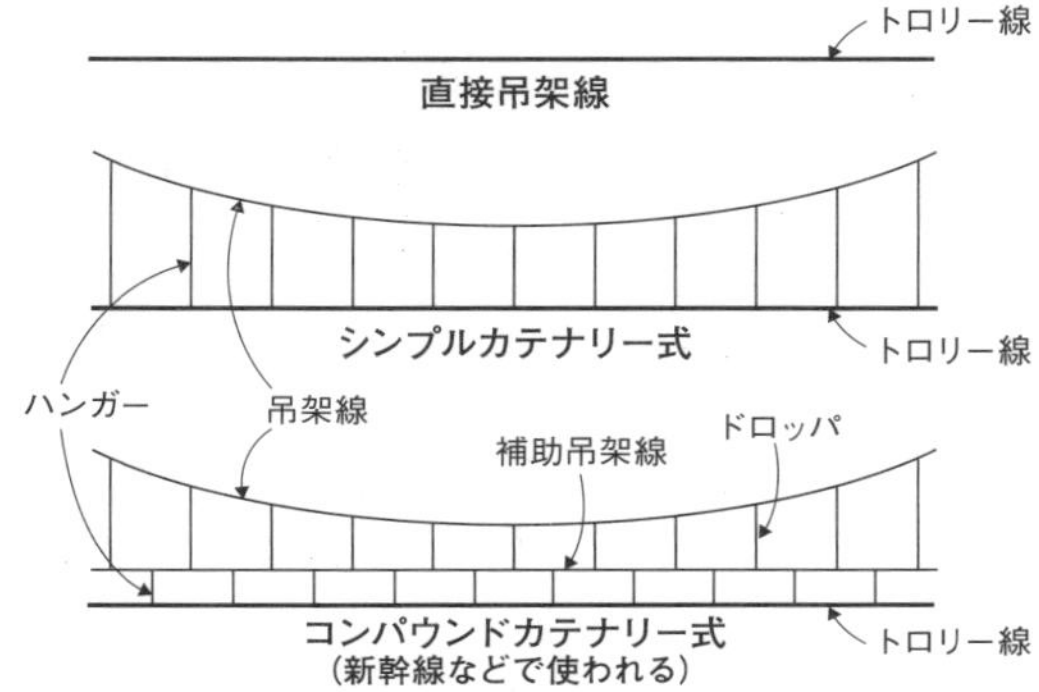

図71－1　主な架線の形

[Zパンタグラフ]

[ビューゲルパンタグラフ]

[菱形パンタグラフ]

図71－2　路面電車に使われている主なパンタグラフ［K］

路面電車

謎072 踏切の謎

～路面電車にもある変わり種の踏切

道路と線路が交差するところを、踏切という。鉄道の現場や規程集では、踏切道とも呼ばれている。これら踏切では、軌道回路というシステムにより、列車の接近を機械が感知し、警報を鳴らし、遮断機を動作させ、道路交通を遮断して鉄道側を安全に支障なく通過させる。その後、道路側の遮断を解く、という設備であることは、皆さん十分ご承知のことであろう。

もちろん、踏切にも種類があり、このように全自動的な踏切もあれば、警報機も遮断機もなく、ただ踏み板だけのある踏切や、警報機だけが設置されている踏切もある。交通量の多い踏切では、かつては踏切警手という係員が遮断機を操作する踏切もあったが、最近ではほとんどなくなった。余談だが、線路と交差する小路や民家の出入りに線路を渡るところは、踏切ではなく赤道《あかみち》といい、鉄道会社では安全対策に苦慮している箇所でもある。

近年、所管官庁では、この踏切を減らす対策をとっており、全国的には極々わずかではあるが、踏切は減る傾向にある。もっともこれは、鉄道の高架化や地下化によるものであり、地方のローカル線や路面電車ではまだまだ多くの踏切が、輸送の安全を支えている。

路面電車の踏切というと、近くに路面電車の走っている街がない方には、不思議に思える方もいるだろうが、かなりの事業者の路面電車には、多くの踏切が存在している。その中での変わり種を、いくつかご紹介したいと思う。

東京・世田谷区の三軒茶屋駅から下高井戸駅までを走る「東京急行電鉄・世田谷線」という路面電車（軌

道線）がある。世田谷線は、2両編成の電車をワンマンで運行し、わずか5キロメートルばかりの路線ではあるが、都心の交通網の一つであり、非常に混み合う軌道線だ。この世田谷線、実は軌道として路面電車の仲間に入ってはいるが、実際には路面区間はない。すべてが、専用の軌道敷である新設軌道、いわゆる、柵のある敷地内に線路を敷いた専用の軌道上を走っているのである。

ここには、東急電鉄唯一の第四種踏切があり、環状七号線（東京都道318号）と交差している（53ページ図14）。

この「西太子堂5号踏切道」（若林踏切）は、交通信号機により制御されており、電車が接近しても、交通信号はすぐには変わらない。普通の信号のように時差が定めてあり、信号が変わるまで、電車は停車して待つのだ。そう、踏切ではあるが、電車の方が待たされることのあるミステリアスな場所なのだ。

そして、もうひとつ。四国は愛媛県松山市。この松山市を中心に路線を持つ「伊予鉄道」の軌道線、一般には「松山市内線」と呼ばれる路面電車がある。道後温泉に行く路面電車として有名なため、皆さんもきっとご存じのはずだ。この松山市内線と伊予鉄道の郊外電車（鉄道・高浜線）の大手町駅前に、道路上を走る路面電車（軌道）と専用の軌道を走る郊外電車（鉄道・高浜線）との平面交差する、非常に珍しい場所がある。

鉄道と軌道が平面交差するのは、日本ではこの大手町駅前が唯一の場所となっている。そして、この通称・大手町踏切は変わっている。既に日本で唯一な点で変わり種なのだが、ここは、通常の鉄道線の踏切と同じで、郊外電車が接近すると、警報機が鳴りだし、道路側の交通を遮断機により止める。路面電車も道路上を走っているため、当然、停車する。郊外電車が通過し、遮断桿が上がると路面電車も走り出す。

そう、ここも踏切でありながら、路面電車の方が待たされるミステリアスな踏切なのである。

謎073

新設軌道の謎

～消えなかった路面電車は「新設軌道」ゆえ？

路面電車は、道路を他の交通と一緒に走ることからその名がついているが、道路上ではなく他の鉄道のように敷地内に線路を敷いて運行する形態もある。通称的には「専用軌道」と呼ばれているが、軌道建設規程では「新設軌道」となっており、これが正式名称である。「新設軌道」は、専用の敷地内に設置されているため、他の鉄道と同様、バラストが敷き詰められ、まくら木などでレールを固定している。

利点としては、他の交通（自動車や歩行者）との接触事故が少ない。保守点検のために、自動車通行止めなどの処置をする必要がなく、メンテナンス作業もしやすい。ちなみに、道路上に軌道を敷いて自動車などが軌道内へ乗り入れができないようになっている形態は新設軌道とは言わない。あくまで専用の敷地内に敷かれている区間である。

昭和の高度成長期、多くの路面電車が消えて行った。その一番の理由は、道路上を走ることから定時運転が難しく道路渋滞の原因になっているからだ。現在、東京都に残っている路線の「荒川線」は、王子電気軌道から買収した新設軌道区間が多い路線であり、他の交通との関わり合いが少ないこと、沿線住民の力強い存続要望、バスなどの代替の手段がないことなど、さまざまな条件があいまってここだけが残れたと筆者は思う。

そのほか、東京急行電鉄の東急玉川線（当時）も併用軌道部分のみ廃止になり、新設軌道であった支線部分（下高井戸線）が世田谷線と名称変更して現存している。

図73　新設軌道を走る東急世田谷線（山下駅付近）［K］

富山県に路線を持つ富山ライトレールは、ＪＲの富山港線から転換されたため、専用の軌道区間が多い。その区間は鉄道事業法が適用されているため軌道建設規程の「新設軌道」には当たらないことになっている（ただし、法律に関係なく自社の専用敷地内に設置した軌道という意味で「新設軌道」と呼ぶ場合もある）。つまり、路面電車の軌道法で「軌道」とは、原則として道路上に敷設された鉄道のことで、専用敷地内に敷設される新設軌道は、特殊例と理解できる。今から約40年以上前、併用軌道が原因で道路渋滞の原因と言われ、次々と消えて行った路面電車だが、新設軌道と併用軌道を組み合わせることで見直された例もある。

路面電車は、地域の道路状況や他の交通状況に合わせて軌道を敷設させることができるため、新設軌道は路面電車（軌道）を発展させるカギになっているのかもしれない。

路面電車
謎074

橋や路面の占有料の謎

～併用軌道の橋ではどこまでを負担するのか

路面電車は、基本的に道路上を走る電車である。そして、その道路には、私たち路面電車好きにはたまらない、いろいろなアトラクションが存在している。それは、交通信号機に併設された路面電車専用の黄色い矢印信号や赤い×信号だったり、路面に埋もれて動作している転てつ器などである。

そんなアトラクションの一つに、「橋」がある。この橋とは、いくつかのパターンがあり、一般には、河川などの水面を跨ぐ橋の事を「橋梁」といい、道路や構築物などを跨ぐものを高架橋、他の線路などを跨ぐものを跨線橋という。

さて、路面電車は道路を走るから、そんな「橋」が多いのは、当たり前のことではあるが、この「橋」は、管理がいささか複雑だったりする。当然、道路から外れて単独で走っている「橋」の多くは、軌道経営者の管理下であり、補修工事や維持管理は当然軌道会社が行っている。だが、道路を併設した、つまり併用軌道の「橋」はどうなのであろうか？　こういった話になると、そもそも併用軌道が走る道路はいったいどこの管理下にあるのか？　ということにまで発展してしまうが、ここではまとめてお話ししたいと思う。

先にも書いたが、道路から外れて、電車が単独で渡る「橋」は、通常はその軌道経営者のものである。しかし、道路上に併設された併用軌道の橋は、道路管理者の管理下にある。線路は、道路管理者の許可の下で、使用が許されて走っている。その道路の、新設や補修工事などは、自動車取得税や自動車重量税、ガソリンなどに関わる燃料への税金からまかなわれている。

それでは、この道路への軌道側の負担とはどういったものなのか？　これには、法律があり、軌道法という路面電車にまつわる法律の第十二条に「併用軌道における道路の維持、補修に関しての分担は、軌条間とその両側61センチを分担するもの」と明示されている。つまり、線路幅（軌間ではない）プラス１２２センチの場所は軌道経営者が、路盤を固め、線路を敷設し、アスファルトなどで、自動車の通行にも耐えうる舗装工事を行い、必要があれば、その他の補修工事をし、維持しなくてはならないのである。

実際には余裕を持たせ両側１００センチくらいまでを補修している事業者が多い。この補修工事と状態の維持が道路の占有料代わりであり、自動車で言うところの先の税金にあたる部分である。ところで併用軌道の橋梁や跨線橋などの場合、橋桁や橋自体の維持管理にも費用がかかるが、この場合、ある事業者によると、橋の管理者（多くの場合、自治体）と案分をし、相当額をお互いに負担し合っているそうだ。これは管理者によって（地方によって）扱いが分かれるようである。

図74　国分川を渡る土佐電鉄（知寄町三丁目ー葛島橋東詰）。路面電車では、このように単独で橋を架けている場合が多い（1981年〈昭和56〉８月）［Ｋ］

路面電車

謎075

勾配の謎

～道路に合わせて急勾配も存在する

起伏の激しい地形を走る鉄道にとって勾配はつきものだ。普通鉄道で最高急勾配は大井川鉄道井川線のアプトいちしろ－長島ダム間にある90パーミルで、通常の粘着運転では登ることができないため、線路の真ん中に歯車を設置し、車両とかみ合うように運転するアプト方式で運転している。１９９７年（平成９）に廃止された「峠の釜飯」でも有名な信越本線の横川－軽井沢間の碓氷《うすい》峠は66・７パーミルの勾配をＥＦ63形電気機関車の後押しで登っていた。

路面電車にも急勾配は存在し、東京都交通局荒川線の王子駅前－飛鳥山《あすかやま》間の66・７パーミルが、現在最高勾配とされている。王子を出発した電車は、桜の名所として知られる飛鳥山公園を回り込むように、高台へと進んでいくが、この区間は明治通りとの併用軌道で、車だとそれほどの勾配とは感じられないが、粘着鉄道にとってはかなりの難所なのだ。

実際どのくらいの差があるかといると、王子駅前電停の標高がおおよそ６メートルに対して、飛鳥山電停はおおよそ16メートルであり、約２００メートルの距離で10メートルを登ることになる。飛鳥山公園には、高齢者や身体障害者のために、王子側の公園入り口から山頂入り口まで無料の自走式のモノレールが設置されており、標高差17・４メートルを行き来しているほどで、明治通りの坂道を徒歩で登ると、意外と辛い坂道だと実感できる。

ところで、路面電車の定義でもある軌道法には、軌道建設規程があり、勾配は40パーミル以下になるように定められ、特別な箇所については、66・７パーミル

図75　東京・飛鳥山公園にある自走式モノレール「アスカルゴ」。誰でも乗ることができ、しかも無料である［K］

以下にするよう明記されている。王子駅前－飛鳥山間の勾配と同じ66・7パーミルが、かつて京都の京阪電鉄京津線蹴上《けあげ》－九条山間にも存在した。ここも道路と併用の三条通りを2両編成の電車がモーター音を響かせながら急勾配を登っていた。

この京阪京津線は、1997年（平成9）10月12日に急勾配の蹴上－九条山間を含む京阪三条－御陵《みささぎ》間を廃止し、同区間を地下化して京都市営地下鉄東西線と直通運転を開始した。それまでは、併用軌道も多く路面電車らしい風景の中を走っていたが、地下鉄乗り入れにより4両編成の地下鉄と同じ基準の電車に変更された。

謎076

軌間の謎

〜狭軌、標準軌のほかに、1372ミリメートルの特殊な軌間がある

当たり前のことだが、普通鉄道の車両も、路面電車の車両も、鉄道はみな線路の上を走る。その鉄道の線路を構成する左右のレール間隔を、軌間（ゲージ）と呼び、レールには太さがさまざまあるため、レール頭部の内側どうしの間隔が一番狭い箇所、最短距離が、軌間と規定されている。

厳密な軌間の測定方法は、例えばＪＲの場合、レール上面から、在来線16ミリメートル以内、新幹線14ミリメートル以内の最短距離と定めている。軌間の公差、許容範囲とされる誤差は、在来線がプラス７ミリメートル〜マイナス４ミリメートル、ＪＲの整備基準は、プラス10ミリメートル〜マイナス５ミリメートル。線路を分岐させ車両の進路を選択する機構・分岐器クロッシングでは、プラス５ミリメートル〜マイナス３ミリメートル。新幹線は、プラス５ミリメートル〜マイナス２ミリメートル、整備基準はプラス６ミリメートル〜マイナス４ミリメートルと、超高速運転の新幹線に関しては、公差を厳しくしている。

軌間は、鉄道創業時の１８２５年（文政８）にイギリスで初めて採用されたのが、１４２２ミリメートルで、まもなくフランジ摩耗を少なくするため、１４３５ミリメートルに改められた。これを標準軌とし、その基準よりも狭い軌間を狭軌、広い軌間を広軌と呼んでいる。日本においては、１８７２年（明治５）にイギリス人技師の助言により、在来線１０６７ミリメートルで創業とした。軌間には、ほかにもいろいろなサイズが存在するため、代表的なサイズを紹介したいと思う。

まずは、先ほど紹介した標準軌1435ミリメートル。欧米などの標準規格である。日本では新幹線、主に関西の私鉄や路面電車、地下鉄路線で採用されている。

次に、標準軌より狭い軌間の狭軌1067ミリメートルがあり、日本のJR在来線や私鉄、それに乗り入れる地下鉄のほとんどがこの狭軌である。3フィート6インチから、日本では三六軌間、サブロクとも呼ばれる。

そして、今回メインに紹介したいのが、特殊な軌間1372ミリメートルである。その名のとおり、特別な軌間である。馬車鉄道が始まりである路面電車の話を第1章に記したので、もうピンときた方も多いであろう。この軌間は、東京の馬車鉄道にゆかりがあることから、1372ミリメートルの軌間であり、標準軌、狭軌とも違う特殊な軌間である。

この軌間は、東京都電（都電荒川線）、東京急行電鉄（東急世田谷線のみ）、函館市企業局交通部、京王電鉄（井の頭線を除く）、都営地下鉄新宿線などで採用されている。新宿線は、京王線との直通運転をする際に、軌間を京王線に合わせるために、1372軌間にした経緯がある。過去の例になるが、京浜急行電鉄、京成電鉄や新京成電鉄にも、この軌間は存在した。さらに、現在は廃止となった路線、横浜市交通局（横浜市電）、西武鉄道（旧）大宮線も、廃止前は、1372軌間を採用していたのだ。

このように、東京とその周辺では採用されたのに対し、それ以外の日本国内、そして世界的に見ると、使用例が非常に少ないことから、大変貴重な軌間といえる。皆さんも、現在この軌間を確認できる東京都電（都電荒川線）、東京急行電鉄（東急世田谷線のみ）、函館市企業局交通部、京王電鉄（井の頭線を除く）、都営地下鉄新宿線にお出かけの際は、貴重な1372軌間を観察、ぜひご乗車いただきたい。

読者の皆さまには言うまでもないが、線路内は立ち入り禁止でありとても危険だ。軌間を見るときは、マナーを守り、くれぐれもご注意いただきたい。

謎077

路面電車の車庫

～本社に併設されている車庫もあれば、そうでない車庫も

本社と同居するのは7社で、岡山電気軌道は電車事業の本店が併設されている。また、福井鉄道は車両基地近くに本社が設置されている。

鉄道路線は、車両の検査や留置をするための車庫が必要で、車両数の多い鉄道では数か所の車両基地を必要とする。路面電車も同様で、各鉄道会社に必ず1か所以上の車庫を有し、検査や夜間および日中の車両留置場所として使用しているほか、乗務員の基地も併設して、運行に関するすべてを管理している施設も多い。

特に、路面電車事業を主体とした企業では、車両基地の敷地内に本社を置き、一元化した管理を行っている事業者もある。

天災や事故等で、列車の運行に支障が出た場合など、すぐに本社と連携をとることができるメリットがあるが、路線や事業体系が大きくなると、より広い敷地が必要となり移転する必要にも迫られる。

表は、各鉄道会社の車両基地をまとめたものだが、

図77　広島電鉄の本社ビル（左）と併設されている千田車庫（上）［S］

表77　車庫一覧

企業名	車両基地名称	最寄りの電停	本社との併設
札幌市交通局	車両センター	電車事業所前	×
函館市企業局	駒場車庫	駒場車庫前	○
東京都交通局	荒川車両検修所	荒川車庫前	×
東急世田谷線	雪が谷検車区上町班	上町	×
江ノ島電鉄	極楽寺検車区	極楽寺	×
豊橋鉄道	赤岩口車庫	赤岩口	×
富山地方鉄道	南富山車庫	南富山	×
富山ライトレール	城川原車両基地	城川原	○
万葉線	米島車庫区	米島口	○
福井鉄道	西武生車両工場	北府	×
京福電気鉄道	西院車庫	西院	×
京阪大津線	錦織車庫	近江神宮前	×
阪堺電気軌道	車両区	我孫子道	×
岡山電気軌道	東山車庫	東山	×（本店を併設）
広島電鉄	千田車庫	広電本社前	○
広島電鉄	荒手車庫	商工センター入口	×
広島電鉄	江波車庫	江波	×
伊予鉄道	古町市内線車庫	古町	×
土佐電気鉄道	桟橋車庫	桟橋車庫前	○
筑豊電気鉄道	楠橋車庫	楠橋	×
長崎電気軌道	浦上車庫	浦上車庫前	○
熊本電気鉄道	北熊本車両工場	北熊本	×
熊本市交通局	上熊本車両基地	上熊本	×
鹿児島市交通局	交通局前車庫	交通局前	○

路面電車

謎078 連結器の謎

~路面電車にも連結器はあるのか

鉄道車両を撮影したり、よく観察をしていると、ほとんどの鉄道車両にあり、ほとんどの路面電車にないものに気づくことがある。その一つが連結器だ。

日本の鉄道車両に通常使用されている連結器は、大別すると3種類に分けられる。

一つは、握りこぶしのような自動連結器および、これを改良した密着自動連結器、そして互い違いに差し合う形で連結できる密着連結器、さらに2車両を棒で固定した棒連結器。このうち、常に連結・解放作業ができるのは、自動連結器、密着自動連結器、密着連結器になる。

鉄道車両は、複数の車両を連結し列車として組成することが多く、たとえ単行運転（一両編成）であっても、車両の運用上、併結することもあるので連結器は装備されている。固定編成で走る特急列車等でも、前頭部の連結器がスカートや連結器カバーで隠されている形式があるが、必要によりカバーを取り外し、連結器を使用できるようになっている。

さて、話がだいぶ長くなってしまったが、路面電車の場合はどうだろう？

日本各地の路面電車をご覧いただけたら、お気付きになると思うが、ほとんどの路面電車の車両には連結器が見当たらない。これは、通常、路面電車は単行運転を前提としており、連接車等も同様である。そのため、連結器は装備していないのだ。

しかしながら、そのような車両たちを、写真などでよく観察してみると、小さな突起や穴がある。万が一、車両不具合などで牽引される時に使う牽引棒の受け口である。これらは、通常営業では使うことがないため、連結器とは言いがたいかもしれないが、車両が車両を牽引するための装置の一つとして、実質連結器に近い存在のように思われる。

ところで、先にほとんどの路面電車には……と記したが、路面電車にも連結器を備えている車両がいくつかある。

京都の嵐電こと京福電気鉄道は、ラッシュ時や繁忙期に2両連結運転をすることがあり、密着連結器を備えている。それも、国内では珍しい形のトムリンソン式密着連結器というものだ。さらに、総括制御をするための電気連結器もあわせて装備されており、普通鉄道なみのそれは、路面電車とは思えないものである。鉄道線区間も運転される車両としては、京阪電気鉄道の京津線や福井鉄道の大型車両も密着自動連結器を備えているが、こちらは路面電車というよりも鉄道に近いので、違和感がない。

そして、高知の土佐電気鉄道の電車はいわゆる単行で走る完全な路面電車タイプの車両だが、一部の電車

図78　国内では珍しい、トムリンソン式密着連結器［S］

に小さな密着連結器が装備されている。これは、以前連結運転が実施されていたため、小さな密着連結器とジャンパ栓等が装備さていたが、現在は、一部車両に連結器のみを残し、撤去されている。連結器が装備されている車両も使用実績はなく、連結器の上部に牽引棒用の受け口が装備されている。高知に行かれたらぜひ画像に収めていただきたい。

そして、最後は同じく四国の松山。道後温泉を擁する伊予鉄道の「坊っちゃん列車」の連結器。これは恐らく国内唯一実用されている貴重なものだと思う。機関車と客車を繋ぐ、その連結器は、旧式な「ねじ式連結器」である。車両のフック同士を鎖で繋ぎ、間にあるネジで引っ張り合わせ固定する。その上には緩衝器も装備され、本格的な逸品だ。これも機会があれば絶対的に画像に残しておきたいものである。

路面電車の連結器は、伝統を重んじ、一家言ある強者ぞろいなのだ。

第7章　路面電車にまつわる不思議

荒川線新装記念で運転された花電車（1978年〈昭和53〉４月）［K］

路面電車

謎079 日本最初の記念切符の謎

～どういう理由で発売されたのか

　新しい路線の開業や、鉄道会社の創立記念日など、各鉄道会社の記念日には記念切符が発行されている。その記念切符が最初に発行されたのは、正確な資料が残っていないため定かではないが、鉄道会社が開業時に関係者に配布した招待状や優待券がルーツと思われる。

　では、現在のように一般に発売される記念切符というと、東京市街鉄道（現在の東京都電）が１９０５年（明治38）12月17日に発行した「満州軍総司令部凱旋記念切符」が最初と言われている。この切符は４・６×10・６センチの大きさで、料金は7銭。中央に日本の国旗と軍旗が描かれた往復切符で「ゆき」「かえり」の部分にパンチを入れる方式だった。券面には「使用後御持帰り御随意」と表記されており、使用後も持ち帰れるようになっていたため、現在も実物が残っている。

　この記念切符の発行理由を述べると、日本は、１９０４年（明治37）２月８日に、ロシア軍旅順艦隊に奇襲攻撃をかけ日露戦争へと突入した。これに伴い、大山巌元帥が率いる満州軍司令部が創設され、約1年半の激戦を勝ち抜き、１９０５年9月4日（日本時間は5日）アメリカ東部の港湾都市ポーツマスにおいて日露講和条約（別名ポーツマス条約とも言われている）が締結された。

　戦闘を終結した満州軍司令部は、12月7日に新橋から皇居まで凱旋パレードを行い、その際に記念切手や記念絵葉書、そして記念切符が日本の鉄道として初めて発行された。

記念切符を発行した東京市街鉄道は、１９０３年（明治36）９月15日に数寄屋橋《すきやばし》－神田橋間を開業した路面電車で、記念切符が発売されたのは、このパレードの道順に路線があったためだ。

明治時代は、品川－新橋間を開業させた東京電車鉄道、土橋（現在の新橋）－御茶ノ水間を開業させた東京電気鉄道と、この東京市街鉄道の３社により路面電車網を形成しようとしていた。しかし、１９０６年（明治39）９月11日にこの３社が合併して東京鉄道となり、さらに１９１１年（明治44）８月１日に東京鉄道を東京市が買収して東京市電に変更された。

記念切符が発行された翌年には東京鉄道に合併されたため、東京市街鉄道の記念切符はこれが最初で最後となったわけだ。

記念切符は、昭和になると多く発行されるようになり、１９７０年代には毎月たくさんの記念切符が発売されブームとなったが、近ごろはＩＣカードの普及により発行する鉄道会社は減っている。

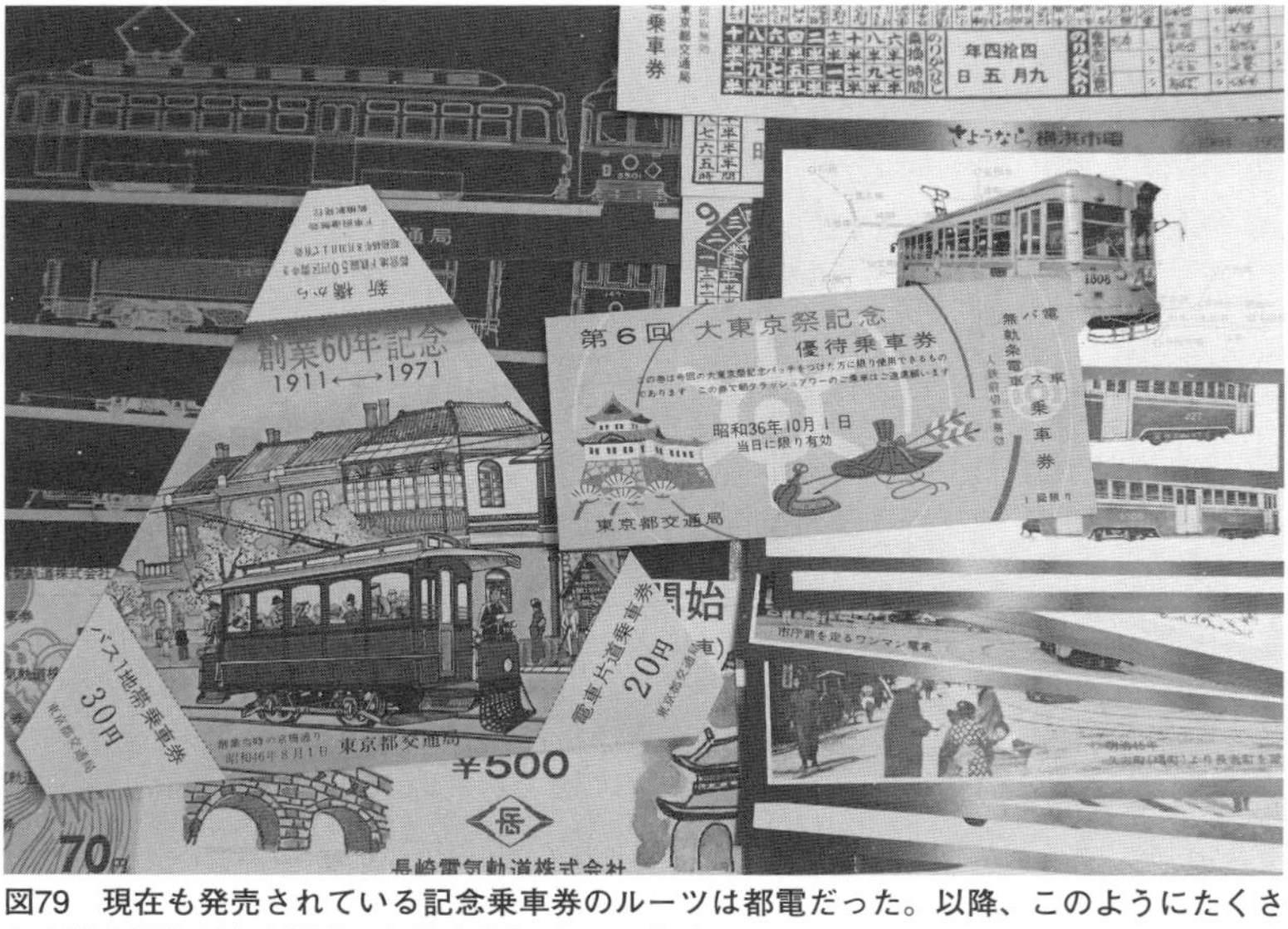

図79　現在も発売されている記念乗車券のルーツは都電だった。以降、このようにたくさんの記念切符が各事業者から発売されている［Ｋ］

路面電車

謎080

花電車の謎

～きらびやかな車両で、利用客を魅了

「花電車」……といって、皆さんはどんな電車を思い浮かべるだろうか？

名前だけ聞いたり文字を見ると、色とりどりのカラーなどをイメージすることも多いかもしれない。

花電車とは、車両まるまる1両をきらびやかな装飾で施した電車だ。

全国の路面電車でも、お祝いの行事やお祭りが開催されるときなどに走り、多くの人々の目や心を奪う路面電車の華とも呼べる車両である。そして、一般のお客さまは乗ることのできない専用車両や業務用車両を用い、営業外の運転とすることが基本だ。

さて、そんな花電車の歴史の謎をひも解いてゆこう。

まず花電車は、路面電車黄金時代〝１９６０年代〟、政令指定都市（例えば、現在では路面電車が走っていない仙台市、新潟市、さいたま市、千葉市、川崎市、横浜市、静岡市、神戸市、大阪市、福岡市、北九州市など）を中心に路面電車が各都市にあったころ、その町を象徴する顔として、多くの軌道事業者が花電車を保有していた。今ではなかなか考えにくいが、お祭りなどに際して運行していたのだ。

現在でも、広島電鉄や都電荒川線など、一部の軌道事業者において、その都市での一大イベントや祭事などの際に運行することがある。広島電鉄では、無蓋電車に生花などの飾りを施し豪華絢爛たる姿に。そして、市民の皆さまにその花を配るといった素敵なイベントも行っている。都電荒川線では、２０１１年（平成23）の都営交通百周年を記念して、お祝いの誕生日ケーキに見立てたデコレーションラッピングや装飾を施

し、花電車の運行や撮影会などが行われ、沿線の皆さんや都電愛好家など、多くの人を魅了した。

特記として、お客さまが乗車できる場合もある。イベントなどに際し、営業用車両の外観や車内に、電飾や装飾を施した装飾電車というものがあるのだ。普通の人には、花電車と区別することが難しいため、混同されることもままある。

なお、路面電車が廃止されてしまった都市では、バスを改造した「花バス」や、自動車を改造した「花自動車」というものが運行されることもあるのが非常に興味深い。

事例として、名古屋市の皆さまの楽しみである「名古屋まつり」などで運行されていた名古屋市交通局の「花バス」がある。1933年（昭和8）から2005年（平成17）まで運行し、特に名古屋まつりでは長らく愛されたおなじみの車両であった。ほかにも、西日本鉄道が西鉄福岡市内線（現在は廃線）にて、福岡市内で毎年5月に開催されるお祭り「博多どんたく」の際に運行していた花電車の代替として、トラックを改造した「花自動車」車両を運行していることも面白い。

ぜひ皆さんも、「花電車」、「花バス」、「花自動車」と一緒に、お祝いやお祭りを楽しみましょう!!

表80　主な花電車とその車両

企業名	車　両	備　考
函館市企業局	装1号－装3号	
東京都交通局	花100形	
東京都交通局	乙6000形	（現廃車）
広島電鉄	貨50形51、52	
長崎電気軌道	87形	（現廃車）
熊本市交通局	50形52、53	
鹿児島市交通局	20形電車花1号・花2号	

図80　2011年（平成23）に運行された都電の花電車は、1978年（昭和53）以来33年ぶりの運行だった［S］

路面電車

謎081 ラッピング電車の謎

～都バスから始まり、急速に広まった

路面電車によく見られるラッピング電車。その存在を皆さんもご存じだろうか？

ラッピング電車は、２０００年（平成12）４月、東京都知事の発案により、東京都交通局の都バスなどに広く用いられるようになったことで、一般に広まっていった。

ラッピング電車のそれまでは、地方の赤字ローカルバス・電車の広告収入源として用いられるパターンが多く、名称の「ラッピング」も、あまり広まらなかった。東京都は、次第に路線バスにとどまらず、都電荒川線（都電）の車両などにも、ラッピングを使用していった。都電荒川線のラッピング電車の成功を皮切りに、一般の鉄道車両にも見かけることが多くなっていったのだ。現在では、各地の路面電車で「ラッピング電車」が多く見られ、街中の動くメッセージとして定着しつつある。

ラッピング車両は、交通広告として扱われ、各都道府県や政令都市ごとにある地方公共団体が、屋外広告法に基づいた運用で、運転されている。

ここに紹介すると、

１　道路交通の安全を阻害するおそれがないもの。
２　車両運行上の支障となるものでないこと。
３　都市景観との調和を損なうものでないこと。
４　広告物の掲出面積や表示位置は、東京都屋外広告物条例及び施行規則で定める規格の範囲内。

（公益社団法人東京屋外広告協会の車体広告利用などのデザイン基準より）

広告主や事業者から依頼を受け、車両用のラッピン

グを制作する会社では、鉄道用の不燃フィルムで耐久性にも優れているものを使用している（屋外広告で3年程度である）。

まず、そのフィルムにあらかじめ印刷を施し、そのフィルムを現地（鉄道でいえば車両基地など）にて、直接車体に貼り付けてゆくのだ。取り付ける際には、窓やドアの開閉部などに、支障にならないよう部分的にカットしたりする。まさにその名のとおり、デパートで見かける包装のように、車体を包み込むようにラッピングしてゆくのだ。

ラッピングに伴う鉄道事業社への広告収入は、1か月でおよそ10万円前後、1年間で100万円程度だという。広告主は、それに加え、ラッピングフィルムの制作費、貼り付け作業費、屋外広告条例の承認が必要だ。ラッピング電車による広告はすごく目立つ、そしておしゃれでカッコイイのだが、手間とお金が多くかかることも間違いない。特に、屋外広告条例は、ラッピングの内容で問題になることが多く、街の景観にそぐわないと判断された場合、許可が出なかったり、ラッピング期間を大幅に短縮されてしまうこともある。

しかし、最近はさまざまなラッピング電車が登場し、地域観光客勧誘促進キャンペーンものから、映画の宣伝、さらにはテレビアニメーション作品とコラボレーションしたもの（例・京阪電気鉄道石山坂本線600形で採用）など、人気を博している。

都電荒川線では、広告主によっては、電車を動物の「しまうま」のようなデザインにしたものが存在しているいるし、過去には花電車にしたデザインもある。このように、バリエーション豊富なラッピング電車は、スパイスのひとつになり、我々の目を楽しませてくれているのだ。

チンチン電車という通称の起源

～鳴らす回数にも意味がある

「チンチン電車」は、いわゆる俗称であり、正式には「路面電車」のことを指す。

チンチン電車の〝チンチン〟は、電車が発車するときに「チンチン」と鐘がなることに由来する。車掌が運転士に、あるいは運転士が車掌に合図を送るため、走行時に、周囲の皆さんに鳴らしていた鐘の音である。市電として、この「チンチン」音が採用されたのは、大阪の市電が最初といわれている。

他の項でも記したが、路面電車は、1895年（明治28）に、京都電気鉄道によって開業した。これが、営業運転を始めた日本初の路面電車である。現在でこそ、路面電車はほとんどが運転士一人によるワンマン運転だが、昔は運転手と車掌が乗っていた。

電車には後から乗り、前から降りるという定番のスタイルがあり、車掌は電車の最後部に乗って停留場で、入り口付近にある引き紐式のベルを2度引っ張り、「チンチン」と鳴らし、乗客が乗り終わったのを合図するのだ。

この鐘の音の「チン」や「チンチン」などの回数は、以下のような意味で使用されていた。

●走行中の電車が、停留場に近づいた際に、「チン」と1回鳴らせば、「降客があるため停車せよ」、または「停車する」。

●「チン、チン」と2回鳴らせば、「降客がないので通過しても良い」、または「良い」。

●さらに停車中に「チンチン」と2回鳴らした場合は「乗降がすんだので発車しても良い」、または「通過」。

●「チン、チン、チン、」と3回以上鳴らせば、「直ちに停車せよ（急停車）」、または「停車する（非常停車）」。

という具合だ。

しつこいようだが、もともとこのチンチンベルは、車掌が運転手に「乗降が終わり、発車してもいいですよ」という合図を、紐を引っ張って鳴らしていたものだから、車掌がいなくなり（一部にはまだ車掌がいる路線もある）、経費上の問題からワンマン化された現在は、なかなか聞くことができなくなった。

しかし、東京都が運営している都電荒川線では、自動の電動ベル「2連打ベル制御器」を車内に取り付け、今なお、ドアが閉まる際に、「チンチン」と音を鳴らして走っている。この「2連打ベル制御器」は、ドアが乗降用双方とも閉扉した際、自動打鐘されるシステムで、自動化しているため、鳴らし方は異なるが、このベルの音を残したことはとても温かく、人情味を感じて嬉しくなる。

２０１１年（平成23）12月に開業１００年を迎えた阪堺電気軌道では、通常の営業運転をしている電車のうち、国内で最も古い「モ１６１形車」の１両を、昭和40年代の姿に復元し、紐を引いて鳴らすベルも再現した。粋なはからいである。

当面こちらの車両は、臨時列車として利用されているとのこと。貴重な当時の姿を拝みに、ぜひ、読者の皆様にも足をお運びいただきたい。

図82　都電6000形の２連打ベル［K］

謎083

昔の路面電車にはなぜ架線が2本存在したのか

～電車のモーターを動かした電気をどうやって戻すか

古い路面電車の写真を見ると、長い棒のようなもので、架線と電車を結んでいるのが見られる。これは、トロリーポールという架線集電装置だが、電車によってこのポールが1本の場合と2本の場合とがある。では、なぜこのような違いがあるのだろう。

電車は架線から電気を受け、その電気で電車のモーターを動かす。使い終わった電気は帰電として、線路を伝わり変電所に帰って行く。これが電車の仕組みで、トロリーポールからの電気も、最終的には線路へ帰電させているのだ。

路面電車がトロリーポールを使用していた時代、日本は路面電車の走るような都市を中心に、地中に水道管が埋設されていた。当時の水道管は鉄でできており、上を走る路面電車の線路への帰電が漏電し、水道管を電食させることが判明してしまった。そこで、電車のトロリーポールを2本にし、1本を帰電に使用する対策が行われた。京都市電や東京市電、大阪市電などで2本ポールの電車が走っていた。

もちろん架線も通電用のものと帰電用のものとで2本が平行に設置されていた。トロリーポールは進行方向に対して後ろになびくように使用するのが決まりで、終端駅では方向を変える作業が行われていたが、電車が大形になってくると、両端にトロリーポールを設置して、上げ下げだけで進行方向を変える方法に変更された。この際、帰電用ポールを持つ電車は4本のトロリーポールを設置していることになり、屋根の集電装置が目立つ姿だった。

その後、水道管が鉛など電気を通しにくい材質に変

図83　トロリーバスは、現在、長野県と富山県を結ぶ立山黒部アルペンルートにしか走っていない（2か所)。写真はそのうちの一つ「関電トンネルトロリーバス」［K］

更されたため、徐々に帰電ポールは取り外され、2本あった架線も1本に戻された。

電車のトロリーポールは、パンタグラフへと変化を遂げ姿を消したが、トロリーバスでは今でも、トロリーポールを使用している。バスの場合、軌道がないため、場所によっては架線から少し離れることがあるが、トロリーポールは台座が回転するため、少々の離れも集電に影響がでないためだ。ただ、トロリーバスの場合、地面に帰電する部分がないため、2本の架線に2本のトロリーポールを使用している。

現在、日本では、立山黒部アルペンルートの関西電力関電トンネルトロリーバス、立山黒部貫光立山トンネルトロリーバスの2か所で見ることができる。

謎084 路面電車の貨物輸送の謎（荷物電車）

～環境にやさしく

まだ、モータリゼーションの恩恵が都市部だけのものだったころ、鉄道には小荷物や郵便などを輸送する荷物電車（列車）というものがあった。いわゆる「荷電」である。これは、貨物とは違い、小荷物・郵便など小口の輸送をするもので、列車そのものが荷物を積んで走る専用列車と、旅客列車に荷物車を併結したり、合造車（形式でいえば、オハニとかキハニなど）を連結したりして、人々への小口輸送に貢献していた。

現在でも、定期旅客列車の車両の一部を仕切り、新聞や物資の小口輸送を行っている事業者が存在する。外国では、路面電車の荷物列車も存在するそうで、まだまだ鉄道による小荷物輸送は健在である。ところで、わが日本国内でも、小荷物（宅配便）を運ぶ路面電車があるのをご存じであろうか？

大手宅配便会社と手を組んだのは、京都の京福電気鉄道こと嵐電である。嵐電の嵐山本線は、洛中の四条大宮から洛西の嵐山を結んでいる。京都は日本が世界に誇る歴史的な文化遺産であり、それはユネスコの世界遺産にも登録されている日本の有名な観光名所である。

また、嵐電は、そんな古都に残る唯一の路面電車でもあり、２０１０年（平成22）には開業１００周年を迎えた、京都とともに歴史のある鉄道である。

四条大宮を発車した電車は、しばらく新設軌道（専用軌道）を走るが、やがて西大路三条の電停あたりから、断続的に併用軌道を走り、帷子ノ辻《かたびらのつじ》電停から終点嵐山までは、再度新設軌道を走る、まさに京都らしいところを走る路線である。終点の嵐山付近は、自然の宝庫で四季折々の風景が、車窓を楽しませてくれる。

そんな京都は、環境モデル都市として「歩くまち・京都」憲章を掲げている。また、地球温暖化に歯止めをするべく「京都議定書」が採択された。その一環として、京都市・京福電気鉄道（嵐電）・大手宅配便会社で京都市嵐山地域周辺のCO_2排出削減および環境への取り組みとして、宅配便の輸送を、２０１１年（平成23）５月18日から、嵐電の車両を1両貸し切る形で、定期旅客電車に併結し、西院《さい》電停から嵐山まで運転している。

現在では、路面電車で定期荷物電車を走らせているのは、この嵐電が唯一である。この嵐電と大手宅配便会社の取り組みは、観光地である嵐山地域の環境保全や渋滞解消が主な目的だ。宅配便は、従来、大手宅配便会社の物流ターミナルから大型トラックで、嵐山担当営業所まで輸送され、そこで仕分けられて、中型のトラックやバンなどで配送されていた。これを物流ターミナルから荷物を嵐電の西院車庫に運び、リヤカーに搭載できる集配用のコンテナに仕分け、嵐電の荷物電車に積載する。電車には宅配会社の配送担当者が乗車して、嵐山や嵐電嵯峨《らんでんさが》で荷物を降ろす仕組みだ。

嵐電嵯峨からは、電動アシスト付き自転車に牽引されたリヤカーにコンテナを搭載して、各所に配送する。このように、路面電車を利用する方式にすることで、CO_2排出量を年間約30トン以上も削減できるとのことである。また、電動アシスト付き自転車での配送は、駅から概ね５００メートル以内とし、それ以上の距離にある配達先や京都市内エリアでは、電気軽自動車も使用され、環境負荷の低減を図っている。施設の関係もあり、現在は西院から嵐電嵯峨・嵐山だけのサービスとなっているが、将来的には、輸送量や運行状況を鑑み、全停留所でのサービスも計画され、増便も期待されているため、今後の展開が興味深い。

謎085

路面電車の仲間 その1

～人が客車を押す「人車鉄道」

人車鉄道とは、人が客車を押す人力による交通手段で、1900年代初頭に活躍していた。「客車の動力を、人間の力に頼る」いわば、「人力車」の鉄道版といったところであろう。人力で客車を押す関係から、軌間は610ミリ～762ミリがほとんどで、軽便鉄道のような、マッチ箱に似た形の車両が使用されていた。

コスト的には、建設費や燃料費などが他の鉄道と比べて極めて低く、初期投資の少なさから、当時は、北は北海道から南は沖縄まで多くの路線があった。

東京では、明治から大正にかけて「帝釈人車軌道」が存在し、現在の京成金町線（京成金町～柴又間）1・2キロを運行していた。

起点と終点の両駅（人車金町駅、人車柴又駅）には、駅事務所が設置され、軌道は折り返しが容易なループになっていた。

ここは、人車鉄道では珍しく、上り下りの複線で、JR常磐線（当時の日本鉄道）金町駅から柴又帝釈天への参拝客輸送手段として使用されて、多くの利用者があった。

また、神奈川県の小田原－熱海の間にも、現在の東海道線が開通するずっと前に（1895～1907年ころ）人車鉄道「豆相人車鉄道」が運行されていた。このあたりの地形は険しく、東海道線も小田原・熱海ルートではなく、御殿場ルートに迂回して開業していたため、「豆相人車鉄道」が、小田原－熱海間の軌道を使用した唯一の交通機関であった。一部では、国道上を走行する「併用軌道」の区間もあった。沿線は相

図85　かつてはこのような客車に乗客を乗せ、人間が手で押すことによって運んでいた鉄道が存在した［写真提供：葛飾区郷土と天文の博物館］

模湾に面しており、乗客は、美しい海岸線を車内から見ることができたという。

このように、全国規模で活躍していた人車鉄道だが、運転速度が遅いため、車両の動力化が求められる。徐々に廃線や、他の交通機関への転換が進められ、1955年（昭和30）島田軌道の休止（正式廃止は1959年）を最後に、すべての人車鉄道が姿を消した。

現在、人車鉄道は運行されていないが、宮城県大崎市にある大崎市コスモス園などで、イベント時に「松山人車鉄道」の複製車両が運行され当時の様子をうかがうことができる。

車両自体は、東京都の「葛飾区郷土と天文の博物館」の特別展で複製車両が展示されるほか、埼玉県の「鉄道博物館」でも見ることができる。

なお、先ほど紹介した「豆相人車鉄道」は、地元制作した「ガイドマック豆相人車鉄道歴史街道物語」などの冊子も存在し、駅舎跡を巡ることができる。

謎086

路面電車の仲間　その2

～法律上は鉄道「トロリーバス」

バスの良い所（無軌道）と、路面電車（CO_2削減）の良いところを併せ持ったのが、「トロリーバス」だ。1882年4月に、ドイツで誕生したのが始まりと言われており、当時は、新しい交通の実験材料として約2か月間実施された。その後ヨーロッパ各地からアメリカと広がり、1900年代初頭にはフランスなどで実用的に使用された。

日本では、1928年（昭和3）に阪神急行電鉄にて温泉宿やレジャー施設を結ぶ交通手段として登場したのが始まりだった。その後、京都市電気局（現・京都市交通局）、東京都、川崎市、横浜市、名古屋市、大阪市、宝塚市など次々と登場し、都市交通としておなじみの手段として発展して行ったが、路面電車と同様、大都市での交通渋滞を引き起こす原因として、地下鉄などへの転換により数を減らしていった。

現在、日本においてのトロリーバスは、立山黒部貫光の立山トンネルトロリーバスと関電トンネルアルペンルートのトロリーバスしかない。2社ともに、急勾配のトンネルを運行することから、排気ガスの出ないトロリーバスが使用されている。トロリーバスは、日本の法律的には「無軌条電車」と呼ばれ、新交通システムやリニアモーターカーのような特殊鉄道の部類に入る。そのため、運転士は大型旅客自動車を運転するための「大型二種運転免許」の他に、列車運転用「動力車操縦免許」を取得しなければならない。

トロリーバスが走る区間では、鉄道線路端にあるような「キロポスト」や「勾配表」など、鉄道用の標識を見ることもできる。使用されている車両には、ブレーキ制動に空気式と電気式があり、動力もモーターを使用している。制御装置は最強の「ＶＶＶＦインバーター装置」が採用されている。車両形式も、３００形（関電）８０００形（立山）と鉄道車両のような形式呼称が与えられている。

一方、世界に目を向けると、トロリーバスの発展系と思える交通システムも登場しており、お隣、中国の上海では、停留所に設置した架線から集電して、蓄電された電気で、次の停留所まで走行するという、言わば「充電式のトロリーバス」が走っている。各停留所のみに架線を設置すれば良いため、メンテナンス費などの費用が安く、上海発の新しい交通機関として注目されている。

アメリカのマサチューセッツ州ケンブリッジやセルビア共和国では、ノンステップタイプのトロリーバスが登場。軌道式の路面電車や地下鉄よりも低予算で建設ができ、環境にも優しいトロリーバスは、今後注目すべき交通手段として発展していく可能性を秘めている。

図86　立山黒部貫光の「立山トンネルトロリーバス」は、室堂駅と大観峰駅を結んでいる。かつては普通のディーゼルバスが走っていたが、1996年（平成8）からトロリーバスである［K］

謎087 路面電車とトンネルの謎

~街の中を走る路面電車ゆえ、トンネルと呼べそうなのは3か所しかない

国土の半分以上が山や丘陵でできている日本列島。そこを走る鉄道にはトンネルがつきもので、列車に乗ってトンネルを抜けた経験は多いはずだ。

では、路面電車でトンネルを越えたことはあるだろうか？　その体験は非常に少ないだろう。なぜなら、路面電車にトンネルはほとんどないからだ。

その理由は、路面電車の走る地形に関係がある。路面電車は、人口の多い都市部で運行されている。人の集まる都市部は、住居の建てやすい平坦な場所が多く、少しの丘陵なら坂道で対処してしまう。一般の道路と併用して走る路面電車は、道路に習って坂を登ったり下りたりするため、トンネルがほとんどないのだ。

かっては、横浜市電など数か所の路面電車にトンネルは見られたが、現在はトンネルもしくはそれに類似するものは3事業社のみに存在する。

一つ目は、京都の京阪電気鉄道京津線の大谷《おおたに》－上《かみ》栄町《さかえまち》間の逢坂山トンネルで、全長は約２５０メートルもある山岳トンネルだ。

京阪京津線は、軌道法による鉄道で、かっては京都の三条と滋賀の浜大津を併用軌道と専用軌道を使い結んでいた。車両も路面電車として分類される軌道法による30メートル以下の車両だったが、１９９７年（平成9）10月12日に、三条－蹴上《けあげ》間を廃止し、京都市営地下鉄東西線への乗り入れを果たした。それにより、車両も地下鉄車両と同規格の4両編成とし、路面電車と呼ぶには違和感があるかもしれない。ただ、現在も浜大津付近では路面電車のように併用軌道を走っており、路面電車の仲間には入っている。

二つ目は、江ノ島電鉄の極楽寺－長谷間にある全長200メートルの極楽寺トンネル（極楽洞）で、開業以来110年間変わらないたたずまいを現代に残している。ただ、江ノ電は鉄道線のため、厳密に言うと路面電車のトンネルではない。

三つ目は、長崎電気軌道で、松山町－浜口町間と桜町－公会堂前間にトンネルらしき構造の区間が存在する。そのうち桜町－公会堂前間は併用軌道で、車と一緒に市電がトンネルを通過する光景が見られるが、実はこのトンネルは当初丘陵を削って掘割の上を道路が跨ぐ立体交差として建設された。その後立体交差道路に隣接する駐車場ビルが線路を跨ぐように建設され、トンネルのような構造になった。そのため、併用軌道を管轄する道路管理者は立体交差として登録をしている。

もう一か所の松山町－浜口町間は、長崎西洋館の建物の中を通過する構造で、トンネルのようには見えないが、登録上はトンネルとされている。このビルは長崎電気軌道が所有するもので、建設にあたり、これまで建物内を通過する例がなく、ビルを突き抜ける部分がトンネルとして認可を受けたため、「西洋館隋道」という正式名称も持っている。

トンネル自体が少ない路面電車だが、変わった構造の物が見られるのも特徴だろう。

図87　江ノ島電鉄の唯一のトンネル「極楽寺トンネル」［K］

謎088 路面電車の最高地点と最低地点

～路面電車に絞ると最も標高の高い地点は200メートルにも到達しない

日本の鉄道で、最も標高の高い地点は、小海線の清《きよ》里《さと》－野辺山《のべやま》間の線路と国道141号線がクロスする地点。その標高は1375メートルで、線路北側にはJR鉄道最高地点の標柱、南側に日本の鉄道最高地点の石碑が立っている。駅で言うと、普通鉄道なら最高地点に近い野辺山駅の1346メートルであるが、鉄道の仲間でもある無軌条電車の立山黒部貫光立山トンネルトロリーバスの室堂《むろどう》駅が標高2450メートルもあり、駅では一番となっている。

では路面電車で最も標高の高い位置にある駅はというと、京阪電気鉄道京津線の大谷《おおたに》駅で、その標高は157メートルある。この京津線は京都の御陵《みささぎ》と滋賀県は琵琶湖の畔に位置する浜大津を結ぶ路線で、途中の大谷－上栄町《かみさかえまち》間で標高325メートルの逢坂山をトンネルで抜ける。この逢坂山は、古くから山城国と近江国の国境として関所が置かれ、京の都の防衛を担っていた場所でもあり、平安時代には蝉丸や清少納言の歌にも詠まれていた。最高地点の駅はこの逢坂山に位置する場所にある。

さらに、最も標高の高い地点となると、この逢坂山隋道の大谷側入り口付近で、標高は165メートルあり、京都から逢坂山を目指して登ってきた電車は、この逢坂山隋道でサミットを迎え、琵琶湖に向かって下っていく。

では、逆に最低地点となると、普通鉄道では津軽海峡線の青函トンネル内にある吉岡海底駅で標高はマイナス145メートルだ。地上駅だと関西本線の弥富《やとみ》駅でマイナス0・49メートルとなる。

図88　江東０メートル地帯を走るかつての都電。川よりも人家が低く、勾配を登って橋を渡っていた（1972年〈昭和47〉１月頃）［Ｋ］

路面電車では、現在地下に駅を設置しているのは、京阪電気鉄道京津線の御陵駅のみだが、この駅は京都市営地下鉄との共同駅で、駅の管理が京都市営地下鉄に任されているため、京津線の駅とは言いにくい立場にある。

地上駅の最低地点は、土佐電気鉄道の県立美術館通電停周辺の標高マイナス０・２メートルである。路面電車は、海岸を有する都市に多く存在するため、０メートル前後の地点は意外と多く存在し、土佐電気のほか広島電鉄や函館市企業局など海岸近くを走る路線は、標高が低くなっている場所がある。

かつての東京都電でも、江東０メートル地帯と呼ばれた区間を走っており、河川を渡る鉄橋よりも、その前後の地点のほうが低く、アップダウンをしながら橋を渡る光景が見られたものだ。

謎089 路面電車の廃線跡

～わずかな痕跡を発見してみませんか

今廃線後の探訪が静かなブームになっている。長い鉄道の歴史では、惜しまれつつも廃止になった鉄道や、路線の変更で一部分が廃止になった区間など、探すと元鉄道だった場所は意外と多い。

廃線後は、一般の鉄道に限ったことではない。路面電車も廃止になれば、その用地は廃線跡となる。ただ、一般の鉄道と路面電車では廃線後に大きな違いがある。それは、路面電車は道路上を走っていたため、線路を撤去してしまえばただの舗装道路となり、昔路面電車が走っていた痕跡を見つけるのは難しいだろう。

ならば、併用軌道だった部分はというと、路面電車は人口の密集した都市部に多く走っており、廃止となる理由もモータリゼーションが要因で、廃止後はすぐに新しい道路や住宅地に変貌してしまう。

とはいえ、丹念に廃線跡をたどれば、鉄橋の橋げたや、ホームの痕跡を発見できることもある。１９６９年（昭和44）に廃止された東急玉川線の支線砧《きぬた》線跡は、遊歩道となった区間が多く、一部には鉄橋の痕跡を見つけ出すこともできるほか、地元のかたがたにより、鉄道が走っていた証を残そうと、昔駅だった場所に目印となる標識を立てた例もある。

このほか、架線を張るための架線柱が撤去されないまま残っていたり、支柱のコンクリートだけが取り残されている場所も見受けられるが、いずれも無用のもののため、道路の拡張工事や新しいビルの建設等に伴い、いつのまにか撤去されてしまうのが現状だ。

また、道路との併用区間でも、線路を撤去せずアスファルトで舗装してしまった場所があり、車の往来で

図89　都電29系統と38系統が走っていた廃線跡。線路のモニュメントの先が竪川の橋だった部分で、現在は遊歩道に変わっている（東京都江東区亀戸付近）［K］

アスファルトが磨耗して、かっての線路が現れるといった事例もあった。数十年の時を超え、地表に現れた線路は、町の変貌ぶりをどのようにとらえたのだろう。その場所に電車が走っていたことを知っている人は、幽霊のごとく現れた線路に、昔の記憶がよみがえったのではないだろうか。

路面電車

謎090

路面電車のロマンスカー

〜神戸と横浜の市電にクロスシートのロマンスカーがあった!

「ロマンスカー」と聞けば、誰もが小田急の特急車両を思い浮かべるだろう。１９５７年（昭和32）に登場した３０００形（ＳＥ車）以降、小田急の特急車両は「ロマンスカー」の愛称で親しまれている。

さて、この「ロマンスカー」の名称だが、最初に使われたのは戦前の１９２７年（昭和２）に製造された京阪電鉄の１５５０型（のちに６００型に改称された車両）といわれている。車内は、扉付近を除いて転換クロスシートを装備しており、当時ロングシートが当たり前の電車にとっては豪華な車両だった。

鉄道線の「ロマンスカー」の愛称は、他の鉄道でも採用されていたが、路面電車にも「ロマンスカー」を名乗る車両が存在した。

その一つが、１９３５年（昭和10）に神戸市電に登場した７００型で、路面電車としては珍しい転換クロスシートを装着した。この当時の神戸は、阪急や阪神が元町、三宮へと路線を延ばし、省線電車が須磨《すま》まで電化され、神戸の鉄道網が飛躍的に改善されようとしていた。これまで神戸市内の交通を一手に引き受けてきた神戸市電にとっては、手ごわいライバルの出現とあって、乗客の誘致とサービス向上を目的に、座席を転換クロスシートにした７００型を導入した。塗色も、これまでのグリーン一色から、グリーンとベージュのツートンカラーに変更され、明るい神戸電鉄の「ロマンスカー」として市民の人気を集めた。

しかし、１９３７年（昭和12）に日中戦争が始まると、造船や重工業の集まる神戸市内の通勤客は増加し、収容人員の少ない７００型ではまかないきれなくなり、製造は中止されてしまった。さらに第二次世界大戦の戦時輸送では、転換シートは不向きとされロングシートに改造されてしまった。

神戸市電では、戦後になって700型ロマンスカーの後継車750型の「ロマンスカー」を1949年(昭和24)から1953年(昭和28)に再び登場させている。座席は、中央部に二人掛けの転換シートを16脚、出入り口付近は一人掛けの転換シートを8脚配した構造で、市民からも「ロマンスカー」の再登場は大いに歓迎された。だが、収容力の少ない車両はラッシュ時には使えず、1963年(昭和38)にロングシートに改造され、神戸市電の「ロマンスカー」の歴史に幕が下ろされた。

「ロマンスカー」は西の神戸に対して東の横浜にも登場している。1936年(昭和11)に横浜市電に誕生した1100形で、車内は中央部を境に片側に3脚のクロスシートを配し、片側をロングシートとして、点対照的にクロスシートが運転台を向く配置とした。神戸に比べると一方向しか向かない固定クロスシートで見劣りはするが、ハマっ子には「ロマンスカー」と呼ばれ親しまれていた。

この1100形も、戦時下の座席半減改造で、クロスシート部分が撤去されてしまった。

今の路面電車にも、優雅な「ロマンスカー」の再登場が望まれるところだ。

図90　小田急のＶＳＥ50000形ロマンスカー。伝統の「展望席」がこの形式で復活した。路面電車にもこのような豪華な車両が望まれる［K］

謎091 路面電車の急行運転

～現在の急行運転とは異なる事情があった

路面電車は停留場間の距離が短く、地域住民の足としての役割を担っているため、鉄道線に見られるような急行列車等の運転は、ほとんど見られない。現在、この本に登場する路線では、福井鉄道で唯一、急行列車の運転が行われている。

福井鉄道は、福井県越前市の越前武生《えちぜんたけふ》と福井市の田《た》原町《わらまち》を結ぶ路線で、途中の市役所前から福井駅前に分岐する支線を有している。このうち、福井市内の木田《きだ》四ツ辻《よっつじ》－田原町間と市役所前－福井駅前間が道路上を走る併用軌道区間で、法律上路面電車の扱いとなっている。

急行の運転は朝夕のラッシュ時のみで、朝ラッシュ時は越前武生－福井駅前間に下り４本、上り３本が、越前武生－田原町間に下り３本が、夕方以降は越前武生－福井駅前間に下り６本、上り８本が設置されている（いずれも平日ダイヤ）。

鉄道線と軌道線が混在する鉄道は珍しくなく、通常は一方の形態の車両で統一されることが多い。しかしここでは路面電車形と鉄道線形の車両が混在しており、急行列車も両方の車両が使用されている。このような、鉄道線と軌道線を直通する区間で急行運転が行われていた事例は、現在は廃止された名鉄《めいてつ》揖斐《いび》線などでも見られた。

それでは、路面電車での急行運転は、かつては行われていたのかというと、実は多くの鉄道で急行運転の実績が残っている。ただ、この急行運転は乗客の速達化のようなサービスとは無縁のものであった。

日本は１９３７年（昭和12）７月７日に起きた盧溝《ろこう》

橋《きょう》事件《じけん》以来、準戦時体制に向かい、1941年（昭和16）12月8日の太平洋戦争の開戦で、戦時体制に突入してしまった。このころから、国内では電力事情の悪化など国民生活にも戦争による悪影響が及んでいた。もちろん鉄道に対しても、特急や急行の廃止や列車の間引きが行われていった。

路面電車も、電車の制御時にかかる電力を少しでも抑える目的で、停車する電停を減らす急行運転が全国で行われていったのである。最初は朝夕のラッシュ時のみだったが、戦争が長引くにつれ、主要電停以外は終日通過する処置がとられたほか、名古屋市電では、さらに停車電停を減らした特急運転が1943年（昭和18）から行われるようになり、終戦を迎える1945年（昭和20）まで続けられた。停車駅をビュンビュン飛ばす、現代の特急とは遠い存在で、誇らしげに特急や急行の表示を掲出することもありえなかった。

この各地の急行運転は、電力事情が良くないこともあり、終戦後もしばらく続けられたが、昭和22～23年ころまでに解除され、休止されていた電停も復活されたが、電停間の近い場所は一部廃止されたものもあった。

ただ、戦後の京都市電では、定時運行を確保するため平日の朝ラッシュ時に急行運転が行われていた。正面に丸い「急」の表示を掲出して、京都の街を走る姿は、暗い時代の急行とは、全く別の存在だったことは言うまでもない。

図91　京都市電では平日の朝ラッシュ時に「急行運転」が行われていた（京都駅前電停、1976年〈昭和51〉6月）［K］

路面電車

謎092

路面電車のお召し運転

~行幸啓の路面電車が使われたことはあるのか

天皇陛下や皇后・皇太后が地方にお出掛けになる、いわゆる行幸啓《ぎょうこうけい》の際にご利用になられる列車を、「お召し列車」という。またその際にご乗車になられる専用の車両を「御料車《ごりょうしゃ》」ということは皆さんもご存じのことだと思う。

御料車は、明治のころの工部省鉄道局時代から現在のJRに至るまで、専用の車両を製作し運用されている。最近では、東日本旅客鉄道が、E655系電車を導入し、その中に「E655-1」という記号の付かない車両があるが、これが最新の御料車（兼貴賓車）である。

この車両は別形式の電車とも連結運転ができ、さらに非電化区間では、ディーゼル機関車に牽引されながらも通常運用ができるさまざまな装備が施されており、まさに特別な車両である。ところで、民間の鉄道などでは、どうしていたのであろうか？ これは、戦前では一部事業者は「貴賓車」と称する車両を、特急形や比較的新しい形式の亜種として新造したり、あるいは既存の車両を特別改装して対応していたが、戦後は通常使用する車両の状態の良いものに、特別改装を施して貴賓車代わりに充当しており、専用の車両は、ほぼ皆無となっている。

それでは、路面電車ではどうであったのか？

国会図書館などで数々の資料（官報等）を探したところ、路上を走る純然な路面電車にご乗車なられたのは、昭和天皇が皇太子（裕仁親王）時代の1915年（大正4）10月で、名古屋電気鉄道の築港線の一部区間にご乗車されたという記録がある。

このころの名古屋電気鉄道の車両は、往来を7メートル程度の単行車両で走る、木造2軸電車がほとんどであった。ただ残念ながら、その先の当時の資料がないので憶測に過ぎないが、その木造2軸電車を入念に整備し、塗装なども塗り直し、皇太子に失礼のないように仕上げ、貴賓車としてご乗車いただいたのではないだろうか？

なお、幸いなことに、その時代の木造2軸電車が、なんと北海道・札幌市交通資料館に残っている。これは、札幌電気軌道（現・札幌市電）が開業するにあたり、名古屋電気鉄道から同車を譲受されたもので、そのうちの一両が現在でも同資料館に残されている。札幌に移籍後、若干の改造が加えられてはいるが、ほぼ当時の姿で保存されており、大正時代を感じられる見事な木造2軸電車は、今でも十分に威厳さえ感じられる電車である。短い区間ではあったが、皇太子（昭和天皇）もさぞかし路面電車を楽しまれたことではなかろうか？

ところで、皇太子などの皇族がご乗車になられる列車は「ご乗用列車」といい、「お召し列車」とは明確に分けられている。つまり、本稿の表題にある「お召し路面電車」は実際には実現に至っていない。したがって、正しくは「ご乗用路面電車」と表現するのが正しいのかもしれないが、筆者の判断で「お召し路面電車」と表記させていただいた。

図92　札幌市交通資料館に保存されている「木造22号車」は、2軸電車である［写真提供：札幌市交通事業振興公社］

路面電車

謎093 路面電車の保存車両や博物館

～各地に残る路面電車の痕跡

本書で何度か記してきたとおり、昭和初期、路面電車は日本各地で縦横無尽に走っていた。過去最大の82事業から、現在国土交通省が定める路面電車はたった19事業となってしまったが、過去の栄光に触れられる場所が、今も数多く残されているので、ぜひとも紹介したい。

それは、路面電車の保存車両や博物館だ。ひとつひとつ挙げればキリがないため、読者の皆さまが足を運びやすい場所を選択して、いくつか挙げたいと思う。

まずは、「博物館明治村」京都市電線をご紹介しよう。ここには、大変貴重な路面電車が存在する。なんと、創業年代1895年（明治28）、日本最初の電気鉄道として開業した京都市電にお目にかかれるのだ。その名も、「N電」と呼ばれる狭軌1型1号、狭軌1型2号である。

狭軌1型は、京都電気鉄道時代1895年から1911（明治44）年ころにかけて製造された電車で、「N電」という愛称の意味は、ナローゲージ、狭軌1067ミリメートルの頭文字Nからとっている。

こちらの車両は、最後に製造されたグループで、車体の寸法においては「N電」最大の大きさである。1961年（昭和36）まで、堀川線（通称北野線・現在は廃止）に在籍していた華々しい過去を持ち、日本の路面電車創成期から現在までを生き抜いた名車だ。そして、明治生まれの当時の姿を伝える歴史的価値の高い存在でもある。

狭軌1型1号、狭軌1型2号は、1967年（昭和42）3月18日に、博物館明治村にて京都市電線として運行を開始し、片道約10分弱の、市電名古屋－京都七條－品川燈台間0・77キロで動態保存を続けている。

そのほかに、狭軌1型は、公益財団法人京都市都市緑化協会の梅小路公園で保存されている。梅小路公園がある京都といえば、先にも述べたが、日本最初の電気鉄道として開業した京都市電の発祥の地である。そして、紹介する車両は、先ほども登場した狭軌1型である。こちらに在籍するのは、27号だ。

図93　明治村で動態保存されている京都市電（狭軌１型、Ｎ電）［Ｋ］

27号も、狭軌1型の最後の方に製造されたグループで、路面電車の研究家である先輩方の発表によると、1910年（明治43）から1911年（明治44）ころに製造されたであろうと推測されている。

チンチン電車27号は、梅小路驛から、折り返し運転方式で0・22キロを走行している。片道約1分というとても短い時間だが、非常に貴重な運行である。折り返し地点では、約3～5分停車しているので観察もしやすい。運転日は、毎週土・日曜日と祝祭日（12月28日～1月4日は運休）。午前10時～午後4時まで、約20分間隔で運行している。乗車運賃は1人300円（小学生以上、同伴の乳幼児は、何人でも無料。詳細は公式ホームページでご確認ください）。

チンチン電車らしく、発車合図のチンチン音を奏でながら、爽快に走る。当時と同じ運行方式のため、折り返しの際には、集電装置であるトロリーポールを、車掌が走りながらポールを回して方向転換する。これを目の前で見れらるのは非常に興味深い体験だ。ポールは、進行方向後ろ側に設定する。

さて、ほかにもたくさん紹介したい施設があるが、このまま記していると博物館のガイドブックになるため、あとは一覧表（表93）をご覧いただきたい。

日本各地に数ある路面電車の保存車両や博物館の中から、今回は路面電車の発祥・歴史を伝えるにふさわしい場所である博物館、保存車両を紹介した。日本の歴史を学ぶうえでも、価値のある博物館である。皆さんも、犬山や京都に訪れた際は、足を運んでみてはいかがでしょうか。

表93　路面電車の資料館関係

［凡例］
住＝住所、電＝電話、FAX＝ファックス、
休＝休館日、入＝入場料（入村料）開＝開館日時、交＝交通、
運＝運行時間、料＝乗車料金

［博物館関係］……………………………………………………………………

札幌市交通資料館

住〒005-0011　北海道札幌市南区真駒内東町1丁目／電011-251-0822／入無料／開5月から9月までの土日祝日小学校夏休み期間中　10：00～16：00／交地下鉄南北線自衛隊前駅下車、徒歩3分

仙台市電保存館

住〒982-0032　宮城県仙台市太白区富沢字中河原2-1（地下鉄富沢車両基地内）／電022-244-1267／入無料／開毎日　10：00～16：00　※12月1日～3月19日は土日祝日のみ／休月曜（祝日の場合は翌日）、祝日の翌日（土日祝日は開館）と12月28日～1月3日／交地下鉄南北線富沢駅下車、徒歩15分

東武博物館

住〒131-0032　東京都墨田区東向島4-28-16／電03-3614-8811／入大人200円　こども（4歳～中学生）100円（20名以上の団体は半額、団体の場合は3歳から有料）／開毎日　10：00～16：30（入館は16：00まで）／休月曜（月曜が祝日、振替休日の場合は翌日）、年末年始（12月29日～1月3日）／交東武スカイツリーライン東向島駅下車（駅のとなり）

電車とバスの博物館

住〒213-0033　神奈川県川崎市宮前区宮崎2-10-12／電044-861-6787／入大人100円　小・中学生50 円（6歳未満無料）／開平日土曜10：00～17：00　日祝日　9：30～17：00　（入館は16：10まで）／休月曜（祝日の場合は翌日）、祝日の翌日（日曜は除く）と12月29日～1月3日、月曜（月曜が祝日、振替休日の場合は翌日）、年末年始（12月29日～1月3日）／交東急田園都市線宮崎台駅下車（駅高架下）

横浜市市電保存館

住〒235-0012　神奈川県横浜市磯子区滝頭3-1-53／電045-754-8505／FAX045-754-8507／入大人・高校生100円、小中学生50円　65歳以上および就学前児童は無料、高校生以下は土曜日無料。団体20人以上2割引。**横浜市営バス一日乗車券**（地下鉄共通を含む）**の提示**で大人・高校生は50円、小中学生は無料。**年間パスポート「トランポ君カード」**大人・高校生1000円、小中学生500円。（購入日から1年間有効、地下鉄シミュレーター1日1回無料）／開毎日　9：30～17：00（入館は16：30まで）／休月曜（祝日の場合は翌日）と12月29日～1月3日、春休み・夏休み・冬休みは無休／交ＪＲ根岸線根岸駅から市営バス21系統市電保存館前行・78・133系統で約7分。市電保存館前下車、地下鉄阪東橋駅・京急黄金町駅から市営バス68・102系統滝頭行で約15分、滝頭下車、地下鉄吉野町駅から市営バス113系統磯子駅行・156系統滝頭行で約7分。滝頭下車、京急線屏風ヶ浦駅から市営バス78系統根岸駅行で約20分。市電保存館前下車、横浜駅東口から京急バス110系統・市営バス9系統・102系統で約30分。滝頭下車

市電・地下鉄保存館（レトロでんしゃ館）
住〒470-0124　愛知県日進市浅田町笹原30　名古屋市交通局日進工場北側／電052-807-7587／FAX052-807-1158／入無料／開10：00～16：00／休水曜（水曜が休日の場合はその直後の休日でない日）と12月29日～1月3日／交地下鉄鶴舞線赤池駅（2番出入口）下車　徒歩7分

市電保存館
住〒559-2422　大阪府大阪市住之江区緑木1-4-64　大阪市交通局緑木検車場内／入無料／開通常は非公開、秋の「おおさか市営交通フェスティバル」等で公開／交地下鉄四つ橋線北加賀屋駅下車　徒歩10分

加悦ＳＬ広場
住〒629-2422　京都府与謝郡与謝野町字滝941-2／電0772-42-3186／FAX0772-43-0080／入中学生以上300円、小学生100円　20人以上1割引／開10：00～17：00／休年中無休／交北近畿タンゴ鉄道野田川駅から丹海バス「鉱山口」下車　徒歩5分

広島市交通科学館
住〒731-0143　広島県広島市安佐南区長楽寺2-12-2／電082-878-6211／FAX082-878-3128／入大人500円、小中高学生（18歳に達する日以後の最初の3月31日までの人を含む）250円
団体（30人以上）大人400円、小中高生200円　**アストラム利用者割引**　大人400円　小中高生200円、高校生以下は毎週土曜日は無料。団体20人以上2割引。／開毎日　平日9：00～17：00／休月曜（祝日の場合は原則火曜と水曜を休館）、祝休日の翌平日と12月29日～1月3日／交広島高速鉄道アストラムライン長楽寺駅下車　徒歩5分

[資料館室関係]……………………………………………

東京都　都電おもいで広場
住〒116-0011　東京都荒川区西尾久8-33-7　都電荒川車庫構内／電03-3893-7451　荒川電車営業所／入無料／開土日祝日10：00～16：00（12月29日～1月3日は休場）／交都電荒川線荒川車庫前すぐ

あらかわ遊園　下町都電ミニ資料館（ふれあいハウス内）
住〒116-0011　東京都荒川区西尾久6-35-11　あらかわ遊園／電03-3893-6003／入土日祝日、春・夏・冬休み大人200円、小中学生100円、65歳以上、100円　平日（春・夏・冬休みを除く）大人200円、小中学生無料、65歳以上100円　**都電一日乗車券**（ＩＣを除く）を提示した方は入園料金無料／開毎日9：00～17：00／休毎週火曜日（祝日の場合は翌日）、12月29日～1月1日を除く／交都電荒川線荒川遊園地前下車

富山市　公共交通まちづくりインフォメーションセンター
住〒930-0858　富山県富山市牛島町9-28　オーバード・ホール（AUBADE HALL）1階／電076-455-5650／入無料／開毎日10：00～19：00／休12月29日～1月3日は休館／交富山ライトレール富山駅北下車　徒歩1分

福井鉄道ミニ資料館
住〒916-0027　福井県鯖江市桜町1丁目　西鯖江駅舎内／入無料／開週末を中心に開館（通常は施錠されており駅係員に申し出る）8：30～17：30／交福井鉄道福武線西鯖江駅下車、すぐ

大阪市交通局　森之宮検車場　車両保存庫

住〒703-8281　大阪府大阪市城東区森之宮1-6-40／入無料／開通常は非公開／交地下鉄中央線または長堀鶴見緑地線「森ノ宮」駅下車　※2008年（平成20）3月23日地下鉄開業75周年を記念して公開。

岡山電気軌道　東山工場資料室

住〒703-8281　岡山県岡山市中区東山2-3-33／電086-272-5520（岡山電軌電車営業部）／交岡山電軌東山線「東山」下車すぐ。※現在は一般公開していません。

長崎電気軌道　長崎路面電車資料館（さるく見聞館）

住〒852-8108　長崎県長崎市川口町13-1　長崎西洋館3階／電095-843-9191（西洋館）／入無料／開毎日11：00～17：00／休西洋館休館日（12月31日、1月1日、5月と11月の第3火曜日）／交長崎電軌浜口町下車　徒歩1分　※本社3階から長崎西洋館3階に移転し、路面電車資料館として2010年（平成22）4月30日に開館。

[動態保存運行]……………………………………………………

梅小路公園

住〒600-8835　京都府京都市下京区観喜寺町56-3　梅小路公園内／電075-352-2500／料**1**人300円（小学生以上）入園は無料／開毎週土・日曜日と祝日（12月28日～1月4日は休み）に運行／運午前10時～午後4時（20分間隔）／交「京都」駅（ＪＲ・地下鉄・近鉄）中央口より塩小路通を西へ徒歩約15分、ＪＲ山陰本線「丹波口」駅より南へ徒歩約15分　※1895年（明治28）から京都の町を走り、市民に愛されていたチンチン電車が公園内を走行しています。

博物館明治村　京都市電線

住〒484-0000　愛知県犬山市内山1番地／入大人（18歳以上）1600円　シニア（65歳以上）1200円　高校生1000円　小中学生600円／料大人（中学生以上）500 円　小学生300 円　**乗物一日券大人**（中学生以上）1200 円　小学生800 円　※別途団体割引及び乗物一日券付入村券あり／開12月31日・12月、1月、2月の毎週月曜日（祝日及び正月期間は開村）　1月の平日にメンテナンス休あり／運午前10時～午後4時（11月～2月は午後3時まで）／交名鉄犬山駅下車バス20分（犬山駅は東口。「明治村行」に乗車）

（2013年２月現在。変更されることがありますので、詳細は公式ホームページ等でご確認ください）

Column④

路面電車の一日乗車券について

路面電車の探索には、気軽に途中下車ができる「一日乗車券」が便利だ。いちいち小銭を出すわずらわしさがないだけでなく、区間距離制の運賃で始発駅に改札が設置されている路線では、最初にどこまで買えばよいのか迷ってしまうこともある。

一日乗車券を発行している事業体は多い。現在この本で取り上げた事業者の一日乗車券を表にまとめたが、路面電車の走る鉄道ではほとんど用意されていることがわかる。

普通運賃と比較しても、均一運賃なら3～4回乗車すれば、普通運賃より割安となる。また、普通に始発駅と終着駅を往復する料金で一日乗車券が買えるケースもあり、ぶらりと路面電車の旅にでるなら、一日乗車券が必需品といえる。

ただ、札幌市のように、地下鉄やバスとが組み合わさったケースもあり、路面電車だけの利用では割高となることもあるので、自分の散策スタイルで決めるのがよいだろう。

図④　都電・熊本・広島の一日乗車券［K］

表④　一日乗車券発売事業者一覧

事業者名	名　称	料金	普通運賃	条件等
札幌市交通局	共通１DAYカード	1000円	170円	地下鉄・ＪＲバス・じょうてつバス・中央バス
函館市企業局	市電１日乗車券	600円	区間制200～250円	
東京都交通局	都電一日乗車券	400円	160円	
東京急行電鉄	世田谷線散策きっぷ	320円	140円	
豊橋鉄道	１DAYフリーきっぷ	400円	150円	東田本線のみ
富山地方鉄道	市内電車・バス１日ふりーきっぷ	600円	200円	バスも利用可
富山ライトレール	富山まちなか・岩瀬フリーきっぷ	800円	200円	富山地鉄市内線、地鉄線富山～南富山間も利用可
万葉線	万葉線一日フリーきっぷ	800円	区間制150～350円	
福井鉄道	土・日・祝日１日フリー乗車券	500円	福井市内160円その他は区間制	福井鉄道全線で利用可土日祝日のみ
京阪電気鉄道	京都地下鉄・京阪大津線１dayチケット	1000円	区間制160～310円	京都市営地下鉄も利用可
京福電気鉄道	嵐電１日フリーきっぷ	500円	200円	
阪堺電気軌道	てくてくきっぷ	600円	200円	
岡山電気軌道	路面電車１日乗車券	400円	ゾーン制100・140円	
広島電鉄	電車一日乗車券	600円	路線別100・150円	宮島線も利用可
伊予鉄道	（市内電車・バス）１Dayチケット	400円	150円（坊ちゃん列車は300円）	プラス100円で坊っちゃん列車乗車可
土佐電気鉄道	路面電車１日乗車券	800円	区間制120～450円	市内均一区間のみは500円
長崎電気軌道	電車一日乗車券	500円	120円	
熊本電気鉄道 熊本市交通局	わくわく１dayパス	500円	150円	市電と市バス、熊本電気鉄道の指定区間に有効
鹿児島市交通局	シティービュー一日乗車券	600円	160円	市バスも利用可
江ノ島電鉄	のりおりくん	580円	区間制190～290円	

第8章 世界の路面電車と未来の路面電車

ドイツフランクフルト市内を走る市電

謎094

路面電車の起源

～日本で最初に路面電車が走ったのは、京都

今や、世界中の都市で活躍している路面電車。その起源は馬車鉄道から始まっている。馬車鉄道は、その名前のとおり馬が車両を引っ張って輸送する鉄道のことで、19世紀のイギリスが発祥と言われている。レールを使った馬車鉄道は輸送力を大きくすることや客車の走行安定がよいことからアメリカなどにも広がっていった。

しかし、動力源を動物（馬）としていることから糞や尿などの排泄物の問題で、馬以外の動力移行が進められ、電気動力へと進んでいった。今のように電車を軌道に使用したのは、1879年（明治12）にドイツで開催された「ベルリン博覧会」でデモ走行したのが始まりだ。その後、馬車鉄道は次々と電車へと代わっていった。

日本では、1890年（明治23）に東京で開催された「第3回内国勧業博覧会」でアメリカ製スプレーグ式電車が紹介されたのがはじまりである。その後、営業路線としては1895年（明治28）京都市にて開業した京都電気鉄道の七条停車場前－伏見町油掛の間（現在の京都駅付近から京橋付近）で運転を開始されたのを皮切りに全国に広がっていった。

当時は電停（停留場）がなく、利用者の中には飛び乗りや飛び降りをする人がいたため、人身事故も多かった。また、事業車自体が電車運行に不慣れだったことから運転士のミスによる信号取り扱い事故や車両正面衝突事故なども多く発生してしまった。

また、普通に歩行者が通る場所を制動距離が長くまた重量がある電車が走行するため、開業2か月後に轢死事故が発生している。そのため、安全対策として電車の前で走って歩行者に注意を促す「告知人」が誕生。「危のおっせー、電車が来まっせー」（危ないですよ！電車が来ます！）と叫びながら走る姿が見られた。この告知人という仕事は子供（12歳〜15歳）が起用されたこともあった。しかし、当時は走行速度が低かった（時速15キロ程度）とはいえ、電車の前を走るという重労働から世間から非難され、１９０４年（明治37）に廃止になった。

路面電車の発祥となった京都電気鉄道は開業後、路線を延ばして最盛期には21・1キロまでになったが、１９１２年（大正1）に設立された京都市による電車運行（京都市営電車）が始まった後の１９１８年（大正7）には京都市営電車に統合された。１９７８年（昭和53）10月1日には京都市電全線が廃止になるが、66年間路面電車の起源を引き継いでいたことになる。

京都市が路面電車事業から撤退した3年後の１９８1年（昭和56）、かつて京都市電が走っていた道路の下を地下鉄烏《からす》丸《ま》線が走っている。地下鉄車両が駅を出るとき「チンチン」と鳴る。まるでかつての路面電車が姿を変えて生まれてきたように思えて嬉しい。

図94　京都市交烏丸線は、かつて路面電車が走っていた道の下に建設された（写真の車両は10系。竹田駅）［K］

路面電車

謎095 路面電車の歴史を変えたＰＣＣカー（アメリカ）

～日本でも保存されている

サンフランシスコ市営鉄道の市内線で使用されているＦラインでは、Street-car として今もなおＰＣＣカーが活躍している。

ＰＣＣカーとは、１９３０年代からＰＣＣにより考案開発され、１９３６年に登場した画期的な路面電車で、車やバスなど他の交通機関に対向できる新しいタイプの路面電車だ。

これまで挙げてきた路面電車の歴史や深刻な状況は、日本だけで起きてきた問題ではない。特に、自動車先進国のアメリカ合衆国では、１９２０年代から過酷な状態に陥り、経営不振に落ち込む路面電車運営会社が増加した。そのため、全米各地の路面電車運営会社が一堂に集まり、１９２９年に経営者協議委員会を結成した。この委員会の名称が、「Presidents' Conference Committee」だったことと、アメリカ合衆国にあった「The Electric Railway Presidents' Conference Committee（ＥＲＰＣＣ）」によって開発されたことから、ＰＣＣという名になった。

ＰＣＣの主な特徴として、流線型の車体、高加速性能、駆動装置も独自のものが採用され、当時としては大変画期的な車両となった。１９５２年までにおよそ５０００両という膨大な数のＰＣＣカーが製造されている。アメリカの路面電車の状況に、それほど大きな変化を与えたのである。アメリカの一部の都市では、ＰＣＣカーの性能を生かし、路面電車が都市部に引かれた地下鉄に乗り入れ、郊外では道路上を走るという形態に進化した。輸送力では、地下鉄には劣るが、中量輸送機関としての鉄道として再起を果たしたのだ。

ＰＣＣカーは、クラシックでありながら、現在の車両と比べても、全く見劣りしない個性的な車両ばかりだ。旧式の車両より一回り車体が大きく「イモムシ」のようなイメージもあり愛嬌がある。さらに、ＰＣＣカーの運転台は、ほかの電車に比べて変わっており、加減速には、自動車のように足下のペダルを使用するのだ。これは、マスコンとブレーキの役目を果たしており、さらに、「アドバンス・スイッチ」で進段を行う。この進段方法は、手元スイッチのコンパネ上の短いスティック「アドバンス・スイッチ」で操作する。

筆者は、２０１２年（平成24）３月にサンフランシスコを訪問した。もちろん目的は、ＰＣＣカーを視察するためだ。もともとアメリカ生まれのＰＣＣカー、現在もサンフランシスコでは、さまざまな車両の活躍を見ることができる。足踏み式の運転台などを観察できるので、ぜひ読者の皆さんにも、ご覧いただきたい。

例えば、カウキャッチャーがついた保存車両。休日は営業車の合間を縫って走っている。緑の車両、オーストラリアの元メルボルン車、イリノイから来たＰＣＣ、元フィラデルフィア、元ブルックリン、元トロントのＰＣＣ。カリフォルニアの真っ青な空と、Street-car のコントラストが素敵だ。

このように、さまざまな国の車両を走らせ、世界各地から訪問される観光客の皆さまに、サービスを行っているのだ。ＰＣＣカーは、内装にも非常に凝っている。照明はダウンライトのようなもので、カバーの真ん中はレンズになっている。夜間は鉄道車両の車内とは思えないほど、エレガントな雰囲気に浸ることができる。昔から伝統を歩み続けてきた車両を大切にする。筆者は、この素晴らしい愛車精神に感動した。

日本からは、広島電鉄５７８号車（元神戸市電の５００形）が寄贈され、遠く離れたこのサンフランシスコの地で、トロリーポールを装備して運行されている。しかしながら、最近はあまり調子が良くなく、運行をお休みしているようだ。筆者は10日間乗り続けたが、とうとう一度も会うことができなかった。今もなお大切に、そして毎日運行されているクラシックなＰＣＣカーに会いに、またサンフランシスコを訪れたい。

最後に、ＰＣＣカーはアメリカだけでなく、一部はヨーロッパにも輸送された。戦後になってからは、日本でも導入の機運が高まった。そう、日本にもＰＣＣカーがあるのだ。

そもそも当方は、個人的にＰＣＣカーと言えば、日本の「東京都電５５００形」が浮かぶ。５５００形（５５０１号車）は、ＰＣＣのライセンス取得を受けて、ナニワ工機が製造した車両である。

１９５４年（昭和29）、当時のアメリカの最新技術を導入し製造された車両で、アメリカのＰＣＣカー同様に独特の流線型の車体に低騒音・高加速の高性能を持ち、「防振防音電車」と呼ばれた。それまで旧式の車両ばかりが走っていたこともあり、利用客からも好評を得た。

都電では、三田車庫に配属され、１系統（品川駅前−上野駅前）で活躍した。現在は、荒川車庫前の「都電おもいで広場」に保存車両として展示されている。「都電おもいで広場」では、懐かしい停留場をイメージしたスペースに、貴重な都電の旧型車両２両（都電５５００形〈５５０１号車〉ＰＣＣカー、都電旧７５００形〈７５０４号車〉学園号）を保存展示しており、休日は家族連れなどで賑わっている。

○サンフランシスコのＰＣＣカー情報

市内の路面電車・メトロ（ＬＲＶ）・バス・ケーブルカー共通の乗り放題券「muni-passport」はサンフランシスコで滞在する時の必携。筆者は７日間用27ドル（当時。予告なしで変更されることがあります）を購入したが、ケーブルカーが一回で６ドルかかるので、十分に元が取れるお得な乗車券だ。裏の注意書きが６か国語表記になっていて、日本語もある（ちょっと怪しい日本語がお気に入り）。ただし、Civic Center 駅の周りは若干治安が良くないため（特に夜間は暗くて怖い雰囲気）、この駅では降りたり乗り継ぎをしたりせずに、その先のPOWELL 駅までご乗車されることをお勧めする。

○日本のＰＣＣカー情報

図95- 1　サンフランシスコのPCCカー［S］

図95- 2　荒川車庫前の「都電おもいで広場」に保存されている5500形［S］

場所は、都電荒川線「荒川車庫前」下車すぐ。駐車場はない。お越しの際は都電荒川線をご利用いただきたい。

開場日時は、土・日・祝日の午前10時～午後4時（振替休日含む）ただし、年末年始（12／29～1／3）は休場。入場無料。

路面電車

謎096

ＬＲＴとＬＲＶ・超低床電車の誕生

～これから日本中を走ることになるか

この項目では、まずＬＲＴの意味を話しておこう。ＬＲＴとは「Light Rail Transit」の略称、ＬＲＶは「Light Rail Vehicle」の略称で、国土交通省はＬＲＴ・次世代軌道系交通システムと定義している。乗り降りしやすいように床を低くした超低床路面電車・ＬＲＶを走らせるとともに、線路や停留場を改良して定時性、速達性、快適性などを高めた路面電車を指す。

ＬＲＴというと、ヨーロッパが発祥というイメージが強いのだが、実はＬＲＴという言葉が誕生した地は、アメリカである。諸説いろいろあるのだが、一説によると、１９７２年（昭和47）ころにアメリカ連邦交通省都市大量輸送局によって定義された単語であると発表されている。そもそも、ＬＲＴという言葉自体が英語であることからも、当方はアメリカが発祥という一説が有力だと思う。ＬＲＶという言葉は、「US Standard Light Rail Vehicle（Boeing-Vertol 社製造）」から始まっている。

各国によって、ＬＲＴの定義はさまざまである。海外では、新交通システムや鉄道に近いシステムも含めて、幅広くＬＲＴという呼称が用いられている場合がある。例えば、全線高架構造の鉄輪・鉄レール方式の交通システム（例・フィリピン、マニラ、ＬＲＴ1号線）、全線専用軌道の無人運転・鉄輪・鉄レール方式による交通システム（例・マレーシア、クアラルンプール、Putra LRT）等がＬＲＴと呼称されている。

また、新交通システムに分類される無人運転・ゴムタイヤ走行式の交通システムを「Light Raipid Transit」の略称としてＬＲＴと呼称する場合（例・

シンガポール、Bukit Panjang LRT）がある。大まかな定義としては、「大部分を専用軌道とし、部分的に併用軌道を1両ないし数両編成の列車が電気運転によって走行する、誰でも容易に利用できる交通システム」がＬＲＴ、そして、これに使用される車両がＬＲＶと呼ばれている。

　ＬＲＶが車両を指す言葉に過ぎないのに対し、ＬＲＴは運行ソフトなどを含めたシステム全般を指す言葉である。具体的には、既存交通との連携や専用軌道による定時性の確保といったソフト的な側面や、都市計画や地域計画でのまちづくりの位置付けといった政策的な側面を重視するものだ。よって、既存の路面電車に超低床車両を導入しても、他の交通モードとの連携や運賃収受制度、運行速度など、システム上の課題が残る限りはＬＲＴと呼ぶのはふさわしくないのである。

　面白いことに、日本ではＬＲＴよりもＬＲＴに使用される車両ＬＲＶが先に登場している。そんな超低床電車が初めてお目見えしたのは、１９９７年（平成９）の熊本市交通局の９７００型である。これは、ド

図96－1　熊本市交通局9700形は、日本初のＬＲＶだ（健軍町）［Ｋ］

イツの技術によるものであった。同年8月からドイツの電車メーカーアドトランツ（現在のボンバルディア・トランスポーテーション）の技術を導入し、株式会社新潟鐵工所（現在の新潟トランシス）が製作した超低床車両を一編成走らせたことで、全国にＬＲＶの存在を発信したのだ。９７００型は、超低床にするために車軸をなくしている。

そして、１９９９年（平成11）6月からは、広島電鉄がドイツのシーメンスから直輸入の超低床電車「５０００形・愛称グリーン・ムーバー」を運行しだしたことも大きかった。５０００形は、1月3日にハンブルグ港を出港し、同月29日に神戸六甲アイランドにて30人の作業員の手で陸揚げされた。アルナ工機（現在のアルナ車両）にて案内板の取り付けや整備を済ませて広電に運ばれ、6月に運行を開始した。５０００形も、床を低くするために、車軸をなくした構造である。同社は、その後精力的に超低床車両の導入を進めており、広島電鉄のＬＲＶ発信効果も、極めて大きいといえる。２０１３年（平成25）2月現在、日本にもさま

図96－2　広島電鉄5000形は、ドイツから輸入した超低床電車だ［S］

ざまなタイプのＬＲＶが登場している。

それでは、我が国初の本格的なＬＲＴモデルが登場したのはいつごろであろうか。これは、２００６年（平成18）４月の富山ライトレールである。同社は、富山駅北と岩瀬浜との間の７・６キロ、13駅を24分ほどで結ぶ。全線が単線であり、早朝、夜間を除いて15分間隔で電車が運行されている。電車は床がレールからわずか30センチの高さしかない超低床電車で、「ＴＬＲ６００形・愛称ポートラム」という。台車や窓などのガラス部分はボンバルディア・トランスポーテーション社製造。本体の製造は新潟トランシスが行った。

富山ライトレールは、富山駅北－奥田中学校前間の１・１キロは道路上に敷かれた線路を、奥田中学校前－岩瀬浜間の６・５キロは専用の敷地に敷かれた線路をそれぞれ行く。富山駅北－奥田中学校前間は２００６年（平成18）４月29日に開業したばかりの区間である。一方、奥田中学校前－岩瀬浜間は１９２４年（大正13）７月23日に私鉄の富岩鉄道の手によって開業された長い歴史を持つ。富岩鉄道は奥田中学校前－岩瀬浜間だけではなく、富山－奥田中学校前間にも専用の敷地に線路を敷いた鉄道会社だ。戦時中に富山地方鉄道に合併され、さらには国有化と目まぐるしく変わり、戦後は国鉄の富山港線、それから国鉄の分割民営化によってＪＲ西日本の富山港線という歴史を歩んできた。

21世紀に入り、富山港線は変革のときを迎える。北陸新幹線の富山駅を建設するために富山港線が敷かれている用地を供出することとなったのだ。利用客も減少していたので、富山港線の廃止も検討された。しかし、富山市は自家用車がなくとも都市生活を不自由なく送ることのできるコンパクトシティーという都市整備計画を進め、この一環として富山港線はＬＲＴの富山ライトレールに生まれ変わった。富山駅周辺では人通りの多い区間を通ることとなった。

富山ライトレールのまちづくりの効果は非常に大きいといえる。しかし残念ながら、その後まだ日本に第２のＬＲＴは登場していない。これからのＬＲＴに関しては、最後の項目（謎100）で当方の見解を記させていただきたく思う。

謎097 ゴムタイヤ電車の謎

～鉄の車輪も鉄のレールもない

ゴムタイヤ式の鉄道として、代表的なものを二つ挙げよう。一つは、札幌市営地下鉄で採用されている「案内軌条によるゴムタイヤ式地下鉄」だ。騒音が少なく、登板能力に優れていることが利点として挙げられている。

日本で営業線として活躍しているゴムタイヤ式地下鉄は、札幌市交通局の地下鉄東西線、東豊線、南北線のみで、軌道中心に「H」形の軌道（レール）が敷かれており、その両側をゴムタイヤが通るコンクリート軌道が敷かれている形となっている。

また、ゴムタイヤ式の鉄道は地下鉄のみならず、新交通システムの大阪市交通局南港ポートタウン線や、東京都交通局の「ゆりかもめ」、埼玉都市交通伊奈線（ニューシャトル）、横浜新都市交通株式会社「シーサイドライン」などにも広がっている。

もう一つは、「トランスロール」。フランスのロール社が開発した規格の路面電車（トラム）で、正面から見て車体の中央部分に、軌道（レール）が敷かれており、車体に支持された車輪２つが、Ｖの字に軌道を挟み込んでいる形になっている。車体自体を支えているのはゴムタイヤで、車両の両側に設置されているのだ。

軌道は1本で、ゴムタイヤを使用しているため、建設コストが安い、路面との設置面が広く、さらに急勾配や急カーブなどにも強いのが特徴的である。そのため、さまざまな可能性を秘めており、「路面電車」の新しい形として注目されているのである。

２００６年（平成18）に、イタリアのパドヴァと、フランスのクレルモン＝フェラン、中国の天津にて営業運転を開始した路線があり、日本においては、２００５年（平成17）～２００９年（平成21）にかけて、新日本製鐵堺製鐵所の敷地内にて、５００メートルほどの実験線を設置した。三井物産などが車両を輸入し、試験走行を実施したことがある。

実験線では、半径10・５メートルという急カーブが用意され、実験用車両は、10キロという低速ながら、ゆっくりした速度で通過して行く様子も見られた。また、車両は充電式電池（ニッケル水素電池）を搭載しており、短距離ならば、パンタグラフを降ろして走行することが可能だ。

運転台は、足踏みペダル方式の加減速装置で、日本の路面電車の一部で見られた東京都電５５００形・ＰＣＣカーのようなイメージになっている。デッドマン装置（安全装置）は、レバーに設置してあり、これを操作することによって、運転士の誤操作防止になっている（これは、無操作状態になると非常ブレーキがかかる仕組みだ）。

ゴムタイヤ式地下鉄とトランスロール。そうほうは、ゴムタイヤを履いた車両を用いている点、そしてその利点が共通している。その利点は、「建設費が安い」「急カーブに強い」「急勾配に強い」だ。

日本においては、鉄軌道と鉄車輪を用いた路面電車が主流ではあるが、筆者個人の見解では、ゴムタイヤ方式の利点の方が、日本の土地の条件に合っている気がする。将来、ゴムタイヤ方式が発展してゆき、日本でも当たり前のように見かけることができたら、とても嬉しいことである。

図97－１　横浜新都市交通の1000形［K］

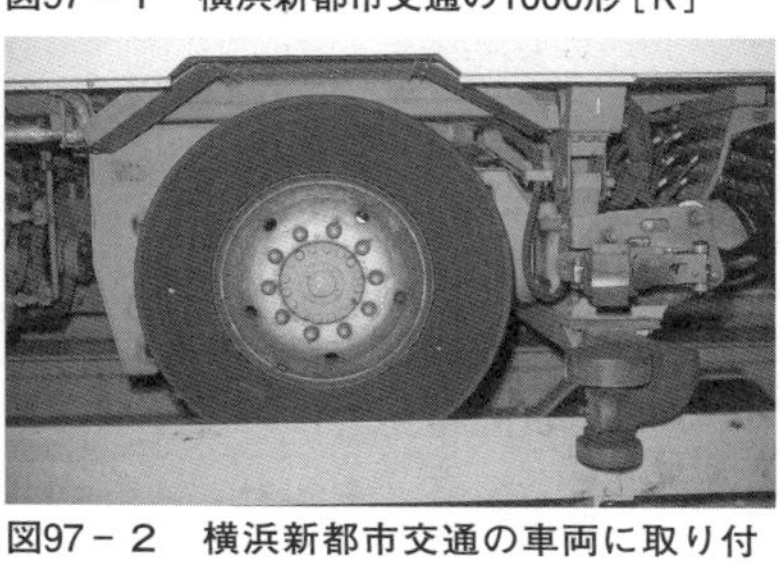
図97－２　横浜新都市交通の車両に取り付けられたゴムタイヤ［K］

路面電車

謎098

電池式路面電車の謎

～新しい直通運転が増えるかもしれない

超低床電車が日本で華々しく運行を始めた1990年代後半ころ、架線を用いた走行と蓄電池を用いた走行の双方が可能なハイブリッド電車の実用化に向けた試験が開始された。ハイブリッド電車には、鉄道総合技術研究所が開発した「Hi-Tram」、川崎重工業が開発した「SWIMO」、そして、近畿車輛が開発した「ameri TRAM」の3種類が存在する。

これらの車両は、車両に蓄電池を持ち、終端駅で車両に蓄電を行い、架線のある区間では、架線から取り入れた電力を走行に用いるだけではなく、蓄電池の充電にも使用するほか、停止の際に用いる回生ブレーキ装置の働きによって生み出された電力も、蓄電池へ充電される仕組みとなっている。

これにより蓄電された電力は、架線のない区間での走行に使用でき、電化・非電化区間の両方を走ることが可能で、乗客の乗り換への解消に役立つほか、運用効率の向上にも繋がる。

「Hi-Tram」「SWIMO」「ameri TRAM」ともに、試験車両は路面電車の超低床車の形態を持ち、蓄電池による走行距離は短時間の充電で十分実用的な値で、「Hi-Tram」で30キロ、「SWIMO」で10キロ、「ameri TRAM」で10キロとなっている。

さらに近畿車輛では2012年（平成24）10月に、これまでの外部からの充電をなくし、非電化区間での長距離運行が可能な自己完結型の充電型バッテリー電車を開発した。このプロットタイプの電車は、従来の路面電車型低床スタイルとは異なり、通常の電車タイプの車両で、「Smart BEST」と呼ばれ、大容量のバッテリー電源で駆動走行を行う。

従来の電車は、回生電力を架線に戻し省エネルギーシステムを有していたが、この車両は自ら発電を行うほか、回生時の電力も自らのバッテリーに充電することで、照明や空調などの補助機器の電力としも使用することができる仕組みになっている。

運行においても電車と同等の加速・減速性能があり、運転室の機器配置も電車と同じ仕様で、保守点検が電車との共通化が行える。

このようなハイブリッド電車を導入すれば、例えば岡山電気軌道から非電化のJR西日本・吉備《きび》線への乗り入れも容易だし、さらに電圧の異なる路線への運転も行える。電化のための設備投資の抑制や、省エネルギーへの貢献も行えるだろう。

現在はまだ試験運転状態だが、将来は軌道線と鉄道線の直通運転が行われる路線が出現するかもしれない。

図98　鉄道総合技術研究所が開発した「Hi-Tram」[写真提供：鉄道総合技術研究所]

路面電車 謎099

ＤＭＶの謎

～いずれは路面電車の終点からバスとして走るようになるかもしれない

ＤＭＶ（＝Dual Mode Vehicle）は、鉄道と道路の双方を走行できる車両として、ＪＲ北海道と日本除雪機製作所が共同開発した車両で、現在は実用化へ向けた試験が行われている。

外観はマイクロバスと同じスタイルで、線路を走るために金属車輪を備えており、動力源はバスと同じディーゼルエンジンを使用し、路面を走る際はゴムタイヤで通常のバスと同じ運転を行う。

線路上を走る際は、線路への誘導を行うポインターへと進み、前輪下部に収納された鉄製車輪を下ろし案内用とし、前輪ゴムタイヤを浮き上がらせる。そして、後輪下部の鉄製車輪も下ろし、これも案内用として使用する。動力となるのは、ダブルタイヤの後輪のうち内側のタイヤで、これを線路面に接着させることで線路上を移動することができる。

２００４年（平成16）に試作車が登場し、日高本線で試験が行われ、その後も石北本線で実用化に向けた試運転が行われた。特に、このＤＭＶ方式に興味を抱く静岡県の岳南鉄道や、熊本県の南阿蘇鉄道、天竜浜名湖鉄道では、この車両を借り受けて実証実験が行われ、本格導入への検討も行われた。

最初の試作車ＤＭＶ９０１では、定員が28名だったことから、定員17名の車両を線路上では背中合わせに連結し、定員の増大を図ったＤＭＶプロットタイプＵ－ＤＭＶも開発され、同じく各種試験が繰り返された。

当初ＤＭＶは日産シビリアンからの改造だったが、２００８年（平成20）にはトヨタコースターを改造した車両も登場し、２０１１～１２年には、ＪＲ四国の牟《む》岐《ぎ》線と阿佐海岸鉄道で実験走行を行った。

このように、現在は鉄道線での実用化が検討されているが、路面電車路線での使用も夢ではない。例えば、路面電車の終点から先へはバスとして運行し、中心部は路面電車として運行することも可能だし、路面電車と同じ軌道幅の鉄道線へ、短絡線などを敷設することなく乗り入れも可能となる。試験段階では、定員は25名前後、最高速度も60キロ程度にとどまっているが、今後の技術開発で、速度の向上や定員の増大なども期待が持てる。

ＤＭＶは、ＪＲ北海道のローカル線への投入を目的として開発されたが、現在は日本中のローカル線から注目が集まっており、数年後には営業する姿が見られるかもしれない。

図99　ＤＭＶは、線路も道路も走る画期的な車両だ。実用化へ向けて、試験走行が全国で行われている［Ｋ］

路面電車 謎100

将来のLRT構想について

～LRTとともに、街も繁栄させよう

最後の項では、個人的に推進しているLRTの話しをしたいと思う。

LRTとは「Light Rail Transit」の略で、街づくりを含んだ輸送システムともとらえられている。LRTに使用される車両はLRV（= Light Rail Vehicle）と呼ばれる。

LRVを含めたLRTシステムの特徴を簡単に挙げると、例えば、バリアフリー。高齢者や身体の不自由な方々も簡単に乗り降りすることができる、誰もが利用しやすい公共交通を構築し、交通格差をなくすための配慮が施されている。

そしてほかの項でも記したが、自動車などに比べて格段にエコなのだ。発電ベースはともかく、運転ベースでは「Zero emission vehicle（排気を出さない車両）」である。輸送人員もはるかに大きい。

他にも、街づくりの一環として、環境や暮らしに対する気づき、さらには街の発展の効果が非常に大きい。レールを中心に、街や人々が活性し賑やかになってゆくのだ。

海外では、LRTシステムを導入したことにより、環境をはじめとした人々の暮らしに良い影響が多く、目覚ましい発展を遂げている。LRTは、路面電車を中心とした総合的な街づくりなので、筆者個人的には、LRTの訳は「ライトレイルタウン（= Light Rail town）」だと思っている。

さて、国内では、日本初のLRTと言われている富山ライトレールの例が、よく挙げられる。確かに、富山ライトレールの先進力や経済効果は素晴らしい。

ここから先は、個人的な見解になるため、見苦しい点もあるかもしれないが、なにとぞご了承いただきたい。筆者が思うに、富山ライトレールは、LRTのモデルとして大変優れ、貴重な成功例ではあるが、外国のLRTに比べると「街づくり」までには、残念ながら至っていない。今後、接続する予定の富山地方鉄道・市内線と乗り入れることで、ほぼ完成に近い形になるのではないだろうか？

LRT自体が、観光などの人の呼び水的な存在になることは、外国では実証済みである。さらに、そもそも要素が整えば、鉄道自体が観光資源になることは、この本でも何度も登場している江ノ電や都電、阪堺電車、嵐電、広電、伊予鉄道などをご覧いただければ、実感できるはずだ。特に今、LRTは話題の公共交通なので、ぜひこの機会に、他の街でも計画・実施をしていただきたい。

何もないところから、LRTの設備などを導入することは、膨大な金額がかかってしまい非常に難しい。ならば、既存の路面電車や鉄道のシステムを、LRT化するのはいかがだろう？

サンフランシスコの「muni-metro」が、まさにその成功例である。LRTというと超低床車を思い浮かべる方も多いと思うが、ここサンフランシスコでは既存の施設を最大限有効に活用したLRTシステムが採用されている。具体的には、この「muni-metro」は、市内繁華街では地下を高速で走り、高床のままプラットフォームからの乗降でお客さまを運ぶ。そして、郊外（住宅街）に出て、初めて路面電車のように道路を走るのだ。またその際には、ドアのところが降下して2段のステップになり、道路上からの乗降に対応している。

さらに、各電停には、ハンディキャップの方たちのために、小さな昇降機や、専用の高床スロープがあり、乗降のアシストをする。

現在、日本の軌道事業者や将来のLRT化を考えている社局の中でも、超低床車によるLRTをお考えになると思うが、このようなシステムであれば、都市間や繁華街では普通鉄道や地下鉄として高速運転をし、市街地でＬＲＴ（路面電車）として運転ができるから、あまりお金がかからずに、比較的効率的なＬＲＴ化ができるのではないかと思う。

鉄道は、古くからの街と街をつなぐ大量輸送システムとして、発展してきた。そして現代では、高齢者問題や少子化などで、街の中、エリアの中での輸送システムとして、あらたにＬＲＴという新しい街づくりの一環として期待が持たれている。

鉄道の敷設には、たくさんのお金もかかる。しかし、その恩恵は計り知れない。筆者は、過去に鉄道をなくし衰退した街をたくさん見てきた。逆に、鉄道が通って繁栄した街もたくさん知っている。

完璧を求めてもキリがない。このシステムは、非常に効率のよい妥協点を具現化した良い例だと思う。是非、日本の事業者でも採用していただきたいと、鉄道ジャーナリストとして強く思う。

■参考文献

【書　籍】

『平成24年度版　鉄道要覧』国土交通省鉄道局監修、電気車研究会、鉄道図書刊行会、２０１２年9月
『平成21年度版　鉄道統計年報』国土交通省鉄道局監修、電気車研究会、鉄道図書刊行会、２０１２年3月
『平成22年版都市交通年報』運輸政策研究機構、２０１１年9月
平成17年国勢調査人口概観シリーズ№５「男女・年齢別人口、世帯と住居」総務省統計局編、日本統計協、２００８年８月
『都営交通１００年のあゆみ』東京都交通局、２０１１年
『都営交通１００周年 都電写真集』東京都交通局、２０１１年
『江ノ電の１００年』開業１００周年記念誌編纂室・編、２００２年
『鉄道ファン』交友社　２０１２年5月号~２０１３年3月号
『鉄道ピクトリアル　２０１１年8月号臨時増刊号　№８５２』電気車研究会、鉄道図書刊行会、２０１１年7月
『路面電車年鑑２０１３』イカロス出版、２０１２年12月
『私鉄車両の編成表２０１２』交通新聞社、２０１２年7月
『日本の路面電車ハンドブック２０１１年版』日本路面電車同好会、路面電車ハンドブック編集委員会、２０１１年10月

原口隆行『日本の路面電車Ⅱ　廃止路線東日本編　思い出に生きる軌道線』ＪＴＢパブリッシング、２０００年４月
永六輔・中田安治『市街電車』駸々堂出版、１９７７年１月
小島英俊『鉄道という文化』角川学芸出版、２０１０年１月
高橋弘・高橋修『よみがえる京都市電』学研パブリッシング、２０１２年９月

【Ｗｅｂ】

『まちづくりと一体となったＬＲＴ導入計画ガイダンス』国土交通省ホームページ

謝辞

みなさま、本書をご覧いただきありがとうございました。

そして、本書の執筆に際して多大なご教示、ご協力をいただきました各事業者さま。

路面電車の研究家、諸先輩方等の各分野のスペシャリストさま。

本書に美しい彩を与えてくれた結解学カメラマン。

最後に、本書の出版に際してご尽力いただきました（株）東京堂出版 太田基樹氏。

本当に、ありがとうございました。

みなさまのお力添えがあり、無事に完成できました。

心より、深く感謝を申し上げます。

２０１３年３月吉日

史絵．拝

〔著者略歴〕　鉄道ジャーナリスト　史絵.（しえ）

埼玉県出身。鉄道愛好家の祖父の影響で、幼少のころから多くの鉄道に乗り、慣れ親しむ。祖父が都電荒川線の沿線に住んでいたことから、路面電車に関しては特に愛着があり、日本全国の路面電車の路線を完乗。気が付けば、熱烈な鉄道愛好家となる。

2006年（平成18）ころから、鉄道関係の映像や媒体で活動するようになり、広く一般の方たちにも鉄道に親しみと興味を持ってもらいたいとの思いから、鉄道関係書籍の執筆に励むようになる。

また、執筆だけでなく多岐にわたる活動をすべく2009年（平成21）より女性で初めての「鉄道ジャーナリスト」となり、テレビやラジオ等の出演等も数多い。

2012年（平成24）より、自らの個人事務所を鉄道関係のスタッフとともに立ち上げ、多くの鉄道媒体への執筆や講演などに従事する一方、国土交通省などの行政や大学での特別講演、各鉄道会社での講演やイベントへの出演、シンポジウムでのパネリスト、新聞や雑誌等への寄稿など多岐にわたり活躍中。特に、路面電車の推進活動に力を注ぐ。

著書に、『進化する路面電車』（交通新聞社、共著）などがある。

アメブロの公式ブログで情報発信中！　http://ameblo.jp/shie-rail

路面電車の謎と不思議

2013年３月20日　初版印刷
2013年３月30日　初版発行

Printed in Japan
ISBN978-4-490-20820-7　C0065

著　者　　史絵.
発行者　　皆木和義
印刷製本　図書印刷株式会社
発行所　　株式会社東京堂出版
http://www.tokyodoshuppan.com/
〒101-0051　東京都千代田区神田神保町1-17
電話03-3233-3741　振替00130-7-270